ALTDEUTSCHE TEXTBIBLIOTHEK

Begründet von Hermann Paul
Fortgeführt von G. Baesecke
Herausgegeben von Hugo Kuhn
Nr. 85

Salman und Morolf

Herausgegeben
von
Alfred Karnein

MAX NIEMEYER VERLAG TÜBINGEN
1979

CIP-Kurztitelaufnahme der Deutschen Bibliothek

[**Salomon und Markolf**]
Salman und Morolf / hrsg. von Alfred Karnein. – Tübingen : Niemeyer, 1979.
(Altdeutsche Textbibliothek ; Nr. 85)
ISBN 3-484-20099-5 kart.
ISBN 3-484-20098-7 Lw.

NE: Karnein, Alfred [Hrsg.] ; HST

Geb. Ausgabe ISBN 3-484-20098-7
Kart. Ausgabe ISBN 3-484-20099-5

 Printed in Germany
Satz: Rothfuchs Dettenhausen . Druck: Omnitypie Ges. Stuttgart
Einband von Heinr. Koch Tübingen

Inhaltsverzeichnis

Der Frankfurter Stadt- und Universitätsbibliothek, der Landesbibliothek Stuttgart und der Bibliothèque de l'Arsénal in Paris danke ich für die freundliche Unterstützung meiner Arbeit; der Universität von Kalifornien in Los Angeles für ein Summer Faculty Fellowship, das die notwendigen Bibliotheksreisen zum Zeitpunkt der Entstehung der Arbeit ermöglichte.

Herrn Dr. Heiner Gimmler, Wien, danke ich in freundschaftlicher Verbundenheit für den Vergleich des Druckes von 1499 mit dem von 1510, dessen einziges bekanntes Exemplar heute in Wien liegt.

Meine Dankbarkeit gilt vor allem dem verstorbenen Herausgeber der Altdeutschen Textbibliothek, Hugo Kuhn, dessen Rat und Hilfe mich seit meiner Münchner Studienzeit wesentlich förderten, und der auch die vorliegende Arbeit in die Reihe aufnahm.

Frankfurt, Dezember 1978

I. Allgemeine Überlegungen und Begründung der Neuausgabe

Salman/Salomon und Morolf/Markolf sind die Namen der Protagonisten in einer Reihe größerer Dichtungen der mittelalterlichen deutschen Literatur. Ihrer Entstehung, Form und Struktur nach sind diese Texte sehr verschieden voneinander. Zwei Traditionen lassen sich unterscheiden. Eine erste vertritt das sogenannte Spielmannsepos ‚Salman und Morolf', das dem späten 12. Jahrhundert seiner Entstehung nach angehört und in einer speziellen fünfzeiligen Strophe abgefaßt ist. Zur anderen Tradition zählen das sogenannte Spruchgedicht ‚Salomon und Markolf' und eine Reihe weiterer Texte[1], die alle dem 15. Jahrhundert angehören und übersetzende Bearbeitungen einer lateinischen Quelle in deutschen Reimpaarversen sind. Was das Spruchgedicht (und nur dieses von den Texten der zweiten Gruppe) mit dem Spielmannsepos über die Namen der Protagonisten hinaus verbindet, ist der ‚epische' Teil des Spruchgedichts, der in einfacher (im Gegensatz zu: wiederholter) Form die Geschichte von der Entführung und Wiedergewinnung Salomes enthält, wie sie in epischer Großform im Spielmannsgedicht erzählt wird. Beide Texte sind durch kritische Ausgaben seit langem zugänglich: das Spielmannsepos durch F. Vogt im Jahre 1880, das Spruchgedicht durch W. Hartmann im Jahre 1934.

Anlaß für die hier vorgelegte Neuausgabe des Spielmannsgedichtes war der Fund einer unbekannten Handschrift, auf die ich im Jahre 1966 in Paris in der Bibliothèque de l'Arsénal stieß.

---

1 Dazu gehören Gregor Haydens Versbearbeitung; ferner zwei weitere, voneinander verschiedene Übersetzungen erhalten in Cod.Rep.II 8° 159 der Leipziger Stadtbibliothek und im Cgm 3974 der Staatsbibliothek München; ferner eine volksbuchhafte Fassung, die 1482 bei *Marcus Ayrer* in Nürnberg gedruckt wurde. Für weitere Angaben vgl. H.-F. Rosenfeld: Verf.-Lex. IV, Sp. 4, bzw. 7–21.

Der Codex Ms.8021 (Sigle P) war zwar im gedruckten Katalog der Bibliothek beschrieben, dort jedoch fälschlich als das Spruchgedicht bezeichnet. Wie sich dann herausstellte, war der Fund nur eine Wiederentdeckung, denn W. Dolch hatte diese Handschrift schon 1909 für das Archiv der Preußischen Akademie beschrieben und als das Spielmannsgedicht erkannt[2].

Nun es hätte genügen können, darüber noch einmal zu berichten, um so das übersehene Denkmal bekanntzumachen. Es zeigte sich aber, daß Vogts grundlegende Textausgabe tatsächlich nur auf zwei Textzeugen – der Stuttgarter Handschrift (Sigle S) und dem Straßburger Druck von 1499 (Sigle d) – beruhte. Ein dritter Textzeuge stand Vogt nur als Abschrift zur Verfügung: die sogenannte Eschenburger Handschrift (Sigle E). Inzwischen war aber diese Handschrift wieder aufgetaucht und war zumindest seit 1937 für die Textarbeit benützbar[3].

Unbekannt blieb bisher auch ein zweiter Straßburger Druck von 1510. Das Fragment R 52um,4 (Sigle D) der Sächsischen Landesbibliothek Dresden, dessen Lesarten Ludwig Schmidt[4] mitteilte, ist nach Auskunft der Bibliothek im 2. Weltkrieg verbrannt.

Angesichts dieser dennoch wesentlich verbesserten Überlieferungslage faßte ich den Plan einer Neuausgabe ins Auge. Ich habe während der Arbeit Vogts Text als ein Meisterstück germanistischer Editionstechnik, um nicht zu sagen: Editionskunst, schätzen gelernt und mit Bewunderung festgestellt, wie in einigen Fällen Vogts Konjekturen durch die Lesarten der ihm unbekannten Pariser Handschrift eindrucksvoll bestätigt werden. Das Bauprinzip der nach diesem Roman benannten Morolfstrophe als Richtschnur hat Vogt aus den Textzeugen jeweils

---

2 Vgl. den Bericht der Deutschen Kommission in SB preuß. Ak. Wiss. phil. hist. Kl. 1910, S. 84. Diesen Hinweis verdanke ich Herrn M. Curschmann, dem ich über die Pariser Handschrift berichtete (M. Curschmann, Forschungsbericht, S. 101).

3 Siehe Geschichte der Handschrift unten S. XXXIXf.

4 Siehe verlorene Handschriften unten S. XLIf.

das ausgesucht und in den kritischen Text hineingenommen, was einem hypothetischen Archetyp entsprochen haben könnte. Das Resultat war das gut lesbare, geradezu glatte Literaturdenkmal, das – aus heutiger Sicht – nur den einen Nachteil hat in *dieser* Form vermutlich nie vor 1880, dem Erscheinungsjahr der Vogtschen Ausgabe, existiert zu haben. Denn wie methodisch perfekt dieser Text auch immer sein mag, so ist er vor allem auch ein Kunst-Produkt der Philologie des 19. Jahrhunderts. Tatsächlich liegen rund 300 Jahre zwischen der aus literarhistorischen Gründen erschlossenen Entstehungszeit des Romans und der Wirklichkeit der Textzeugen im späten 15. Jahrhundert. Nur ein philologisches Konstrukt konnte diese Spanne überbrücken. Erlaubte nicht das heutige Selbstverständnis germanistischer Editionstechnik, diese späte Lebensform als selbständigen Wert zu begreifen, ich hätte mich sicherlich nicht an eine Neuausgabe gewagt. Vogts Archetyp-Rekonstruktion ist auch mit neuen Textfunden aus dem 15. Jahrhundert nicht zu überbieten. Man kann es nur anders machen, nicht ‚besser'.

Dieses Andersmachen, die begründbare Wiederherstellung einer späten Lebensform des Romans – so einfach dies scheinen mag – ist durchaus nicht unproblematisch. Worin fassen wir die späte Lebensform?

Eine Antwort darauf, die Wiedergabe des Textes im Facsimile, stellt sich jedoch rasch als die Verweigerung von Antwort heraus: Im Zeichen der technischen Reproduzierbarkeit von Kunstwerken wird die Problemlösung eigentlich nur vom Handschriftenlesesaal der Bibliotheken in den persönlichen Arbeitsraum des Literaturhistorikers verlegt. Was vorliegt, ist die Beinahe-Verwirklichung der Franz Werfelschen Utopie im ‚Stern der Ungeborenen': Nicht wir gehen mehr auf Reisen, sondern wir bewegen das Reiseziel her zu uns.

Nicht die materiale Präsenz der Handschrift, bzw. das was optisch davon im Facsimile übrigbleibt, ist schon die Lebensform, sondern nur der Schlüssel dazu. Dies gilt ebenso für die bis in kleinste graphische Details reichende (sogenannte diplomatische) gedruckte Wiedergabe der Handschrift: Dem Spezialisten erspart diese Ausgabe erst recht nicht den Gang zur Handschrift, dem literarisch Interessierten gaukelt sie Authentizität vor, die im gedruckten Bleisatz oder neuerdings im Composersatz keine ist, sondern sich als charakteristisch für eine wissenschaftsgeschichtliche Situation erweist, die mit solchen „Arbeitsunterlagen" die grundsätzliche Uneinholbarkeit vergangener Wirklichkeit dokumentiert, welche sich nur als Prozess, aber nicht mehr in einer festen Textgestalt darbieten läßt[5].

Jede andere Antwort darauf bedeutet Rekonstruktion. Die Skala ihrer Möglichkeiten, bzw. Risiken erscheint groß. Sie reicht von behutsamer Regulierung der Orthographie über das ‚Ausputzen' der Reime, Glättung des Rhythmus etc. bis zum Konstrukt des Archetyps, von einfacher Lektüre-Erleichterung also bis zur Utopie des kritischen Textes.

Irgendwo auf dieser Skala liegt die gesuchte Lebensform, besser: eine mögliche Lebensform, verborgen.

Das Ausmaß der Eingriffe kann deshalb nur durch eine bewußte Zielsetzung im Hinblick auf die Erschließung der Lebensform begrenzt werden. Ziel dieser Ausgabe ist, einen literarischen Text, wie er um 1470 rezipiert wurde, (und kein Sprach- oder Handschriftendenkmal) vorzustellen und dafür nur solche Eingriffe zuzulassen, die die literarische Gebrauchssituation zu erkennen, nicht verhindern.

---

5 Selbstverständlich haben Facsimile-Ausgaben oder andere diplomatische Editionsformen ihre Berechtigung. Dies besonders bei Werken, die im Laufe ihrer Editionsgeschichte durch wiederholte Ausgaben geradezu ‚verstellt' wurden. So ist z.B. Franz H. Bäumls diplomatische *Kudrun* Ausgabe, die die Handschrift recte setzt und die Wissenschaftsgeschichte kleingedruckt in den Apparat verweist, ein Augenöffner über Herausgeber–Interpretationen: sie lehrt geradezu das Fürchten vor Unternehmungen wie der vorliegenden Edition, deren Herausgeber im Sinne „tätiger Reue" ein Facsimile der Eschenburger Handschrift vorbereitet.

Ich gehe bei dem Versuch der Begründung meiner Rekonstruktion – die auf das literarisch-sprachlich Mögliche des Zeitpunkts der Handschrift zielt – von der Annahme aus, daß der spätmittelalterliche *leser*, der Vorleser, wie ihn ja z.B. die Eschenburgsche Handschrift eindrucksvoll bezeugt, zwar den geschriebenen Text so vorfand, wie ihn auch die Handschrift heute bietet (sollte aus ihr je vorgelesen worden sein), daß jedoch dieser *leser* zweifellos nicht jeden Reim- und Schreibfehler seinem Publikum weitergereicht hat[6]. Seine berufliche Erfahrung erlaubte, ‚spontane' Korrekturen vorzunehmen, die vermutlich über das Wegblenden von Schreib- und Reimfehlern hinausgingen, in gewissem Umfang Dialektformen tilgten und auch den Rhythmus betrafen, von bewußten inhaltlichen Veränderungen ganz zu schweigen – sie sind nicht über die in den Handschriften vorliegenden Textredaktionen hinaus faßbar. Doch was immer der Vorleser mit seinem Text gemacht und dem Publikum zugemutet haben mag, eines konnte er nicht tun: die Vortragskorrekturen an einem Archetyp, wie die Philologie ihn konstruiert, ausrichten. Es werden, nach dem, was wir wissen, immer sprachliche und rhythmische Modelle seiner eigenen Zeit und Wirklichkeit gewesen sein, an denen er sich allein orientieren konnte. Die Spuren finden sich im bewahrten Text, d.h. gerade die sogenannten textlichen ‚Unebenheiten' gegenüber einem gedachten Idealtyp, dem Original, faute de mieux, dem kritischen Text, zeigen auf diesen Prozeß. Die Konstruktion eines Textes, die sich am sogenannten ‚Besseren' orientiert, verschüttet die Möglichkeit des Wie-

6 Bei jeder restaurierenden Textausgabe – d.h. einer über den reinen Abdruck hinausgehenden Textinterpretaiton – ist der *Schreiber* der Handschrift nur der *point de départ* für das Konstrukt, das seine Berechtigung daraus ableiten kann, daß allemal zwischen Schreiber und Publikum die Instanz des *lesers* trat. Diese Instanz ‚anzupeilen' ist zweifellos legitim gegenüber einem heutigen Publikum, das, wenn es nur aus Handschriftenkennern bestünde, keine Textausgaben brauchte.

dererkennens dieser Modelle, die den Gebrauchsprozeß dominieren, denn der spätmittelalterliche *leser* konnte sich am sogen. ‚Besseren', das aus der Gesamtheit der Überlieferungen gewonnen wird, sicher nicht orientieren.

Nun ist der moderne Herausgeber älterer Texte auch eine Art ‚Vorleser' für ein bestimmtes Publikum.

Was beide zusammenfinden läßt, ist das Interesse an vergangener literarischer Wirklichkeit, die allemal rekonstruiert werden muß. Da der heutige Vorleser bei der Editionsarbeit aber an historisch unaufhebbar anderer Stelle steht als sein ‚Kollege' im 15. Jahrhundert, ergibt sich die paradoxe Situation, daß er, obwohl möglicherweise mit einem größeren Wissen über die Textgeschichte ausgestattet, von seinem Wissen nur einen sehr eingeschränkten Gebrauch machen darf, will er die Situation des 15. Jahrhunderts nicht verfehlen. Mit anderen Worten: Sein Spielraum für Eingriffe ist spätestens dort zu Ende, wo die andern Handschriften keinen Beleg bieten, und er beginnt erst da, wo die Leithandschrift gemessen an ihrer eigenen Diktion und Rhythmik nichts Verständiges offeriert. Das Dilemma läßt sich auch so formulieren: obwohl der Editor mehr ‚weiß' als der *leser,* weiß er nur das über den *leser* und damit von der Lebensform des Textes, was über die Schreiber zu Schrift geronnen ist. Mit diesem Teil wird er sich begnügen müssen, falls er nicht glaubt, den geschichtlichen Prozeß im Konstrukt des Archetyps aufheben und somit überlisten zu können.

Die Absicht der vorliegenden Textausgabe, die Gebrauchssituation im späten 15. Jahrhundert aufzuzeigen und nicht durch regulierende Eingriffe zuzuschütten, hat einschneidende Folgen für die Vorstellung von der Geschlossenheit der nach diesem Roman benannten Morolfstrophe. Während über Einzelheiten der Texteinrichtung weiter unten gehandelt wird, sei dieser Punkt herausgehoben, um die Prinzipien und ihre Folgen zu verdeutlichen. Es ist auch deshalb das Wichtigste, weil jede Vorentscheidung über die Füllung der Verse über den

Inhalt mitentscheidet. Vogt hat ausführlich die Strophenform dargestellt. Im Gegensatz zu K. Ruhs Vermutung, die Morolfstrophe könnte ein Produkt „des strophenfreudigen 15. Jahrhunderts" sein[7], weist der handschriftliche Befund auf eine Bestätigung der traditionellen Vorstellung, daß nämlich hier ein strophisches Relikt zwischen gängigeren Modellen der Zeit zerrieben wird. Es sind Nibelungenstrophe und Reimpaarvers, die der Morolfstrophe ihr besonderes rhythmisches Gepräge rauben: die Zerstörung vor allem der vierten Zeile, der Waise, die hinein in die fünfte Zeile genommen wird, so daß die dritte und fünfte Zeile zum Paarreim werden, gelegentlich mit Füllung und Zäsur der Nibelungenzeile. Vor allem die Handschriften S, P und der Druck d, weniger die eher zu Verkürzung tendierende Handschrift E, erreichen die Aufschwellung der Verse durch Einfügung von Adjektiven bzw. Präpositionalausdrücken der Zeit, des Ortes und des Umstandes. Vogt hat von der Verweisung solcher ‚überschüssiger' Vokabeln in den Apparat reichlich Gebrauch gemacht und so rasch für glattere Verhältnisse gesorgt, bzw. die vermutete ursprüngliche Strophenform auch dort wieder hergestellt, wo keine der erhaltenen Handschriften Anhaltspunkte boten. Darüberhinaus ließen sich Synkope und Apokope als bequeme ‚Verschiebebahnhöfe' für glatten Versrhythmus benutzen. Die vorliegende Ausgabe nimmt dem heutigen Leser den Eindruck strophischer und rhythmischer Harmonie und dokumentiert den Auflösungsprozeß der Strophenform als charakteristisch für die Textrezeption der Zeit. Eingriffe erfolgen erst dort, wo die Leithandschrift gemessen an den Verhältnissen des 15. Jahrhunderts, d.h. im Hinblick auf die anderen Textzeugen, offensichtlich Unsinniges bietet, das aller Wahrscheinlichkeit nach, auch den *leser* zu ‚spontanen' Änderungen im Vortrag veranlaßt hätte.

---

7 Kurt Ruh: Höfische Epik des Deutschen Mittelalters, Bd. I, Berlin, ^{2}1977, S. 63.

Der Gebrauchsprozeß hat Strophen neu entstehen lassen, die zum Teil nur einer Handschrift, zum Teil einer Handschriftengruppe gehören. Sie zeigen auf die kreative Weiterentwicklung, der ein Werk unterliegt, solange es am literarischen Leben teilhat. Ich wollte diese Strophen nicht im Lesartenapparat ‚verstecken' und habe deshalb auch solche Strophen – allerdings druckgraphisch durch Petit-Druck markiert – zum Lesetext gestellt, die sicherlich nie S, der Leithandschrift gehörten. Dies mag manchem ärgerlich erscheinen, doch erlaubt dieses Verfahren die kreativen Möglichkeiten des literarischen Werks insgesamt transparenter zu machen.

Wird also in diesem Bereich dem Benützer der Ausgabe einiges zugemutet, so habe ich wenigstens einige Erleichterungen bei der Orthographie eingeführt, wo sicher ist, daß Laut und Sinn nicht berührt sind. Eine Regulierung der Orthographie tut nichts von der Lebensform hinweg noch hinzu. Dem modernen Leser hier entgegenkommen, bedeutet gegenüber dem Facsimile nur ein weniger an figuraler Präsenz der ursprünglichen Lektürevorlage. Die literarische ‚Lebensform' ist davon noch nicht berührt. Auch hier die Details im Abschnitt Texteinrichtung.

So verstehe ich meine Ausgabe als Alternative zum Vogtschen Text, gerichtet auf die literarische ‚Wirklichkeit' um 1470 und nicht auf die des archetypischen Zeitpunkts. Da dieser jedoch beim heutigen germanistisch vorgebildeten Leser als quasi hermeneutische Richtschnur bei der Lektüre immer präsent ist, habe ich in einem weiteren Apparat die Lesarten des Vogtschen Textes verzeichnet, so daß ohne große Mühe jederzeit sichtbar ist, wie die andere philologisch mögliche Lösung, der archetypische Moment an der betreffenden Stelle verfährt.

Wenn eingangs über Vogts Ausgabe gesagt wurde, daß sein *Salman und Morolf* nie vor 1880 existierte, weil Konstrukt über der Geschichte, so gilt dies sinngemäß auch für die vorliegende Ausgabe. Auch sie ist ein Konstrukt, dessen möglicher Vorzug im angestrebten geringeren Konstruktionsrisiko liegt.

II. Die Handschriften

1. Datierung und Geographie

Ein nicht unwesentliches Resultat der erneuten Bestandsaufnahme ist, daß sicherlich alle drei erhaltenen Handschriften aus dem letzten Drittel des 15. Jahrhunderts stammen. Bei E war dies nie zweifelhaft, da sie zuverlässig vom namentlich bekannten Illustrator *Hans Dirmstein* geschaffen wurde und dieser seine Arbeit datiert: 1479. Für S wollte Vogt jedoch ein höheres Alter annehmen, schon um den Lesarten von S eine größere Autorität zuzubilligen und die zeitliche Distanz zum Archetyp zu verringern. Doch die Datierung auf eventuell vor 1419 ist durch die inzwischen eindeutige Bestimmung der Papiermarken nicht haltbar. Danach gilt für S, daß die Beschriftung des Papiers nach 1467–69 erfolgte. Dieser Befund ist durch G. Piccard überprüft und bestätigt[8]. Damit entfällt auch die von M. Curschmann geäußerte Vermutung[9], S könnte – da illustriert – aus der Werkstatt des Elsässer Handschriftenproduzenten *Diepolt Lauber* hervorgegangen sein, von dem bekannt ist, daß er einen *morolff gemolt* im Verlagsprogramm hatte. Laubers Werkstatt ist zu diesem Zeitpunkt wohl nicht mehr in Betrieb. Es bestätigt sich somit die Analyse von R. Kautzsch, der im Hinblick auf die Bildtypen S in die Zeit nach 1460 datierte[10]. Auch P ist in diesen Zeitraum zu setzen, obwohl ich

8 Briefliche Mitteilung vom Jahre 1972.

9 Forschungsbericht, S. 20.

10 Rudolph Kautzsch: Philologische Studien. Festgabe für Eduard Sievers. Halle 1896, S. 287–293, bes. S. 291 und Anm.

die Papiermarken nicht eindeutig bestimmen konnte. Einziger verläßlicher Hinweis auf einen terminus ante ist der Besitzeintrag von 1484. Bei dieser Handschrift spricht nichts für ein wesentlich höheres Alter.

Für die geographische Verbreitung – erschlossen aus Dialektform etc. – hat sich nichts Neues ergeben: Die erhaltenen Textzeugen deuten auf den Oberrhein von Straßburg bis Frankfurt. Zwar gelangte zumindest S außerhalb dieses Gebiets, nämlich an den Bodensee, jedoch zeigen die Dialektformen rheinfränkisch-alemannische Züge, also ebenfalls die noch oberrheinische Herkunft. Auf Spekulationen über die sogenannte ursprüngliche Heimat des Textes lasse ich mich hier nicht ein. Vogt hat das Mögliche dazu schon gesagt. Der neue Handschriftenfund trägt – soweit ich sehe – nichts Neues dazu bei.

2. Besitzer, Benützer

Die drei erhaltenen Handschriften waren sicherlich keine „billigen" Texte: Die Illustrationen verraten eine nicht unbedeutende Wertschätzung des Romans. Aus anderen Zeugnissen ist bekannt, daß der Straßburger Bischof *Ruprecht von Pfalz-Simmern* bei *Diepolt Lauber* einen *morolff gemolt* bestellte; die Darmstädter Handschrift des Spruchgedichts weist *Johann von Glauburg* als Besitzer aus. M. Curschmann sieht daher im Adel das Publikum des *Salman und Morolf.* Interessant ist E, die der aus einer Frankfurter patrizischen Goldschmiedfamilie stammende *Hans Dirmstein,* selbst Goldschmied, Maler und Bildhauer, für den eigenen Gebrauch illustriert, möglicherweise auch geschrieben und gebunden hat. In ihm fassen wir einen typischen Vertreter der spätmittelalterlichen städtischen Bildungsschicht, der – zumindest in gewissem Umfange – die handwerkliche Produktion literarischer Werke noch selbst und für sich selbst betrieb. Neben der Morolf-Anthologie (Handschrift E) hat er zumindest noch die *Sieben Weisen Meister „...geschrieben vnd gemacht / Gemalt gebunden vnd follenbracht.*" (Ms. germ. qu. 12, f. 125v). Die Einbände beider Handschriften sind aber nicht mehr erhalten, so daß nur noch die reichlichen (im übrigen kunstgeschichtlich einzigartigen) Illustrationen, der sorgfältig geschriebene, rubrizierte und in Verse abgesetzte Text den materiellen Aufwand für das Spielmannsgedicht dokumentierten. Mit diesem Produzenten und gleichzeitig Konsumenten sind wir allerdings in der sozialen Rangfolge unter *Johann von Glauburg* und *Ruprecht von Pfalz-Simmern.*

S gibt nur spärliche Auskunft. Die ganzseitigen Illustrationen (12 sind erhalten, weitere wurden herausgeschnitten) und die spätere Bibliotheksgeschichte der Handschrift lassen vermuten, daß die späten Montforts den Text von seiner südrheinfränkischen Produktionsstätte an den Bodensee gebracht haben. Doch dies ist wirklich ganz unsicher.

Auf ‚serienmäßige' Produktion deuten die für Illustrationen freigelassenen Räume im Text von P. Es ist die enge Raumbegrenzung des frühen Buchholzschnitts, wie sie auch der Straßburger Druck von 1499 zeigt. P ist eine Ein-Buch-Handschrift und hat Reste des alten Einbands bewahrt: der häufig vorkommende blindgepreßte Lederbezug über Holzdeckeln mit zwei Schließen. Die frühen Besitzeinträge in dieser Handschrift, die ich nicht identifizieren konnte, deuten den Namensformen nach auf Stadtbürgertum. Im 16. Jahrhundert besaß der Universitätsbuchhändler *Henricus Avena* aus Heidelberg die Handschrift.

Adel und städtische Bildungsschicht verhalfen also *Salman und Morolf* zu später Tradition und zusätzlicher Ausstattung der Überlieferung: Bilder, Rubra und in Verse abgesetzter Text; wobei eher die städtische Bildungsschicht (*Dirmstein*) Wert auf eine besonders repräsentative Ausstattung legt.

3. Zum Stemma der Handschriften

Vogt hat in der Einleitung das Verhältnis der Handschriften S, E und des Druckes d ausführlich dargestellt, und ich kann das Ergebnis hier referieren, denn auch eine skeptischere Beurteilung solcher einfacher stemmatischer Verhältnisse kann bei der geringen Anzahl an Textzeugen zu keinem wesentlich anderen Ergebnis gelangen – falls ein Stemma überhaupt angestrebt wird.

Für die Textgeschichte sind zwei Redaktionen anzunehmen. Zur einen gehört E, zur anderen gehören die restlichen Textzeugen: S, die neu hinzugekommene Handschrift P, die Fragmente D und der Druck. Will man den Hauptunterschied der aufgrund von Fehlstellen und Lücken gewonnenen binären Filiation benennen und die beiden Redaktionen charakterisieren, so läßt sich dies über Lücken und Fehlerstellen hinaus am besten an Versrhythmus und Strophe zeigen. E hat eine stark ausgeprägte Tendenz zur Kurzzeile und zieht häufig die Verse 4 und 5 zu einem einzigen kurzen Vers zusammen. Dagegen tendieren S, P und d eher zur Zeilenlängung und – besonders stark ausgeprägt in P – zum überlangen Paarreim. Insgesamt drängt sich der Eindruck auf, daß E deutlicher als die anderen Handschriften und der Druck die Tradition der Mündlichkeit des Vortrags bewahrt bzw. davon beeinflußt ist, während SPd eher die buchmäßige Schreibertradition zeigen. Schwierig ist das Verhältnis der Letztgenannten untereinander zu bestimmen. Da meine Ausgabe keinen Archetyp anvisiert, habe ich mich auf Fehlstellen und Namensformen für die weitere Unterteilung beschränkt. Das Stemma soll nur ausdrücken, daß S und d aufgrund der angegebenen Kriterien einander näherstehen als P und S, bzw. P und d, P allerdings wiederum näher zu Sd gehört als E. Fragment D müßte aufgrund anderer Kriterien (Wortformen etc.) in die Nähe von Sd gesetzt werden.

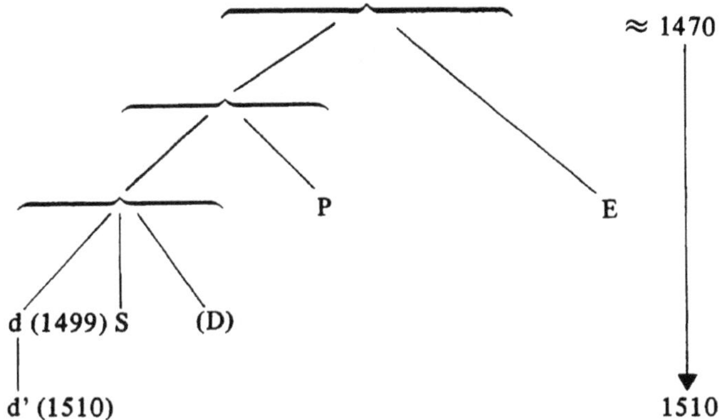

4. Beschreibung der Handschriften

Stuttgart, Landesbibliothek, Cod. H.B. XIII, 2 (= S)

Äußeres:

Neben der heutigen Signatur, die sich auf dem Rücken unten und dem Innendeckel befindet, ist auf dem Innendeckel noch eine ältere Signatur erhalten, ein rundes Papierschild mit dem Goldaufdruck: *X / D / ∞*, wohl aus der Zeit, ehe die Handschrift nach Weingarten gelangte. Auf f.4r der ovale Stempel *Königliche Hand=Bibliothek.* Daneben der Abgabestempel: *Aus der K. Handbibl. an die K. Landesbibliothek Stuttgart abgetreten 1901.* Ebenfalls f.4r oben ein kleiner, wohl sehr alter Kreuzstempel, den ich nicht identifizieren konnte. Handschriftliche Besitzeinträge ebenfalls f.4r oben: *Monasterij Weingartensis 1631. Jn Veldkirch. Jn Hofen* von jeweils verschiedenen Händen.

Der Einband ist ein heller Halblederband mit Blindpressung (Stempel nicht bei Kyriss), dessen Holzdeckel ehemals zwei Schließen hatte. Auf dem Schnitt der alte ‚Buchtitel': *HER WILHALM VON ORLI.* Auf dem Rücken oben ein Papierschild, auf dem mit Tinte in neuerer Zeit der Inhalt vermerkt steht:

Rudolph v. Montfort Wilh. von Orlean / Salomo und Morolf. Die Vor- und Nachsatzblätter des Einbandes enthalten die Papiermarke Hohe Krone mit Bügel. Das aus Lothringen stammende Zeichen ist in G. Piccards Kronenfindbuch Abtlg. X 63 abgebildet und weist auf eine Verwendungszeit von 1537–1539. Dies bedeutet, daß die Salmanhandschrift wahrscheinlich zwischen 1538–1540 mit dem Wilhalmtext zusammengebunden wurde.

Das Papier des Salmantextes enthält als Wasserzeichen: Ochsenkopf mit Augen und einkonturiger Stange mit Stern, entsprechend den Typen VII 461 und VII 469/70 von G. Piccards Ochsenkopf-Findbuch. Das in f.319 enthaltene Zeichen ist identisch mit Hauptstaatsarchiv Düsseldorf, Jülich-Berg I 102, Schreiben der Herzogin Sophie, Nideggen, 4. Juni 1468. Ferner viermal die Papiermarke Traube mit zweikonturigem Stiel, Provenienz Piemont, die identisch ist mit Stadtarchiv Frankfurt am Main, Feme: (Stadt) Remagen, 1468. Die nur in f.312 enthaltene Marke: Ochsenkopf mit Thau ist nicht belegt. Somit ist der wahrscheinliche Beschriftungszeitraum in die Jahre 1467–1469 zu setzen. Das Papier (Schreibraum 170:140 mm) ist zweispaltig beschrieben, die Spalte zu 30 Zeilen. Bis f.309r sind die Verszeilen abgesetzt, dann wird fortlaufend geschrieben. Die Lagen sind unvollständige Senionen mit Lagensignaturen. f.310v und f.329v haben Zeilenreklamanten. Blattverluste nach f.305; 316; 321; 325 (Doppelblatt); 327, 330.

Der Text ist von einer Hand in einer Goticoantiqua geschrieben. f.315r enthält eine Randbemerkung von anderer Hand, wohl eine Kursive des 16. Jahrhunderts: *der kunig vss schhaden am.*

Anfangsbuchstabe jeder Verszeile rot markiert, die Abschnitte mit Rubra verziert. Die Handschrift hat heute noch 12 ganzseitige, kolorierte Federzeichnungen in den Farben rot, grün, gelb und ocker.

Inhalt:
f.1r – 3r leer
f.4r – 299r: Rudolf von Ems, *Willehalm von Orlens*
(f.4r – 5r: Bruchstück des Registers:
f.5v leer; f.6r Beginn des Textes mit Vers 33 der Edition V. Junk, DTM 2, 1905)
f.299r: Schreiberspruch des *Johannes Coler* von 1419
Bittent got fúr den schriber ffactum per me johannem coler jn die Sabato antte festum beati philiphi : <pauli> et jacobbý Sub Anno domini mccc^{O} *decimo Nono jn hora octaua post vespram Oratte pro Scriptore Vinis est vere Scriptor vult pre <. .> habere Amen.*
f.299v leer
f.300r – 339r: *Salman und Morolf*
f.339v leer.

Dialekt
Allgemeines: Vogt hat für S südrheinfränkischen Dialekt konstatiert, d.h. eine Mischung von alemannischen und rheinfränkischen Formen. Dazu rechnete er vor allem die fast vollständig durchgeführte Lautverschiebung einerseits, andererseits das seltene Vorkommen von *o* für mhd. *â*. Die Monophthongschreibung entspricht bei *u* für mhd. *uo* mitteldeutschen Verhältnissen, ebenso die Senkung von *u*>*o* vor Nasal. Einmal (476,5) kommt *i* als Dehnungszeichen vor, gelegentlich proklitisches *h*. Die häufige Form *-enclich* gilt wiederum als alemannisch. Insgesamt sind die rheinfränkischen Formen vorherrschend, im Vergleich zu E jedoch eindeutig weniger stark ausgeprägt.

Systematische Graphie: Die Handschrift schreibt
a für mhd. *a, â:* regelmäßig; für mhd. *e:kamanat* 431,2; *kemerer* neben *kamerer* passim; *smacke* (1. P.Sg.Präs.) 731,1; *bast* 232,4; für mhd. *æ:wate* 11,4; für mhd. *ou* einmal in *zaberwurtz* 120,4; für mhd. *ë* einmal in *wagmuder* 212,3.

o für mhd. *o* und *ô* regelmäßig; für mhd. *a* nur in *gewor* 303,1; für mhd. *â* gelegentlich: *hon* 58,3; *wone* 777,4; *wonde* 228,3; *kamenot* 636,3; *ye so* 730,2; immer in *wo;* für mhd. *oe* regelmäßig, vgl. aber *schene* 162,6; für mhd. *u* und *ü* häufig bei nachfolgendem Nasal *wonderlichen, wonderschones, wonesam, woneclich, sonnen, kome, komest, frometen, konig, konigin;* ferner in *torney* 371,1; 550,5; *robin* 5,3; *antwort* neben *antwurt; sollent* neben *sullent; moge, moges, mogent* immer; für mhd. *ou* selten *sloff* 185,2; *kroch* 626,4; *togen* 646,3.

u für mhd. *u* und *û* regelmäßig; ebenso für mhd. *uo*; für mhd. *o* in *gezugenttlich* 167,5; *wurden* 225,3; für mhd. *o* in *dut* 126,5; 135,3; für mhd. *i* in *zwuschent* 771,3; *vmer* 36,4 u.ö. (neben *imer*); *uht* 654,5; 693,1; auch *v́ht* 97,4 neben *yht* 592,3; *kutzelen* 660,2; häufig in *lustig* neben *listig; wunde* 175,1 (für *winde*); für mhd. *ie* in *knuwen* 760,5; 768,5; *knuwete* 323,3; 777,2; im übrigen als Allograph von mhd. *v,f;* häufig auch mit Vokalzeichen (*ü*) markiert.

i,y für mhd. *i,* und *î* regelmäßig; für mhd. *ie* häufig *vil* 762,1 (neben *viel*); *schilt* 178,5 u.ö. *dinsts* 421,2; *dinstman* neben *dienstman* passim; *ging, enphing, lichte* passim; *sicher* 629,3; *ignotte* 221,2; *igelichen* 290,4; *irgent* 647,3; für mhd. *e* in *Cristin* 71,3; *Cristiliche* 444[a],4; für mhd. *ü* in *brynyge* 655,1; *krippel* 675,5. In *noit* 476,5 steht *i* als Dehnungszeichen.

e für die mhd. *e*-Laute regelmäßig; für mhd. *â* in *gechte* 302,4; *sleffern* 278,5; für mhd. *i* in *brengen* neben *bringen* passim; (in *decke* für *dicke* 754,2; 382,4 und *er* für *ir* 747,1; kann flüchtige Schreibung vermutet werden); für mhd. *ie* in *kele* 49,2 (sonst *kiele*); vgl. ferner Apokope etc. weiter unten.

au für mhd. *ou* regelmäßig; für mhd. *ô* in *faugte* 1,2; für mhd. *öu* in *frauwe* 198,2.

eu für mhd. *öu* regelmäßig; für mhd. *ou* in *heubet, heupt; teufen* 4,2; *leucke* 398,4; gelegentlich in *gleuben, keuffen.*

ie für mhd. *ie* häufig; für mhd. *i* häufig neben den Formen mit *i* in *spiel, spielen, spielman, viel, diese, siehest, gesiehst, sieg, siegehaft, gesiedel, friede, friederich;* für mhd. *i* in *liebe* 397,6; 434,2; für mhd. *e* in *hielt* 325,1; für mhd. *üe* in *prieff* 195,4.

iu für mhd. *iu* in *riuwen* 34,4; nur hier, sonst nicht verwendet.

ei für mhd. *ei* regelmäßig; für mhd. *î* nur in *weißen* 634,2; für mhd. *öu* in *freidenrich* 168,5, 289,5; 467,5; für mhd. *e* in *eintwichen* 192,4; und in kontrahierten Formen wie in *meigde* 199,2 vgl. weiter unten.

ue für mhd. *uo* in *ich gethue* 780,6; *thue* (Imp.) 395,4; 620,5; 401,5; *thuest* 498,4; *früe* 223,1; *frue* 224,1; 765,1; *nue* 642,2; für mhd. *üe* in *fruͤwe* 13,2; für mhd. *iu* in *duer* 649,5; *auentuer* 146,2; 188,2; 310,2.

r für mhd. *r;* für mhd. *rr* in *ferest, here;* für mhd. *l* in *ertlich* 615,4; Metathese in *burnen* passim und in *birtel* 664,1; ausgefallen in *fuchtent* 715,5.

l für mhd. *l;* geminiert in *wellich.*

n für mhd. *n*; eingeschoben in *vollenclich, willenclich, trurenclich;* ausgefallen in *heidesche, morges;* für mhd. *m* in *sant, lobesan, hein;* allgemein wechseln geminierte Formen mit einfacher Schreibung.

m für mhd. *m;* für mhd. *n* in *rumet* 471,2; *vmmassen* 631,3.

h für mhd. *h, ch;* proklitisch in *herdacht* 468,6; *helyan* 49,4; zwischenvokalisch in *strohe* 85,2; *fryhes* 593,4; als Dehnungszeichen häufig in *sehe* (neben *se* und *see*), *waht* 7,1; *geduht* 594,3; *muht* 596,5 u.ö.; *muhst* 592,5; u.ö.; *wuhst* 18,4; u.ö.; *noht* 133,3; *dehte* 723,3; *lyeht* 19,1; nach *t* in *gethan, thun; thum* 781,2; 782,3; *thurn* 588,3; *megethin* 150,4; nach *r* in *morholff* 176,5; für mhd. *w* in *brahen* 406,5.

s, sz für mhd. *s;* im In- und Auslaut häufig *sz;* ebenso für mhd. *z, zz.*

z für mhd. *z* in *waz* 469,1; 700,2; für mhd. *z* in *zwuschen.*

tz, cz für mhd. *z; getzigen* 134,4; *fünfftzig* 23,3.

f, v für mhd. *f, v* regelmäßig; *f* im Anlaut vor Konsonant und vor *u; ff* erscheint in- und auslautend; *v* wird inlautend *ff, f, v* bzw. *u* geschrieben *taffel, graffen, grauen, hoffe, zwifel.*

w für mhd. *w;* für mhd. *j* und *h* in *zurblewet* 618,2; *fruwe* 123,2; *schuwe* 701,4; *ruwen* 666,2; ausgefallen in *bleichfaren* 562,3; *fraue* 776,2; *junckfraue* 236,2; *schauete* 250,2.

b, p für mhd. *b, p* regelmäßig; *b* in *bilgerin, balmen, blatte* gegen *p* in *porte, portener, palast, paltenere* und im Auslaut; für mhd. *pf* steht *p* nur in *paffen* 201,2; *harp* 468,1; sonst immer *pf, pff;* für mhd. *w* steht *b* in *farbe* 398,3; 482,5.

t für mhd. *t;* für mhd. *d* in *trang* 191,2 u.ö.; *truckte* 661,4; *tegen* neben *degen; helte* neben *helde; mutter* 764,5 (für *müder*); wie überhaupt *t* im In- und Auslaut oft geminiert erscheint; euphonisch in *ellenthaft, anderthalp, oberthalp, gezogentliche,* etc; *palast* neben *palaß; niemant* neben *nieman; nebent; most* 144,5; elidiert in *kospar* 283,4; *enreden* passim.

d für mhd. *d* regelmäßig; im Inlaut für mhd. *t* nur in *roden* 301,4 (sonst *roten, rotten*).

sch für mhd. *sch* regelmäßig; für mhd. *s* nur in *marschilian* 302,3.

g für mhd. *g* regelmäßig; für mhd. *ck* in *kruge* 185,5; für mhd. *c* im Auslaut häufiger *trang, dang, bang, marg, krang; folgwig* 442,3; für mhd. *j/h* in *weget* 514,1; *drige* 199,1; *figende* 756,1; *troige* 468,5 (*troye* 754,2); *brynyge* 655,1; *slauenige* 391,1; 620,1; *slevenge* 642,1; *tuge* 206,5; *fruge* 220,3; *verherget* 557,2; *rugte* 190,4; *rugen* 207,3 u.ö.; *ruge* 740,4; ausgefallen in *jünste* 259,3; vgl. auch Kontraktion weiter unten.

k für mhd. *k,c* regelmäßig, vgl. aber zu *g* oben; in- und auslautend nach Konsonanten wird *ck* geschrieben.

Neben Apokope und Synkope *bortt* 7,4; *kron* 9,1; *mesz* 13,2; *stym* 253,2; *win* 18,3; *hoff* 191,1; *gedenck* 399,2; *herdacht* 468.6; *leit* 468,2 etc., bzw. *glich* 6,1; *eins* 2,2; 100,1; *kunigs* 35,1; *myns rats* 144,4, kommen ebenfalls epenthetische *e* vor in *hare* 6,1; *ware* 21,1; *vber ale* 15,1; *ine* 102,5; häufig in der 1. und 3. P.Sg.Prät. der ablautenden Verben.

Kontraktion über *-g-* ist häufig: *gein, engen, begeynte, leit, geleit, seit, geseit, dreist, unverzeit, meide, morn, morne, morntag* etc.

Geschichte der Handschrift

Aufgrund der eindeutigen Bestimmung der Papiermarken durch G. Piccard sind der 1419 geschrieben *Wilhalm von Orlens* und der nach 1468 geschriebene *Salman und Morolf* etwa 1538–1540 zu einer Handschrift vereinigt worden. Diese Handschrift gelangte 1631 nach Weingarten, denn der Eintrag f.4r *„Monasterij Weingartensis 1631“* ist als eine Art Eingangsvermerk zu interpretieren. Im späteren Weingartener Bücherkatalog Brommers erscheint die Handschrift allerdings nicht, doch ist von hier ab der Weg zum heutigen Aufbewahrungsort allgemein bekannt. Interessanter wäre, etwas über die Zeit davor zu erfahren. Die ebenfalls auf f.4r befindlichen ‚Bibliotheksorte‘: *Jn Veldkirch. Jn Hofen.*, die frühere Aufbewahrungsorte meinen, beziehen sich streng genommen nur auf den Text des *Wilhalm.* Feldkirchs (Vorarlberg) 1218 gegründetes Johanniterstift ging später in den Besitz Weingartens über. Hofen meint eine ehemalige Benediktinerabtei, die ursprünglich Zell zu Buchhorn (Buchhorn heute Friedrichshafen am Bodensee) oder Hofenzell genannt wurde. Diese Abtei war als Nonnenkloster 1101 von der Gräfin Berta von Buchhorn gegründet worden und 1130 der Abtei Weingarten unterstellt. 1420 wurde es in eine Mönchsprobstei von Weingarten umgewandelt unter dem Namen Hofen. Da nach Schreibervermerk der Wilhalm 1419 geschrieben wurde, wird der Weg der Handschrift von Feldkirch, nach Hofen, nach Weingarten geführt haben. Wenn somit auch offenbleibt, wo sie mit *Salman und Morolf* vereingt wurde, so beschreibt dieser Weg doch geographisch engumrissenes Gebiet, dessen Zentrum die östlichen Ufer des Bodensees sind.

Literatur:

Karl Löffler: Die Handschriften des Klosters Weingarten. Leipzig 1912. Nachdruck Wiesbaden 1968. S. 142f.

Maria Sophia Buhl und Lotte Kurras: Die Handschriften der Württembergischen Landesbibliothek Stuttgart. Zweite Reihe: Die Handschriften der ehemaligen königlichen Hofbibliothek. Bd. 4,2: Codices physici, medici, mathematici etc. Poetae Germanici, Vitae sanctorum. Wiesbaden 1969. S. 80–81.

Paris, Bibliothèque de l'Arsénal, Ms. 8021 (alt: II bis All<emand>) (= P).

Äußeres:

Die heutige Signatur findet sich auf dem Rücken unten und auf f.1r oben. Auf dem vorderen Pergamentblatt verso die ältere Signatur mit Tinte der Bibliothek der Pères du Couvent de Nazareth: $\frac{X}{8}$. Der kleine Rundstempel der Arsénalbibliothek auf f.1r und f.68r. Der große Rundstempel mit gekröntem Adler der Arsénalbibliothek auf f.2r und f.67v. Ebenfalls auf f.2r der rote Rundstempel der Bibliothek der Pères de Nazareth: *CONV. NAZAR.*

Die Handschrift ist in neuerer Zeit neugebunden worden. Dabei wurde der alte Lederbezug abgelöst und auf neue Holzdeckel aufgeklebt. Offensichtlich hatte der alte Einband zwei Schließen und Metallbeschläge, nach den Spuren im Leder zu urteilen. Die Blindpressung des Einbandes zeigt ein einfaches Rechteck mit Punktstempel (nicht bei Kyriss). Die ehemalige Höhe des Rückens war wohl die heutige 290 mm, die Breite heute 210 mm. Beim Neubinden sind vorn und hinten drei leere Blätter hinzugenommen worden. Auf das vierte Blatt vorne wurde verso ein Pergamentblatt mit einem Holzschnitt aufgeklebt. Format des originalen Papiers 290:200 mm. Vorgezeichneter Schreib- mit Blindstrich 180:105 mm. Einspaltig beschrieben mit durchschnittlich 29 Zeilen. Starke Gebrauchsspuren der Anfangsblätter. Zählung mit arabischen Ziffern aus älterer Zeit, als der Anfang jedoch schon verloren war, von 1–68. Ehemals 6 Lagen: (1–V) + VII + (1–VI) + 2 VI = (VI–

1). Papiermarke durchgehend: Ochsenkopf mit Nasenlöchern, Augen und einkonturiger Stande mit Stern.

Von einer Hand in kunstloser Bastarda mit relativ breiter Feder geschrieben, die dennoch die Längen noch verbreitert. Anfangsbuchstabe jeder Verszeile rot gestrichelt. Das Zeilenende ist ebenfalls rubriziert. Die Initiale des ersten Worts auf jeder Seite ist größer ausgeführt; nach jedem freigelassenen Raum für die nicht zur Ausführung gelangten Bilder ist ebenfalls eine rotverzierte Initiale vorgesehen gewesen, aber nur teilweise durchgeführt. Auch nach Sinnabschnitten Rubra.

Die Handschrift enthält eine Reihe von Besitzeinträgen, die hier in chronologischer Reihenfolge aufgeführt werden.

15. Jahrhundert: Erste Hand: unter dem Holzschnitt: *Vtinam essem cum ea V Menyng* (H. Martin liest: *Coeming;* W. Dolch: *Coemyng*). Daneben von anderer Hand: *nüncz est albertus bergmeÿger.* Wieder andere Hand auf f.69r: (halb ausradiert) ... *anno dominimilesimo quatresimo.* Dann darunter *Anno domini milesimo quatricesimo ottacesimo et quatrinte // Simo vnd ist dis buch anna bergmegerin An̄nen.* Darunter halb ausradiert: *man sol mir gelten viii get* (?). *Explicyit libellus.* Unten auf der Seite weiterer Besitzername: *Jste libellus est Anna bergerin.*

16. Jahrhundert: f.68v. Eintrag des *Henricus Avena: Heinricus Aůene bin ich gennentt Zů Hettelberg bin ich wolbekantt das also thůtt man Jehenn Hostu denn affen auch geßenn Anno 72 Jor.* Darunter: *Jtem ist mier schulttich Hans von batten x thaller vnd wenn ich kum so maht er sein Maul khrum so mach ich meins noch krimer domit wiertt mit viertt mier mein geltt niemer.* Darunter: *Vrisch vnd vrum ist mein Reich thům thol vnd therecht der bin vnd bleyb ich schulttich Jm allen wiertz heuß.* Ebenfalls von Avenas Hand f.16v: *Item es soll mier der ettell vnd fest Juncker Tietterich von Antellau 24 batzen vor ein bock.* Ansonsten Federproben und kaum entzifferbare Kritzeleien.

Dialekt

P gehört in rein alemannisches Gebiet und ist im Lautstand, der Mundart entsprechend, überaus konservativ. Die frühneuhochdeutsche Diphthongierung und Monophthongierung zeigt die Schreibung nirgends an. In Haupt- und Nebensilben sind die alten Langvokale bewahrt, ebenso die Diphthonge. Besonders bei *-uo-* und *-üe-* ist die konsequente Diphthongschreibung *-ů-* auffallend. Auch die Dehnung kurzer Vokale in offener Silbe ist im Schriftbild nirgends zu erkennen. In den Nebensilben sind die alten, vollen Vokale gelegentlich noch bewahrt: *schony* 169,3; *erlidigot* 246,2; *segnoten* 322,2; *einigosten* 464,4; *schedigot* 539,5; *gesigoten* 540,4; *bezeichnotten* 556,1; *ferost* 690,1; *balsamate* 162,4; dies ist für das alemanische Gebiet charakteristisch. Signalwörter und deren Graphien bestätigen diese Vermutung: *kylchen* 191,2; und öfter; *dz* 174,5; *öchen* (für oheim) 559,3; 570,3; 753,1. *göttele* (für Taufkind) 589,5. Bei den Verben ist die Endung *-ent* der 3. P.Pl.Präs. noch fest. *nüt* (für *nit, niet, niht*) 391,5; 411,3; 590,4; 704,2; *vtt* (für *iht*) 97,5; 629,4; die Tendenz zur Rundung herrscht auch bei den Personalpronomen und Zahlen vor. *vncz* steht immer für *bitz.* Stark ausgeprägt ist die Neigung zur Apokope, weniger die Synkopierungen; aber immer *kung, kungin.* Mit S und d hat P die Form *zwuschent.*

An weiteren Wortformen seien erwähnt: *gan / stan* werden gesetzt, selbst wenn das Reimwort *gen / sten* verlangt: 719,1–2; *se : gan;* 472,1. Dazu gehört auch *gat* 525,3. Auffällige Kontrationen liegen vor in *gewen* 130,3; *schlan* 660,3; *git* 702,5. Es herrscht die Tendenz, das Präteritum durch das Perfekt zu ersetzen: vgl. 614,2; 700,2.

Systematische Graphie der Handschrift: Die Handschrift schreibt:

a für mhd. *a* und *â* regelmäßig; für mhd. *e* in *har* (passim), *salb* 193,2.

o für mhd. *o* und *ô* regelmäßig; für mhd. *a* gelegentlich: *ane wan: vnderton* 23,3; *wonde* 228,3; für mhd. *ou* in *schloff* 185,2; *kroch* 626,4; für mhd. *u* häufig vor *-n* und *-r: kondent* 27,4; *förchtent* 221,4.

ö für mhd. *oe* in *schöne* 30,4 und öfter.

e für die mhd. *e*-Laute; für mhd. *i* in *gesechest* passim.

u für mhd. *u, û* und *iu;* ferner als Allograph für *v.*

ü, ú für mhd. *iu* häufig *rúwen* 34,4; *auentür* 310,2; *auentúr* 188,2 etc. (daneben die unbezeichneten Formen); für mhd. *ie* immer in *drü* passim; *knúwete* 323,3; *knüwen* 760,5; *knüwe sy* 777,2; für mhd. *i* einmal in *jch vergült* 194,3;

ů, ú für mhd. *uo* und *üe* regelmäßig.

ou, au für mhd. *ou,* wobei *au*-Schreibung seltener ist: *schauweten* 644,3; *zaugte* 723,1; der Umlaut ist bezeichnet in *fröidenrich* 467,5; 488,2; *fröiden* 574,4.

ei, ey für mhd. *ei* regelmäßig; einmal *ainer* 207,2.

i, j, y für mhd. *i;* einmal für mhd. *ie* in *fil* (3.Sg.Prät.) 762,1; die Handschrift schriebt immer *ye, yare;* für mhd. *j* ferner *weiet* 514,1.

ie für mhd. *ie* regelmäßig.

g für mhd. *j* in *verhergett* 557,2; *tröyge* 755,2; ansonsten für mhd. *g* regelmäßig, auch im Auslaut bzw. auch im mittelbaren Auslaut *burg* passim; *jungfrouw;* daneben auch *k*-Schreibungen *lang : danck* 31,1.

k, ck, gk für mhd. *k* in der spätmittelalterlich üblichen Verteilung der *ck, gk* Schreibungen auf In- und Auslaut.

v, f für die mhd. Laute in der üblichen spätmittelalterlichen Verteilung; vor Konsonant und im Auslaut häufig *ff;* aber im Anlaut steht häufiger als üblich *f* für *v,* möglicherweise wegen des Schreibers Vorliebe für breitschäftige Längen; neben *tavel, grauen,* auch *taffel* 191,1; *graffen* 38,3.

ff für mhd. *b* in *zouffer* passim und in *schachzaffel* 236,1.

b, p für mhd. *b* und *p* regelmäßig verteilt.

d, t für mhd. *d* und *t* regelmäßig verteilt; euphonisches *t* in *nebent* 482,1; *gegent* 483,3.

s, ss, sz für die entsprechenden mhd. *s*-Laute im üblichen spätmittelalterlichen Gebrauch.

cz für mhd. *z* regelmäßig, gelegentlich *tz.*

m, n für mhd. *m* und *n* regelmäßig; *-n* für *-m* in *lobesan, wunesan, allesant* passim.

r, l für mhd. *r* und *l* regelmäßig, außer in *kylchen* 191,2 u.ö.

h, ch für mhd. *h; schühe* 701,4; *ruchen* 666,2; *ch* ausgefallen in *sach* (für *schach*) 242,5.

Geschichte der Handschrift

Für Herkunft und Geschichte der Handschrift stellt zweifellos der vorne eingeklebte Buchholzschnitt ein wichtiges Indiz dar, denn die Besitzeinträge aus dem 15. Jahrhundert (*Menyng* und *Bergmeyger*) sind so angebracht, daß sie den Holzschnitt schon als Teil der Handschrift berücksichtigen. Es bedeutet die zeitgenössische Vereinigung, die auf gemeinsamen Lebensraum von Bild und Buch schließen lassen. Dieses Blatt ist von W.L. Schreiber ausführlich beschrieben worden. Für Schreiber besteht kein Zweifel, daß die Kreuzigungsszene vom Oberrhein stammt und in den Jahren 1460–1475 entstanden ist: „Elle (la gravure) doit avoir executé dans le bassin du Rhin vers 1460–75 et se trouve dans le ms.Nr. 8021 qui semble provenir de Strassbourg."[11] Diese hier suggerierte Provenienz der Handschrift aus Straßburg wird zwar durch den Dialekt des Textes allgemein gestützt, doch gelang es nicht, die frühen Namenseinträge (*V. Menyng, Albertus Bergmeier, Anna Bergerin*) in Straßburg nachzuweisen. Im 16. Jahrhundert befand sich die Handschrift dann im Besitz des Heidelberger Universitätsbuchhändlers *Henricus Avena*. Der Ortsname *Hettelberg* des Eintrags f.68v ist eine belegte Form von Heidelberg, das angegebene Datum *Anno 72 jor* ist aufgrund der Schriftform sicher 1572. In den Heidelberger Universitätsmatrikeln ist 1587 und 1592 ein *Henricus Avena, bibliopola* verzeichnet, dessen Todesjahr aufgrund eines weiteren Matrikeleintrags ziemlich genau mit 1620 angegeben werden kann: *„Mense Decembri 1620 receptus est sub tutelam academicam Leonhardus Neander typographus in locum Henrici Avenae nuper defuncti.*"[12]

---

11 W.L. Schreiber: Manuel de l'amateur de la gravure sur bois et sur metal au XVe siecle. Bd. I, Berlin 1891, S. 478. Die in *Avenas* Eintrag von 1572 erwähnten *Hans von Baden* und *Dietrich von Andlau* (Elsaß) konnte ich in Heidelberg nicht nachweisen. Dagegen hat ein Steinmetz *Hans von Baden* 1499 in Straßburg, wo der Name häufiger vorkommt, das Bürgerrecht gekauft. (Vergl. Charles Wittmer: Le livre de Bourgeoisie de la ville de Strasbourg 1440–1530. 3 Bde, Strasbourg 1948–1961, Bd. 2 (1954) Nr. 4961). Doch liegt diese Nennung zu früh.

12 Gustav Toepke: Die Matrikel der Universität Heidelberg von 1386 bis 1662. 3 Bde Heidelberg 1884–1893. Die zitierte Stelle Bd. II (1886) S. 303 Anm. 1. vgl. ferner S. 134 u. 157 zur Immatrikulation von *Avena*.

Nach Paris muß die Handschrift wahrscheinlich noch im 17. Jahrhundert, spätestens zu Beginn des 18. Jahrhunderts gelangt sein, wo sie in der Bibliothek des Couvent des Pères Pénitents de Nazareth ihren ersten Bibliotheksstempel $\frac{X}{8}$ erhielt. Der Couvent des Pères Pénitents befand sich in der rue du Temple, die Bibliothek war im zweiten Stockwerk über dem Kirchenchor untergebracht. Von dieser Bibliothek existieren noch drei handschriftliche Kataloge. Der offensichtlich älteste, wohl aus der Zeit vor bzw. um 1700 (heute Ms.lat. 10395 der Bibliothèque Nationale) enthält f. 117r–120r ein kurzes Verzeichnis der Handschriften der Bibliothek. Obwohl sich in diesem Verzeichnis mehrere deutsche Handschriften finden (Nrr. 4153. 4162. 4163. 4177. 4189. 4191 bis 4208), ist die Salman-Handschrift nicht darunter zu erkennen. Die zwei anderen Kataloge liegen zeitlich etwas später und befinden sich heute in der Bibliothèque de l'Arsénal. Ein kürzerer, Ms. 6206, verzeichnet mindestens zwei deutsche Handschriften, aber nicht den Salman. Doch der große sechsbändige Katalog, Mss. 6197–6202, verzeichnet im fünften Band (Ms. 6201) auf Seite 95 unter *Miscellanei in folio sub littera X: Mss. allemand, un volume mutilé, Nr. 8* die Salman-Handschrift. (*mutilé* ist mit Bezug auf den fehlenden Beginn des Textes korrekt festgestellt.) Während der französischen Revolution wurde auch dieser Orden aufgelöst, Bücher und Handschriften zunächst in das Dépot Saint-Louis-la-Culture gebracht, wo sie aussortiert und in der Hauptsache der Bibliothèque Nationale zugeteilt wurden. Einige gelangten auch in die Bibliothèque de l'Arsénal; unter den 23 Handschriften befanden sich auch zwei deutsche, eine davon war das Spielmannsepos von *Salman und Morolf.*

Literatur zur Geschichte der Handschrift:

Henry Martin: Catalogue des Manuscrits de la Bibliothèque de l'Arsénal Bd. VIII: Histoire de la Bibliothèque de l'Arsénal. Paris 1899, S. 465–466. Beschreibung der Handschrift: Bd. VI, Paris 1892, S. 428–29.

Alfred Franklin: Les Anciennes Bibliothèques de Paris. Bd. III, Paris 1873, p. 2–3.

Mss. Arsénal 6197–6202: Bibliotheca fratrum poenitentium tertii ordinis sancti Francisci conventus Sanctae Mariae de Nazareth Parisiis, prope Templum (s.a.).

Frankfurt, Stadt- und Universitätsbibliothek Ms. germ. qu. 13 (= E)

Äußeres:

Die jetzige Signatur findet sich auf dem Rücken unten (Tinte auf Papierschild) und mit Bleistift und dem Innendeckel oben links, sowie f. 1r unten. Auf dem Rücken oben ein kleines rechteckiges Papierschild die Zahl 2 (Tinte, wohl die Nr. der Handschrift in Eschenburgs Bibliothek, da Ms.germ.qu. 12 die Nr. 1 trägt.) f. 140v findet sich mit Bleistift die Acquisitionsnummer: 36/2662 (dieselbe wie in Ms.germ.qu.12). Der kleine, rechteckige Stempel der Stadtbibliothek Frankfurt auf dem Innendeckel auf f. 1r und f. 21r. Der Einband ist ein gelber, schwarzgesprenkelter Pappband des frühen 19. Jahrhunderts. Auf dem Rücken oben in Goldschrift auf rotem Grund: *K. Salomo u. Markolf MS.* Format: 270:210 mm. Beim Neubinden ist vorne und hinten je ein ungezähltes Blatt hinzugenommen worden. f. 1 wurde am rechten Rand, f. 140 am oberen Rand restauriert. Auch wurde eine Reihe von Lagen von den Falzen her neugefaßt. Das leicht fleckige Papier zeigt kaum Gebrauchsspuren. 140 Bll., 265:200 mm, Schreibraum: 200:100 mm. Die 21 Bildblätter haben (mit Ausnahme von f. 1) unterschiedliches Format und sind extra eingeheftet.

Lagen: *Morolftexte* (V+1) + 9V + (V–1) + *Genealogia Christi* (VI–1). Die extra eingehefteten Illustrationen sind bei den Lagen nicht mitberücksichtigt, aber bei der Foliierung gezählt. Bildblätter: f. 4, 6, 8, 11, 16, 21, 24, 39, 42, 46, 58, 68, 71, 82, 89, 104, 116, 121, 126.

Wasserzeichen: *(Morolftexte)* 1.) Buchstabe P mit gespaltenem Schaft, nicht bei Briquet. 2.) Bär mit einkonturiger

Stange mit Stern, bei dem es sich wohl um eine Variante des „Berner Bären“ der Papierfabrik Thal bei Bern handelt. 3.) (Papier der Bilder): ausgestreckte Hand, Daumen abstehend, Finger geschlossen, auf dem Mittelfinger ein Stern. Nicht bei Briquet, der die Verwendungszeit dieses Typs relativ genau auf die letzten drei Jahrzehnte des 15. Jahrhunderts eingrenzen kann (vgl. Textband II, 562f.). *(Genealogia Christi)* 4.) Ochsenkopf mit Augen, Nüstern und einkonturiger Stange mit Stern vom Typ Piccard VII, 149; Verwendungszeit 1456–60.

Schrift: Als Schreiber der Morolftexte gilt *Hans Dirmstein*, doch die hier vorliegende Buchschrift mit kräftiger Feder und Tinte ausgeführt, unterscheidet sich im Duktus sehr weit von der zierlicheren, zur Fraktur neigenden Schrift in Ms.germ.qu. 12, die sicherlich von *Dirmstein* stammt. Auch wenn man berücksichtigt, daß zwischen beiden Abschriften fast zehn Jahre liegen können und eine Handschrift sich verändert, so bleiben genügend Diskrepanzen. Hinzu kommt, daß bei den Morolftexten der abschließende Schreiberspruch fehlt, der *Dirmstein* ausweisen würde. Der *Genealogia Christi*-Text ist geschrieben von *Gallus Kemly* (Lebensdaten 1417 bis 1477 oder kurz danach) aus St. Gallen.

Auf dem Innendeckel Einträge von einer Hand des 19. Jahrhunderts: *2Gbs Ex auctione D. Eschenburg War im Catalogo verzeichnet Salomon und Morolff Manuscript von 1479 auf 108 blättern mit 22 besonders eingefalteten bildern und 4to* (es folgen weitere literaturgeschichtliche Angaben). Auf dem Vorsatzblatt (r und v) literaturgeschichtliche Angaben von der Hand Eschenburgs. f.129v von einer Hand des 16. Jahrhunders: *Hospice recktor Semper sit Letus vt Hector vt Jub sit paciens* (Schniel liest *pariens*) *tam quam Sibila prudens.* (Vgl. Hans Walther: Initia carminum. Göttingen ^{2}1969, Nr. 8471.)

Danach eine Zeile ausradiert. Dann Federproben und die zweimalige Karikatur eines „Männleins“.

Inhalt:

f.1v: Bild König Salman und Salme beim Brettspiel
f.2r–88v: Das Spielmannsgedicht
f.88v–128v: Das Spruchgedicht
f.129 leer
f. 130r–140r: *Petrus Pictaviensis: Compendium historiae in genealogia Christi.*

Inc.: *Hec Est Arbor hystorie biblice jnqua facile hystoria biblie jncordatur* (rot) *Considerans hystorie sacre prolixitatem nec non et difficultatem scolarium quaque circa studium sacre lectionis illius que in hystorie fundamento versatur. Adam jn Agro damasceno formatus . . .*
Expl.: *A quibus postea separatus Paulus post longam predicationem Romam veniens postquam XII Annis jn libera custodia sub nerone manserat XIIII Anno Neronis passus est die quo et Petrus. Explicit per fratrem Gallum presbyterum ordinis Sancti benedicti*

Dialekt:

Allgemeines: Durch *Hans Dirmstein* auf Frankfurt verwiesen, wird man den Text speziell nach rheinfränkischen Merkmalen abfragen. Auffallend ist zunächst das Nebeneinander von verschobenen und nichtverschobenen *p* und *t*, aber nicht bei *k*. Häufiger ist *p* erhalten im Anlaut, auch im mittelbaren Anlaut: *Plegen* 718,5; *plag* 19,3; *paffen* 201,2; 273,5; *geplegen* 125[a]; im Inlaut *oppert* 591,4; *harppen;* im Auslaut *kopp* 282,3; 288,5; *t* ist auslautend erhalten in Artikelformen *dyt* 188,1; im Anlaut im Rahmen des Üblichen *twingen* 365,2; *getwerch* 728,5; 733,6; ‚*zwischen*' erscheint als *zuschen* 771,3; vgl. ferner *antzlicz* 401,1; dies abgestufte Verhältnis gilt als charakteristisch für das angesetzte Gebiet.

Häufig tritt *a* für mhd. *o* ein *affen* (Ofen) 138,2; *dart* 179,3; *verlaren* 235,5; *baden* (boten) 592,5; *darewechter* 336,1; 630,4; *bescharen* 298,5; *erkarn* 388,2; *sall, salt, ader.*

Ebenso häufig tritt *o* für mhd. *u* ein *kost* (küßte) 172,1; *kortz: fortz* 244,1f.; *mont* 5,3; *intsprongen* 259,4; *drocken* 324,4; *snore* 344,1; *sondig* 402,1; ferner *konig, konigin.* Man beobachtet die Hebung *e* zu *i* in *finster* (Fenster) 174,5; *verdirben* 527,4; *hirburge* 383,2; *filsch* (Fels) 716,2; für *æ* in *gebierden* (Gebärden) 195,3; daneben *freden* für Frieden, *dreben* für *triben* 682,3; *gereden* für geritten 522,3. *Dirmstein* hat die mitteldeutschen Monophthonge bewahrt; die allgemein md. *t*-Erweichung ist ebenfalls zu beobachten; einmal rheinisches *he* 261,2 für *er.* In das Gebiet passen auch *s* für *chs* in *gewassen* 163,5; *sch* für *s* in *filsch* 716,2; *n* in *meistert* 174,5; *byt* für *bitze;* die als ursprünglich für den Dichter geltende Formen *sten / gen* sind im Gegensatz zu SP und d bewahrt. *erem, ene, eme* und *iß* sind durchgehend die Formen für die entsprechenden Personalpronomen. Kaum apokopierte Formen, häufiger epenthetische *e.*

Systematische Graphie der Handschrift:

a für mhd. *a, â* und *o;* für mhd. *e* in *lart, karte* etc.

o für mhd. *o* und *ô;* häufig für mhd. *u* vor *r, s,* Nasal, ferner in *ober, obel* etc.;

u für mhd. *u, iu, uo* und *üe;* für *i* in *zuschen.*

i, y für mhd. *i* und *î;* für mhd. *e* in *iß* (es) und häufig in Nebensilben *inkan, irneret, lebin* etc.; häufig für mhd *ie* in *dinte, liplichen, fil, lichte* etc.; *i* steht ferner als Längenbezeichnung in *noit, loiß, hait.*

e für die mhd. *e*-Laute; für *i* gelegentlich in *frede, spelen;* es bezeichnet Länge in *see, wee, ee* etc.; für *ie* in *kele* neben *kiele;* für *a* in *weller* 208,2.

au für mhd. *ou;* für *öu* in *frauwen* 198,2; für mhd. *o* in *herczaug,* in *fautte* (für Vogt) 1,2.

eu für mhd. *öu;* für *ou* in *heubt* immer.

ie für mhd. *i* und *ie;* sicherlich Längenzeichen für *i* in *geswiegen* 119,1; *spielten* 5,4; *spiel:dir* 225,1 (?); *gecziegen* 134,4; einmal für mhd. *ae* in *gebierden* 195,4.

ei, ey für mhd. *ei;* in kontrahierten Formen über *-age-, -ege-* in *seyt, leyte, dreit, geyn.*

r für mhd. *r;* Metathese in *bornen* 281,1; *bornet* 182,3.

l für mhd. *l;* auch geminiert *spillman* etc.

n, m für mhd. *n* bzw. *m; n* erscheint geminiert in *hynnan* neben *hynan.*

h für mhd. *h, ch;* im Auslaut *ch;* zwischenvokalisch *hohen* 189,1 neben *hoer* 289,5; *verjehen: geschen* 280,1f.; prothetisches *h* in *he* (für *er*) 261,2 nur hier.

s, ss, sz, ssz für die mhd. *s-,* bzw. *z*-Laute; das übliche spätmittelalterliche Durcheinander; in einigen Fällen vertritt *ss* bzw. *sz* mhd. *chs* in *gewassen* 163,5; *wesseln* 246,3; *scharsaß* 290,3.

cz, tz für mhd. *z.*

f, v für mhd. *f, v; ff* erscheint in- und auslautend; *v* wird inlautend *ff, f* geschrieben.

w für mhd. *w.*

b, p für mhd. *b, p;* in bestimmten Wörtern ist *p* fest *palas, portener, porte;* in *pilgerin* häufiger *bilgerin; beche* 174,4; im Auslaut immer *p, pp;* in einigen Fällen vertritt *b* mhd. *w*, so immer in *farbe;* zu *p* für mhd. *f, v* vgl. auch oben die allgemeine Charakterisierung des Dialekts.

d, t für mhd. *d, t;* mitteldeutsche *d*-Schreibung überwiegt *dusent* 35,4; *druerten* 27,3; *dochter* 34,3; *drang* (Trank) 44,4; *daden* 67,5; *sondage* 24,1; *dag* 76,4; *konden, wolde* passim; *radent* 24,3; *gude* 25,5; neben *gute* 29,5; *vnderdan* 34,5; im Auslaut durchaus *t, tt* bei Kurzvokal geminiert *vatter* bzw. *judden* passim

sch für mhd. *sch;* gelegentlich für *s filsch* 716,2.

g, k, qu, qw für mhd. *g, k, c;* im Auslaut häufig *g*, gelegentlich *gk lang : dang* 31,1f.; *drang* 44,4; *krang* 75,3; *dag : lag* 76,3 und 5; *sangk* 125,3; *qu, qw* ist fest in *qwam, quamen;* im Inlaut ist *k* geminiert *krucke* 185,5; *rucke* 185,4; *g* ist assimiliert in *junffrauwen* 230,5; *fautte* 1,2.

Geschichte der Handschrift

In dieser Handschrift liegt der nicht gerade häufige Fall vor, daß Hersteller und Erstbesitzer des Codex einunddieselbe Person sind: der Frankfurter Goldschmied, Maler und Bildhauer *Hans Dirmstein.* Er entstammte der patrizischen Familie *Kistner von Dirmstein,* in der das Goldschmiedehandwerk seit mehreren Generationen von Vater auf Sohn vererbt wurde. Geboren 1435, erscheint *Hans Dirmstein* 1459 als Gehilfe seines Vater *Peter Dirmstein,* schwört 1462 den Frankfurter Bürgereid. Er stirbt in Frankfurt 1494. Auf 1470 datiert *Dirmstein* selbst die Herstellung der Handschrift *,Die sieben weisen Meister':* Text, Illustrationen und Bucheinband sind von seiner Hand. Es handelt sich allem Anschein nach auch um keine

Auftragsarbeit, denn er schmückt die Titelillustration mit seinem und seiner Ehefrau Wappen. 1479 folgen die Morolftexte. Ganz sicher sind die Illustationen von seiner Hand, ob er den Text auch selbst geschrieben, ist zweifelhaft. Auch diese Handschrift ist für den eigenen Besitz gedacht, wie der Wappenschmuck auf dem Titelbild zeigt. Danach jedoch verliert sich die Spur beider Handschriften. 1790 werden sie auf der „Andersonschen Bücherversteigerung in Hamburg" angeboten und von Johann Joachim Eschenburg (1743–1820) erworben, der sie für die damals beginnende Mittelalterphilologie bekannt macht. 1808 benutzt sie von der Hagen für seine erste Ausgabe in den Deutschen Gedichten des Mittelalters. Nach Eschenburgs Tod werden die Handschriften von dem preußischen Staatsrat Ferdinand Friedrich von Nagler gekauft, von dessen Hand wohl die Einträge auf dem Innendeckel sind. Danach gehen beide Handschriften wieder ‚verloren'. F. Vogt kann für seine Ausgabe nicht darauf zurückgreifen. Dann tauchen beide Codices 1929 „in einem Bodenraum des Verlagshauses Vieweg in Braunschweig" (H. Schiel) wieder auf und können nach langen Verhandlungen von der Stadt Frankfurt angekauft werden. Erstaunlich an dieser Bücher-Odyssee ist die Tatsache, daß die Handschriften immer zusammenblieben. Möglicherweise ist dies darauf zurückzuführen, daß die Texte lange Zeit in einem Band vereint waren. Zumindest scheint dies der Fall gewesen zu sein, als Eschenburg sie erwarb. Darauf deutet eine Bemerkung von der Hagens (Deutsche Gedichte I, S. XXIV). Der alte bzw. die alten Dirmsteinschen Einbände sind nicht erhalten. Vermutlich hat Eschenburg die Handschriften geteilt und mit den noch vorhandenen Pappbänden versehen.

Literatur:

Hubert Schiel: Die Frankfurter Dirmsteinhandschriften. Frankfurt o.J. (1937).

Birgit Weidmann: Die Mittelalterlichen Handschriften der Gruppe Manuscripta Germanica (= Katalog der Frankfurter Handschriften, im Erscheinen).

Verlorene Handschriften

Straßburg, ehemalige Johanniterbibliothek Cod.b 81.

1870 verbrannte eine *Salman und Morolf*-Handschrift in Straßburg, die nicht für die Forschung in ausreichendem Maße bekanntgemacht war. Diese Papierhandschrift der ehemaligen Johanniterbibliothek war 1476 datiert und schien 195 Blätter im Folio-Format enthalten zu haben.

Inhalt:
f.1r–110v: *Wolfdietrich* (erstes Textblatt fehlt)
f.111r–133v: *Rosengarten*
f.134r–172r: *Salman und Morolf*
f.173r–195v: *Ortnit*

Anscheinend war dies keine illustrierte Handschrift wie alle anderen Textzeugen.

Literatur:

Johannes J. Witter: Catalogus codd. mss. in bibliotheca sacri ordinis Hierosolymitani Argentorati asservatorum, Straßburg 1746, S. 15.
Julius Rathgeber: Die handschriftlichen Schätze der früheren Strassburger Stadtbibliothek. Gütersloh 1876, S. 55.
Deutsches Heldenbuch. Bd. 3. Berlin 1871, S. VII.

Dresden, Mscr. R 52um, 4 (= D)

Auch diese Fragmente einer illustrierten Handschrift sind bei der Bombardierung Dresdens verbrannt. Doch hat Ludwig Schmidt 1905 eine Beschreibung gegeben und die Lesarten zu Vogts Text mitgeteilt. Diese sind an den entsprechenden Stellen in der vorliegenden Ausgabe in den Lesartenapparat eingefügt worden. Ich teile daher hier nur die übrige Beschreibung von L. Schmidt im Wortlaut mit:

„Dieses Dresdener mscr. ist von einer der mitte des 15. jh.'s angehörenden hand sauber auf papier geschrieben und enthält auf 12 blättchen folgende (am schlusse der verse häufig durch zerschneiden verstümmelte) teile des gedichtes: v.218, 3–220, 4. 228,4–229,3. 236,2–238,4. 249,5–252,1. 272,1–5. 312,1–314,3. 328,1–7. 340,1–5. 384,2–385,2. 393,5–394a,1; ferner nur einzelne worte aus v.243,2–245,2. 400,1–401,3. Jeder vers beginnt mit einem rot durchgestrichenen buchstaben. Dass auch hier wie in den anderen hss. und im Strassburger drucke von 1499 bilder sich befanden, ergibt sich aus drei noch teilweise erhaltenen rubriken: auf der rückseite des ersten blättchens, das v.218,3–220,4 enthält: ... wise mit der kunigin Salome ... rett (zu ergänzen: Als Morolff in bilgernis wise mit der kunigin Salome spielte in dem schoffczabelbrett, vgl. v.d. Hagen, Deutsche gedichte des mittelalters 1, Salomon und Morolf s.72 zu v. 1168); auf der rückseite von bl.4, enthaltend v.249, 5–252,1: ... ie iuden hut abe vor der kunigin ... nnen (vgl. v.d. Hagen 1,73 zu v. 1377: Hie stot Morolff by der küngin vor dem schoch zabel bret vnd zoch die iuden hüt abe vnd gab sich der küngin zu erkennen), und nach v.328,7: Also kunig Vore einen siner ... sin frowe vnd in der cappel ... (= v.d. Hagen zu v. 1736?). Doch ist von den bildern selbst keine spur mehr vorhanden. Die fassung des Dresdener textes steht der des druckes am nächsten; ein directes abhängigkeitsverhältnis zwischen beiden besteht jedoch nicht; vielmehr ist die erstere mittelbar oder unmittelbar aus der dem drucke und der Stuttgarter hs. zu grunde liegenden gemeinsamen quelle (von Vogt s.x mit Y bezeichnet) geflossen."

Straßburger Druck von 1499 bei Mathis Hüpffuff (= d)

Titel:

Dis buch seit vou kunig salo / mon vnd siner husz frouw / en Salome wie sy der künig fore nam vnd wie / sy Morolff künig salomō brůder wider brocht/

(Darunter ganzseitiger Holzschnitt: Salomon mit Zepter, daneben Salome, beide stehend.)

Folgt weiteres Blatt mit Holzschnitt und Überschrift:

Dis bůch sagt vō Künig salomō vn̄ von Morolff / künig salomons brůder. Durch vsz mit allen fygurē /

(Holzschnitt: Salome liegend, davor stehend Salomon und Morolf, im Vordergrund Bedienter.)

Expl.:

Hie hat ein ende das bůch morolff daz do / sagt zům ersten von künig Salomon vnd / von salome siner frouwen wie sy der künig / fore verzouwert vn̄ sy enweg fůrt ouch wie / sy morolff wider gewan vnd den künig fore / an einen galgen hing vn̄ ouch zům lesten vō / dem künig pryncīā wie er künig Salomon / syn schoͤne frouw stal vnd ym die vber mer / hien weg fůrte vnd sy morolff zům anderen / mol wider bracht vnd ließ ir lossen in eym / wasser badt daz sy starb vnd ist getruckt zů / Straszburg durch Mathis hüpffuff Jm / ior noch Crist geburt. Mcccc.xcix.

Der Druck enthält 48 Holzschnitte, die im Facsimile-Druck erschienen sind bei P. Heitz: Straßburger Holzschnitte zu Dietrich von Bern – Herzog Ernst – Der Hürner Seyfried – Marcolphus (Drucke und Holzschnitte des 16. Jahrhunderts, 15) Straßburg 1922.

Exemplare in München, Berlin, Straßburg.

Straßburger Druck von 1510 bei Johannes Knoblauch (= d')

Titel:

Dis büchli seit von künig salo=/mon vnd seiner hauß fraw=/ en Salome wie sy der künig Fore nam vnnd wie sie / Morolff künig Salomons brůder widerbrocht.

(Darunter Holzschnitt wie in d)

Expl.:

Hie hat ein ende dz büchlin morolff dz do sagt / zům ersten von künig Salomon vn̄ von Sasome / synner frouwen wie sy der künig Fore verzouwpert / vnd sy enweg fůrt auch wie sy Morolff widergewā / vnd den künig Fore an einen galgen hing vn̄ auch / zům lesten von dem künig Pryncian wie er künig / Salomon syn schoͤne frouw stal vn̄ jm die über moͤr / hien weg fůrt vnnd sye Morolff zům andern mol / wider bracht vnnd ließ ir lossen jn eym wasser badt / das sy starb. Vnd ist getruckt zů Straßburg durch Johannes knoͤblouch do man zalt . XV^{c}. vn̄ X. jor

Dieser Druck ist text- und seitengleich mit d und bringt auch dieselben Holzschnitte. Ersetzt wurden die Holzschnitte nach den Strophen 388,3; 675; 688; 700. durch motivgleiche Bilder, nach 158 anderes Motiv. Der Holzschnitt nach 39 ist durch

Wiederverwendung dessen von 371 ersetzt; ebenso: 222 gleich dem von 261. Es fehlt der zweite Titelholzschnitt.
(Lesarten für die Edition nicht berücksichtigt.)

Exemplar in der Österreichischen Nationalbibliothek Wien
Signatur: C.P.2.B70.

Verzeichnet bei Emil Weller: Repertorium typographicum. Die deutsche Literatur im ersten Viertel des 16. Jahrhunderts. Nördlingen 1864.Nr.4076 (Nachtrag,S.451).

III. Einrichtung der Edition

1. Wahl der Leithandschrift

Über die prinzipiellen Gesichtspunkte für die Herstellung dieses literarischen Textes wurde eingangs gehandelt. Hier ist über die Umsetzung dieser Leitlinien in praktische Textarbeit zu berichten. Vorweg jedoch ein Wort zur Wahl der Handschrift S als Grundlage der Edition.

Vogt, der ebenfalls auf der Basis von S arbeitete, begründete seine Wahl (es standen ihm nur S und d zur Verfügung) mit der „textlichen Überlegenheit“ und dem (fälschlich) vermuteten höheren Alter der Handschrift. Für meine Entscheidung kann ich den Begriff der textlichen Überlegenheit eigentlich nicht heranziehen, da dieser nur vor dem Hintergrund des originalen oder wenigstens archetypisch erfaßbaren Kunstwerks zu verstehen ist. Die eingangs formulierten Editionsgrundsätze erlaubten prinzipiell jeden Textzeugen als editionswürdig einzustufen. Meine Gründe für die Wahl sind – wenn man so will – wesentlich ‚schwächere‘. Ich habe S gewählt, weil ich nicht einen Text abdrucken wollte, der *nur* die Situation des 15. Jahrhunderts zeigt (nämlich P, E oder d). S wird weitgehend der Tatsache gerecht, daß der Gebrauchsprozeß als solcher deutlicher sichtbar wird und nicht nur das Resultat des Gebrauchs wie z.B. besonders in d. Insofern schlägt die ‚Vergangenheit' (gemeint: frühere Form) des Textes auch bei meiner Wahl (wie bei Vogt) sich nieder, jedoch nicht als rekonstruierbare Größe, sondern nur als in Umrissen zu erkennendes Vergangenes, das es auch zu bewahren gilt, und welches nicht erst vom modernen Herausgeber herauspräpariert wurde.

2. Orthographisches, Optisches

Beim Abdruck von S habe ich Folgendes beachtet und als konsequent gehandhabte Regel zugrundegelegt:

Die Orthographie der Handschrift wurde beibehalten mit Ausnahme der Groß- und Kleinschreibung, die nach üblichem Muster (Eigennamen und Strophenanfänge groß, alles andere klein) geregelt wurde. Darüberhinaus habe ich nur die Schreibung von *i, j* und *y,* bzw. *u* und *v* vereinfacht bzw. nach dem entsprechenden Lautwert geregelt, Alles andere wurde so belassen, wie die Handschrift es bietet.

Ansonsten habe ich die wenigen Abbreviaturen aufgelöst; diakritische Zeichen sind beibehalten, wo sie auf Diphthong oder Umlaut deuten, vernachlässigt, wo reines Vokalzeichen.

Zur optischen Gliederung wurde moderne Interpunktion eingeführt, in allerdings vereinfachter Form: Punkt nach Sätzen mit einem finiten Verb, Komma zwischen ganzen Sätzen (Nebensätzen) mit finitem Verb, Doppelpunkt, Anführungsstriche bei direkter Rede, gelegentlich Ausrufungs- und Fragezeichen. Die Handschriften bieten keine Absetzung der Verse in Strophen, S ab f.309r sogar keine Absetzung in Verse (jedoch Rubra). Hier habe ich das von Vogts Ausgabe her vertraute Strophenbild übernommen, d.h. die einzelnen Strophen voneinander abgesetzt, deren letzte Zeile jeweils eingerückt. Bei überlanger zweiter Zeile ist auch deren zweite Hälfte als jeweils dritte Zeile einer dann sechszeiligen Strophe eingerückt. Die Strophenzählung orientiert sich ebenfalls an Vogt. Eine konsequente neue Strophenzählung – wie sie prinzipiell durchaus vertretbar wäre – einzuführen, schien mir mehr Verwirrung als Gewinn zu bringen. Bei Vogt nicht im Text, sondern nur in den Anmerkungen stehende Strophen sind daher mit a, b etc. gezählt. Grundsätzlich habe ich alle voll ausgebildeten Strophen in den Lesetext gesetzt, (auch einige nicht so komplette wie z.B. die Trink-Heischestrophen in E), um den Gebrauchsprozeß über die Handschrift S hinaus zu dokumentieren. Ist eine solche Strophe nur in P oder E überliefert, so ist sie kursiv und petit im laufenden Text gedruckt.

3. Fehlendes und Falsches

Kursiv (aber nicht petit) sind auch alle die Strophen gesetzt, die in S fehlen, aber aufgrund erkennbarer anderer Merkmale ursprünglich dazu gehörten. Es gibt zwei Sorten von Fehlstellen in S: einmal die durch das ‚unorganische' spätere Herausschneiden von Illustrationen, auf deren Rückseite Text geschrieben stand, entstandenen Lücken, und zweitens das einwandfrei als Schreiberversehen diagnostizierbare Fehlen von Strophen, Strophengruppen und einzelnen Zeilen, welches nicht etwa als Resultat redaktioneller Arbeit zu klassifizieren ist. Ansonsten bin ich in der Reihenfolge der Strophen strikt der Handschrift S gefolgt, da keine der von Vogt gegebenen Begründungen, an manchen Stellen S nicht zu folgen, mich überzeugen konnten bzw. für mein Verfahren zulässig wären. Diese abweichende Reihenfolge (Str. 16. 17.; 87. 89; 326; 754–756;) ist jedoch im ersten Apparat jeweils vermerkt, ist aber insgesamt ohne größere Bedeutung.

In aller Regel ist ‚Fehlendes' in S (besonders die durch Blattverlust entstandenen Lücken) nach P ergänzt, aber der Orthographie von S angepaßt worden. Wo ich P nicht folgen konnte, weil selbst lückenhaft etc., ist der dann herangezogene Textzeuge E oder d jeweils angegeben. ‚Fehlendes' ist

–außer im oben schon erwähnten Bezug – auch konstatiert, wenn eine Verszeile rhythmisch und inhaltlich verkürzt erscheint gegen das sonst Übliche der Handschrift. Sehr eingeschränkt habe ich den Begriff ‚Falsches' verwandt und ihn auf keinen Fall bei Texteingriffen mit der Vorstellung von ‚X hat besseren Text' vermischen wollen. Deshalb steht manchmal der ‚bessere' Reim, die ‚bessere' Lesart nur im Apparat und gelangt erst dann in den Text, wenn S nichts Verstehbares bietet.

Dies gilt auch, wenn die sogenannte ‚sonstige Überlieferung' gegen S steht. Ich habe nur eingegriffen, wenn dies durch ein zusätzliches strukturelles Argument (Reim z.B.) gestützt wurde. Wo immer S allein steht, aber Verstehbar-Verständliches bietet, ist dies erhalten.

‚Falsches' liegt dann vor, wenn eindeutige Schreiberirrtümer zu konstatieren sind, die auch ein *leser* des 15. Jahrhunderts als solche erkennen und spontan bessern mußte und konnte, sei es im Wortgut in der Zeile oder im Reim. Unkorrigiert blieb ‚Falsches', das nur vor dem Hintergrund des Archetyps als solches erkennbar wäre, wie z.B. in 1,2 und 20,2, wo alle Handschriften die mit *sit* eingeleitete Formel für epische Vorausdeutung verloren haben (nur in E eine Andeutung). Daraus schließe ich, daß ein *leser* des 15. Jahrhunderts sie nicht spontan einsetzen konnte. Über einige wenige Kompromisse in diesem Punkt unterrichtet der editorische Kommentar zu einzelnen Stellen. Der Benützer der Ausgabe wird also zunächst mit den sprachlichen Möglichkeiten des 15. Jahrhunderts konfrontiert, das archetypisch erschließbare ‚Richtige' findet er im Apparat, der die Vogtschen Lesarten enthält.

Ein charakteristischer Zug der Morolfstrophe ist, daß sie Assonanz erlaubt. Für die Texteinrichtung bedeutete dies, daß bei Vorliegen dieser Bedingung in S nicht mehr eingegriffen wird, selbst wenn die andern Textzeugen reinen Reim bieten. Ansonsten habe ich dann Reim hergestellt, wenn dies durch einfache Umstellung im Wortmaterial von S möglich war (Beispiele: 152,4; 225,2; 253,4; 326,2; 513,1; 672,1). Darüberhinaus nach den Lesarten von P, selten E oder d, wenn die dort bewahrte Form dem üblichen Gebrauch von S entspricht, d.h. auch ein Korrektor-*leser* des 15. Jahrhunderts darauf verfallen könnte. (Beispiel: Einfügung von Füllsel wie *listiger man* 200,2; *dem heidenschen man* 717,5; jedoch nicht 470,1 *gezal* aus E, das SPd nicht mehr verwenden.) Analog ist dieses Verfahren auch gelegentlich zur Restitution von Zeile 4 und 5 einiger Strophen angewandt, wenn der Eingriff dem üblichen Gebrauch von S entsprechend vorgenommen werden konnte.

Einer besonderen Bemerkung bedarf die Behandlung bzw. Nicht-Behandlung der Nebensilbenvokale, im wesentlichen das Durcheinander von apokopierten und nicht apokopierten Formen. Üblicherweise wird bei Textausgaben des 15. Jahrhunderts dies insofern als *quantité négligeable* behandelt, indem je nach den Bedürfnissen des Rhythmus diese restituiert bzw. getilgt werden. Die Versuchung dazu ist groß. Dies gilt vor allem für ‚überschüssige' *e* im Reim, die das Reimbild enorm stören. Alle Handschriften machen jedoch davon Gebrauch. Hier habe ich unserm modernen Bedürfnis nach orthographisch-optischer Harmonie nur dann nachgegeben, wenn S selbst inkonsequent verfährt, z.B. *jar : war(e)*. Denn das vergleichsweise leicht zu bewerkstelligende ‚Ausputzen' der Reime hätte konsequenterweise auch erfordert, im Versinnern für rhythmische Beruhigung zu sorgen, ein Gang in eine editorisch andere Richtung als hier vorgesehen.

4. Leseartenapparate

Dem Text sind zwei Apparate beigegeben. Der erste enthält die Lesarten der kritischen Ausgabe Vogts und verzeichnet alle Abweichungen außer rein Orthographischen. Mit Hilfe dieser Varianten ist es jederzeit möglich, die kritische Ausgabe ‚mitzulesen'. Dies Verfahren erlaubte, eine größere Nähe zur Schreibweise der Handschrift beizubehalten und gleichzeitig die philologische ‚Korrektur' mitzuliefern. Mit der Vogtschen normalisierten Form von Vers, Reim und Strophe in sichtbarer Nähe, wird man die zusätzliche Lesemühe, die die unbereinigten Verhältnisse erfordern, eher akzeptieren.

Der zweite Apparat verzeichnet die Lesarten der Textzeugen. Seiner Konzeption liegt die Absicht zugrunde, die relativ geringe Zahl der Textzeugen (außer S nur zwei Handschriften, Fragment D und 2 Drucke) vollständig zu dokumentieren. Ich war bestrebt, alle Abweichungen zu verzeichnen (auch z.B. apokopierte vs. nichtapokopierte Formen), so daß auch die jeweilige Silbenzahl eines Verses in einer Handschrift bzw. des Druckes d aus dem Apparat rekonstruiert werden kann. Zwar bin ich nicht sicher, ob meine Aufmerksamkeit bei all diesen zum Teil minimen Varietäten ausreichte, entsprechende Sicherheit dem Leser zu garantieren, doch ist Vollständigkeit angestrebt: Der Apparat soll alles enthalten, was über orthographische Varietät hinausgeht (nur bei Eigennamen sind auch die orthographischen Varianten mitgeliefert). Auch die Lesarten der Fragmente D sind an entsprechender Stelle jeweils eingefügt.

Technisch ist der Lesartenapparat folgendermaßen eingerichtet: (dies gilt – wo anwendbar – auch für die Vogtschen Lesarten) Auf die Strophen- bzw. Zeilenangabe folgen die Lesarten in der Reihenfolge P E d, bei einigen Strophen dann auch Fragment D, und zwar immer in der Schreibweise der erstgenannten Handschrift. Die für den edierten Text geltende Orthographie-Konvention gilt für den Apparat nicht, auch nicht bei S. Das Bezugswort im Text ist nur dann im Apparat angeführt, wenn Unklarheiten entstehen könnten. Ansonsten glaubte ich, darauf vertrauen zu dürfen, daß der Leser ein Adjektiv, Verb etc. im Apparat als auf ein Adjektiv, Verb etc. im Text bezogen erkennt, da die Kürze der Zeilen in aller Regel hier keine Mehrdeutigkeiten verursacht. Wird der ganze

Vers einer Handschrift angeführt, so steht dieser voran und ist zusätzlich mit einem Asterisk versehen (gilt auch für Vogts Lesarten). Der Asterisk entfällt, wenn zwei und mehr Zeilen zusammenhängend geboten werden, da die Angaben dann 1f., bzw. 1–3 etc. lauten und so genügend Hinweis bieten. Bei kürzeren Wortgruppen (unter einer Verslänge) ist immer die Bezugsgruppe kenntlich gemacht, sei es entweder durch ein entsprechendes Lemma oder durch Angabe des die Variante begrenzenden gemeinsamen Wortmaterials.

Schreiberkorrekturen sind ebenfalls verzeichnet. x: <y> ist zu lesen als: *Schreiber korrigiert* x *aus* y; <x> als x *vom Schreiber gestrichen;* <......> als *unleserlich* bzw. *unleserlich gemacht.*

Ferner verzeichnet der Apparat Initialen, Illustrationen und Überschriften der einzelnen Textzeugen.

5. Namenformen

Die Prinzipien der Ausgabe machen einige, wenn auch geringfügige Korrekturen an den Namen der Personen und Schauplätze unvermeidlich. Für einen Text von einer gewissen literarhistorischen Bedeutung können solche Änderungen natürlich Verwirrung stiften, doch hoffe ich, den Schaden so klein wie möglich zu halten.

Ich beginne mit den Namen der Protagonisten: *Salmon* und *Morolff.* Von den vielen hundert Malen, in denen der Name des Königs von Jerusalem genannt wird, liegt er entweder in der Schreibung *Salmon* (S) oder *Salomon* (P E d) vor. Nur in exakt zwei Fällen in S (258,3 und 260,2) und in zwei Fällen in E (418,1 und 431,5) in der von Vogt für den Archetyp und den Dichter erschlossenen Form *Salman.* Nun ergibt der Reimbefund gute Gründe für Vogts Annahme, da fast immer auf *-an,* bzw. *-arn* etc. gereimt bzw. assoniert wird (Ausnahme

155,1f. auf *Absolon*). Nach heutiger Auffassung ist jedoch festzuhalten, daß die Schreibungen *a* und *o* im 15. Jahrhundert in bestimmter Umgebung Allographe desselben Phonems (wohl ein sogenanntes „verdunkeltes“ *a*) sind. Ich habe deshalb auch die Schreibung *Salmon* beibehalten, weil hier vor dem Hintergrund der Vogtschen Schreibung eine gewisse Signalwirkung ausgeht und so auch im Namen die Differenz zur alten Ausgabe bezeichnet werden kann. Für diese Ambivalenz der Schreibung bieten praktisch alle Handschriften des 15. Jahrhunderts genügend Anschauungsmaterial und dem ist letztlich auch Rechnung zu tragen.

Einfacher ist die Situation bei der Schreibung *Morolff:* So schreiben alle Handschriften immer und ausnahmslos. Im Reim steht *Morolff* gelegentlich auf *-olt:* 144, 358, 634, 743.

Salome. Auch hier ist Vogts auf den Archetyp zielende Form *Salme* durch das in den Handschriften generell herrschende *Salome* ersetzt.

Fore. Keine Änderung hier, da diese Form in S durchaus gebraucht ist, ebenso in d. P hat *varon,* E *pharo* regelmäßig.

Princian. Keine Änderung.

Crispian – Ciprian. Crispian ist die Namensform in SPd gegen E's *Ciprian.* Da jedoch d auch zweimal *Cyprian* hat wie E, erschloß Vogt für den Archetyp die Form *Ciprian* und übernahm diese in seinem Text. Ich bin SP gefolgt.

Surian. Was ein *alter Surian* sein soll, verstehe ich nicht. Auch Vogt erklärt sich nicht, nimmt wohl einen irgendwie zu verstehenden Syrer an. S hat *seraffin* 754,1 und *Surigan* 758,1; E *surian,* d *syrian.* P bietet nun eine interessante Variante: *sergant.* Ein *alter sergant,* der die Bitte, das Banner tragen zu dürfen, vorbringt, erscheint mir wahrscheinlicher als ein alter Syrer. Dennoch mußte bei *surian* wegen S 758 geblieben werden.

Bei nur selten oder nur einmal vorkommenden Namen bin ich immer S gefolgt, wo dies möglich schien. Geändert habe ich 49,4 *Elian* aus handschriftlich *Helian,* da sonst diese

Form in S gebraucht ist. Ferner zweimaliges *Pelligan* immer in sonstiges *Pellian.*

Ortsnamen. Jerusalem. Vogt schwankte aus Reimgründen zwischen *Jerusalem* und *Jerusale* und gibt dafür in den Anmerkungen eine ausführliche Begründung. Ich folge der Handschrift, die immer *Jherusalem* bzw. *Jerusalem* schreibt.

Duscan. Der Name kommt dreimal vor: 35. 553. 573. In S nur zweimal: *duscant* 553. 573. P hat *Thustan; thuskanien; thuskon.* E hat: *duse far; dutschen; tuschan.* d hat *Thustan; dustant* (zweimal). Aufgrund des Reimbildes habe ich die Vogtsche Form *Duscan* beibehalten.

Cipperlant – Apperlant. Vogt nahm *Apperlant* aus d, da S und E hier nichts bieten. P hat *clipperwin* und bestätigt damit von der Hagens und Haupts Vermutung auf „Kipperlant“, wie von Vogt in den Anmerkungen dargestellt. Mein Editionsprinzip erlaubt eigentlich keine Konjektur, doch da bei S an dieser Stelle ein völlig unüblicher dreifacher Reim entsteht, habe ich mich zu *Cipperlant* entschlossen.

Termont. S und d haben hier eine Lücke. P bietet *Trütten münt,* welches mir noch unklarer ist als E's *Termont.* Ich habe es deshalb dabei belassen.

Akers. Der Name kommt sechsmal vor: 598,1; 599,9; 624,2; 682,3; 691,5; 702,4. S hat dreimal *abriß* und wird in dieser Form durch Pd gestützt. Dann zweimal *aderß* und wird darin ebenfalls durch Pd, aber auch E gestützt. Dann einmal *adriß.* Vogt erschloß aus Gründen der geographischen Wahrscheinlichkeit *Akers,* obwohl keine der ihm zugänglichen Handschriften über die angeführten Formen hinausging. Tatsächlich wird Vogts Konjektur durch P zweimal bestätigt. P hat 691,5 und 702,4 *ackers.* Nun war entweder der Schreiber von P an diesen zwei Stellen ein so kluger ‚Vorleser‘ wie Vogt oder hier liegt tatsächlich das Richtige bewahrt. vor. Da S ohnehin emendiert werden müßte, mir P und die Vogtschen Gründe einleuchten, nehme ich *Akers* in den Text.

Erläuterungen zu einzelnen Stellen

1,2 *sich.* Hier und 20,2 in allen Handschriften Verlust der Formel für die epische Vorausdeutung.

7,4 *smaler.* Korrigiert nach 199,4, weil ich *smeher* S nicht in der hier geforderten positiven Bedeutung nachweisen kann. Vogt erschließt *smaler* über *smeher* verschrieben aus *smeker.*

9,5 *uz den.* Übernahme von Vogts Korrektur, da die hsl. Lesarten unbrauchbar; hier hat wohl auch ein *leser* improvisieren müssen.

13,2 *frone.* Ich verstehe *frůwe* hier und 123,2 als Schreiberversehen, da die Situation eindeutig ‚Hochamt' verlangt. Auf Verschreiben deutet auch P. Da Ed *frone* bewahrt haben, muß der Begriff geläufig gewesen sein.

15,2 *richte.* Hier und 422,1 aus hsl. *rachte.*

16,2 *siner.* Hier und öfter habe ich die Kasusendungen korrigiert bzw. restituiert.

16,2–5 und 17,3–5. Entgegen Vogt behalte ich die Zeilenfolge von S, jetzt gestützt durch P, bei.

21,4 *see.* S schreibt *se, see* und *sehe.* Aus optischen Gründen habe ich *sehe* zu *see* vereinfacht, dies aber im Apparat jeweils angemerkt.

31,2 *ane* von S in den Apparat verwiesen, da sonst nicht in Verbindung mit *sunder* vorkommend (vgl. 3,2; 32,3; 41,2 etc.).

35,1 *kunig us Duscan.* Obwohl Lesart S *des kunigs dinstman* den Reim nicht stört und sprachlich Sinn ergibt, so zeigt der Kontext, daß dies sachlich falsch ist, denn so würde der Dienstmann ein größeres Truppenkontingent stellen als der Dienstherr. Da der Duscaner später in S doch auftaucht (553. 573) habe ich S hier korrigiert.

38. Vogts Einwand gegen die Strophe verliert durch P an Kraft.

44,2 *kiele.* Entgegen Vogt lese ich problemlos *kiele* in S.

48,3 und 5. Der ungewöhnliche Reim ist bei Vogt behandelt.

71,3 und 5 *diet : nit.* Vogt bereinigt hier und öfter je nach etymologischen Voraussetzungen. Ich nehme aus zeitlichen und geographischen Gründen monophthongische Aussprache an und belasse es bei den hsl. Schreibweisen.

84,1 und 91,1 *versmiden.* Zwar hat S immer *versnyden,* dennoch geändert.

87,3–5 und 89,3–5. Entgegen Vogt behalte ich die Zeilenfolge von S, jetzt gestützt durch P, bei.

92. Zusatzverse von E, da keine komplette Strophe, im Apparat.

93,2 *kunste.* Aus S *kurtze* war notwendig *kunste* zu erschliessen, obwohl sonst *liste* gebraucht wird.

100,5 *beweget* + Akk. ist offensichtlich ungewöhnlich. PEd anders, Vogt ändert nach Dietrichs Flucht, s. Anm.

111,5 *verwandelt.* Der volle Reimvokal in allen Hss., selbst in P, das sonst gelegentlich bewahrt (s. Dialektbeschreibung), bei diesem Wort verloren; vgl. 125,5; 135,5;

120,4 *zauber.* Der Dialekt von S würde *zaber* erlauben, doch macht die Handschrift sonst keinen Gebrauch von der monophthongischen Form.

146–150. Ursprünglich in S vorhanden.

146,1–2. P bestätigt Vogts Lesart.

152,4. Über diesen Typ von Eingriff s. Texteinrichtung.

157,1–2. Vogt hielt diese Zeilen für interpoliert.

157,5. Die Zusatzverse von E ergeben eine Strophe, doch handelt es sich um Schreiberwiederholung von 156,3–5; deshalb im Apparat belassen.

185,5 *under.* So muß es wohl heißen, trotz Stütze durch P.

191,3 + 5 und 193,3 + 5. Reimphrasen in S und zum Teil in P beim Abschreiben durcheinandergeraten; doch bieten die Zeilen 3 und 5 öfter rührenden Reim.

203,1 Morolf stellt sich der Königin in den Weg, deshalb S *sale* in den Apparat gesetzt.

204,5 *gefarn.* Aus S *geganen* wäre als Reimwort *gegan* leicht zu gewinnen und würde auch der Assonanzbedingung genügen; dennoch scheint mir im Hinblick auf den sonstigen Gebrauch und dem Zeugnis der andern Hss. Verschreibung aus *gefaren* vorzuliegen.

207,5 *gestalt.* PEd haben reinen Reim, doch genügt S der Assonanzbedingung.

209,1–2. Reim in SP zerstört, in d nicht brauchbar, E fehlt. Vogt stellte Reim durch Wiederholung von 208,1–2 her.

211,5f. S verfällt hier in Prosarhythmus; da dies sonst nicht vorkommt, nach P gebessert.

213/214. Vogt hielt die Strophe getrennt, weil sie ihm inhaltlich zu heterogen vorkam und verteilte V.1–3 bzw. 4–6 auf zwei jeweils unvollständige Strophen; metrisch liegt jedoch kein Grund dafür vor, da es viele solcher ‚überfrachteter' Strophen gibt.

239,1 und 241,3 *hilffent.* S schreibt ansonsten immer so.

251,3. P erlaubt problemlos, S gegen Vogt beizubehalten. Die Zeile war für die Schreiber der Hss. wohl sehr archaisch. Ich verstehe *fram* als ‚herrlich', *stim* hier und 252f. in der Bedeutung von Melodie, Weise.

283,4 *Cipperlant.* Dazu vgl. Namensformen S.LII.

315,2. Morolf hat es hier nur noch mit elf Heiden zu tun.

326 und 327. Vogt folgt hier E, deshalb die andere Reihenfolge.

328,4. Ungewöhnliche vierte Zeile.

356,4. S geändert, weil Zeile 4 Wiederholung von Zeile 1; nach E, weil P fehlt.

361,2 *pantzer.* Keine der Hss. schreibt hier und 390,2 *pantzier.*

384,1 *burg.* S *herberge* wohl fälschlich von 383,2 übernommen.

417,4; 418,1 und 427,1 *hinder.* S hat immer *vnder;* d in zwei der Fälle ebenfalls. Doch zeigt S 417,4 *hin vnder* die Entstehung der Verschreibung.

428,5f. Hier ist eindeutig Fore gemeint.

487. Diese Strophe ließ sich nach den Regeln dieser Ausgabe nicht mehr ‚retten'. Alternativ zu Vogt wäre auch folgende Lösung möglich:

Da sprachen die besten under in:
‚Morolf, wir wollen nit verzaget sin.
wir entwichen dir nit einen einigen fuß
und solten wir sterben
in unserem blut'.

493,4 *kunig Fore.* Dies der Deutlichkeit wegen, da zuletzt von *kunig Salmon* die Rede war.

500,4 *slavenie.* Zum Problem *slavenie* versus *venie* in E vgl. Vogts Anm.

513,1–2. Reim nach E hergestellt.

519,3. Der bestimmte Artikel ist hier gefordert, da es sich um Fore handelt; vgl. 520.

552,4 *iltent.* P stützt hier S gegen *ruweten* E (und Vogt).

557,4 und 559,4 *nide.* S *jne* ist sicher Verschreibung, da 517,4 *nide* bewahrt ist.

589,5 *got* = Taufkind, vgl. P *göttele.*

589,5 u.ö. *Akers,* vgl. Namensformen bei Texteinrichtung.

610. Diese Strophe ist wohl aus einer Überschrift entstanden.

651,5 *ich.* Diese Lesart bedeutet ein Autor-Ich, das ansonsten nicht vorkommt. Selbst der *‚leser'* spricht von sich in der dritten Person. Der Sinn wohl.: ‚Jeder, der irgendwie konnte, gab ihm Geld.'

663,4 *schiet* SPd von den Schreibern für *scheit?*

665,3. Zwar könnte S *gut* auf *not* im Reim bestehen, doch wird später der rote Rock erwähnt.

676,1 *sich.* Nach dem Beispiel von 751,1 korrigiert. *der selben nacht.* Obwohl S zweimal *des ... nachtes,* in 751,1 sogar durch P gestützt, brauchte sich ein *‚leser'* nicht daran gebunden zu fühlen, wenn er genauer auf *crafft* reimen wollte.

724,4–5. E ist hier nur expliziter in der Begründung für Morolfs Rückkehr zu Princian; entgegen Vogt kann bei S geblieben werden.

739,2 und 5. Änderung nach Erfordernis des Sinns; vgl. P.

754,1 und 758,1 *Surian.* Dazu vgl. Namensformen bei Texteinrichtung.

776,6 *do.* Vogts Besserung übernommen. Auch ein ‚*leser*' hätte hier improvisieren müssen.

777. Diese Strophe war nach den Regeln dieser Edition nicht zu ‚retten'. Folgende Lösung wäre mit dem Material von S alternativ zu Vogt möglich:

Dar inne ging die fraue wol gethan.
da knuwete vor sie der listige man,
an der median er ir ließ.
er druckte sie also susse,
sie wuhste nit wie es geriet.

Auswahlbibliographie:

Ausgaben:

F.H. von der Hagen und J. Büsching, Deutsche Gedichte des Mittelalters. Bd. I, Berlin 1808, S. 1–43

Friedrich Vogt, Die deutschen Dichtungen von Salomon und Markolf. Bd. I: Salman und Morolf. Halle 1880 (mehr nicht erschienen). Nachdruck Halle 1954

Koenig Salomon und Marcolphus. (Veröffentlichungen der Elsässischen Bibliophilen Gesellschaft. Elsässische Frühdrucke Nr. 2) Straßburg o.J. (1930)

Walter Johannes Schröder (ed.), Spielmannsepen II: St. Oswald, Orendel, Salman und Morolf. Darmstadt 1976 (Nachdruck der Vogtschen Ausgabe von 1880)

Forschungsberichte:

Michael Curschmann, „Spielmannsepik". Wege und Ergebnisse der Forschung von 1907–1965. Stuttgart 1968

Walter Johannes Schröder, Spielmannsepik. Sammlung Metzler. Stuttgart [2]1967

Beiträge zu Vogts kritischem Text:

W. Wilmanns, Rezension zu Vogts Ausgabe, in: AdfA 7 (1881), S. 274–301

Erich Schmidt, Zu Salomon und Morolf, in: ZfdA 70 (1933). S. 196

Sekundärliteratur:

H. Matz, Der Vorgang im Epos. Interpretationen zu Kudrun, Salman und Morolf, Archamp und Chretiens Erec (= Dichtung, Wort und Sprache, Bd. 12, ed. 1947)

Ingeborg Köppe-Benath, Vergleichende Studien zu den Spielmannsepen. König Rother, Orendel und Salman und Morolf. Diss. Leipzig 1961

Michael Curschmann, Der Münchner Oswald und die deutsche spielmännische Epik. München 1964 (Münchner Texte und Untersuchungen zur Literatur des Mittelalters Bd. 6), S. 87–100

Ingeborg Köppe-Benath, Christliches in den ‚Spielmannsepen. König Rother, Orendel und Salman und Morolf, in: PBB(O) 89 (1967), S. 200–254

Edyta Polczynska, Studien zum Salman und Morolf. Poznan 1968 (Ser. Filologia Germanska Nr. 4)

Rolf Bräuer, Das Problem des Spielmännischen aus der Sicht der St. Oswald-Überlieferung, Berlin 1969

Th. Frings, Die Entstehung der deutschen Spielmannsepen, in: PBB 91 (1969/71), Halbbd. 2, S. 296–316

Rolf Bräuer, Literatursoziologie und epische Struktur der deutschen Spielmanns- und Heldendichtung, Berlin Akademie-Verlag 1970

Hans-Joachim Böckenholt, Untersuchungen zum Bild der Frau in den mittelhochdeutschen ‚Spielmannsdichtungen'. Diss. Münster 1971

Uwe Pörksen, Der Erzähler im mittelhochdeutschen Epos. Formen seines Hervortretens bei Lamprecht, Konrad, Hartmann, in Wolframs Willehalm und in den ‚Spielmannsepen'. Berlin 1971

Wolfgang Näser, Die Sachbeschreibung in den mittelhochdeutschen ‚Spielmannsepen'. Untersuchungen zu ihrer Technik. Marburg 1972

Armin Wishard, Formulaic composition in the Spielmannsepik, in: Papers on language und literature 8 (1972), S. 243–251

Stephen J. Kaplowitt, The heathens in Salman und Morolf, in: Archiv 213 (128), 1976, S. 95–99

Walter Johannes Schröder, Spielmannsepik. Darmstadt 1977 (Wege der Forschung 385)

TEXT

1 Zu Jherusalem wart ein kint geborn, (f. 300 ra)
das sich zu faugte wart erkorn
uber alle cristen diet.
das was der kunig Salmon,
der manig wißheit geriet.

2 Er nam ein wip von Endian,
eins heiden dochter her und lobesam.
durch sie wart manig helt verlorn.
es war ein ubel stunde,
das sie an die welt wart geborn.

3 Ir vatter hieß Crispian.
Salmon im sie sunder sinen danck nam.
er furte sie uber den wilden se.
er hatte sie gewalticliche
uf der guten burge Jherusale.

4 Das ich uch sage, das ist war:
er dette sie teuffen und lerte sie
den salter ein gantz jar.
er lerte sie spielen in dem brett.
im was die kunigin liep,
wie vil sie im zu leide ie gedet.

5 Ir kele die was wiß als der sne,
es wart nie schoner frauwe me.
ir münt recht als ein robin bran.
da spieltent ir die augen
als irem adel wol gezam.

6 Ir hare was den gelwen siden glich.
sie was schone und auch miniclich.
wolgestalt was ir der lip.

sie was geheissen Salome
  und was ein wonder schones wip.

7 Die nehste waht, die sie trug, (f. 300 rb)
das was ein hemde von wißer siden clug.
ir gebende, das sie umb trug,
das was ein sm*al*er bortt
  und was von golde unmassen gut.

---

1 2 sich)sit.
2 2 dochter lobesam. 5 wart ie geborn.
3 1 Cyprian. 2 si im uber sinen. 5 burg zů.
4 2 er toufte sie. 3 ganzez. 5 kuniginne. 6 wie vil)swaz.
5 1 die *fe.* 2 enwart.
6 1 har was gelwer. 2 auch *fe.* 4 Salme.
7 2 hemt. wißer *fe.* 3 umbe. 4 borte.

---

1 1 geboren d. 2 sicht E. erkoren d. 3 cristenheide diet E cristeliche diet d. 4 das)Es d. 5 manche E. riet E.

2 1 Jndean E yndion d. 2 *Eyns koniges dochter woll gedan E. her)herre d. 3 sie)die E. verloren d. 4 eyn vil obel E. übele d. 5 die)diese E. wart)ye wart E wart ye d. geboren d.

3 1 cyprian E. 2 sie yme uber sinen Ed. 4 sie)sie vil E. sy mit gewalte d. 5 guten *fe.*E. burge)burg zu E bürge zů d.

4 2 er dauffte sie Ed. 3 ein gantz)das gantze E Voͤlleclich ein gantzes d. 5 Imme d. die)eyn E. 6 wie vil)was E. ymme d. ie *fe.*d. tet d.

5 1 die *fe.*E. kele wiß recht alsam der d. wysze E. 2 er S. enwart E. nie kein schone d. 3 als)alsam d. 4 da)vnd E. 5 adel)alder E.

6 1 was geler E. den)der d. 2 auch *fe.*Ed. 3 der)zarter d. 5 *Das wonigliche schone wypp E.

7 1 *Das nechste das sy an irem lybe trůg d. trug)ane drug E. 2 wißer *fe.*E. 3 ir)das E. *Ein fehen manttel trůg vmb die edele künigin / Mit golde vnd edelem gesteine / Moͤchte sy nit bas gezieret syn / Das gebende d. 4 smeher S cluger E schoͤner d. 5 und was *fe.*E. mit golde verwürcket clůg d.

8 Ein *fe*lle drug die kunigin,
die mochte besser nit gesin.
sie was von edelm gestein unmassen liecht.
dem richen kunig Salmon
  was sin schone *frouwe* liep.

9 Ein kron trug die kunigin,
die luchte recht als der sonnen schin.
dar inne lag der liechte karfunckl stein.
rechte als der morgen sterne
  ir antlitz [*uz den*] *frauwen schein.*

10 Das beschach an einem pfingstag,
das die kunigin zu der kirchen trat.
da gingent ir da neben bi
zwen riche fursten
  und leiten die here kunigin.

11 Da ging vor der frauwen wol getan
des tages vil manig werder spilman,
zu der rechten siten manig stolczer degen
inn ritterlicher wate,
  also sie der frauwen soltent pflegen.

12 Da ging ir anderthalp bi
vil manig schones megetin fri,
nach ir vil manig dinstman
inn ritterlicher wette,
  vier scharen die warent wünnesam.

13 Da sie inn das munster kam, (f. 300 va)
die fr*one* meß hup man an.
man gap ir einen salter in ir sne wisse hant.
mit guldenen buchstaben
  was er geschriben allersant.

14 Da man das ewangelium laß,
nu horent, was der frauwen opffer waß:
ein alrot gulden vingerlin
von edelme gesteine
kunde es besser da nit gesin.

---

8 3 gesteine. unmassen *fe.*

9 1 krone. 2 recht *fe.* 3 der liechte)ein. 4 recht.

10 1 pfingestac. 4 zwene. 5 und *fe.*

11 2 vil *fe.* werder *fe.* 5 als kunigin.

12 1 anderthalben. 2 fri *fe.* 5 die *fe.*

13 2 messe. 3 ein. in die hant.

14 2 nu *fe.* 5 da *fe.*

---

8 1f. *fe.*d. 1 Rolle S. drug vmb die E. 2 die)doch E. 3 was *fe.*d. edelem E. vsser mossen d *fe.*E. 4 salomone E. 5 dem was d. frouwe *fe.*S.

9 1 trug)saste vff E truͦg vff d. 2 recht *fe.*E. 3 karfunckel steine d. der liechte)eyn E. 5 was der mogte schin S von der frauwen schein E blügete vnd schein d.

10 1 Das)Es Ed. geschach an dem E. pfingsta S. 2 das)Vnd ist wor das ich uch sage / Die künigine d. das die kunigin)Da der konig E. 3 *Nebent iren beyden sitten sy do gon hett d. gingent ir da)ging der frauwen E. 4 riche)edele E. fursten vß erkoren d. 5 und)die P. *fe.* E. geleittent Pd. here)vil edele E heren P.

11 1 Da)Eß E. gingent S. wol getan)hochgeboren d. 2 vil *fe.*E. manig *fe.*P manger d. werder *fe.*E stoltzer d. spilman / Mit pfiffen vnd mit seiten spielen wol getan d. 3 zu der rechten siten)vnd E. manig)vil menger P vil manig d. stegen P. 4 richlicher E. 5 als PEd. frauwen)konigin Ed.

12 1 ir)yn E *fe.*d. anderthalp)an der andern sitten P allent halben E andert halben d. 2 vil *fe.*E Gar vil d. manig *fe.*d. schones) stoltze P stoltzer d. meget P megtin d. fri *fe.*E. 3 vil *fe.*E. 4 inn)jn vil Pd. cluger vnd schoner wede E kostberen cleyde d. 5 die *fe.*PEd.

13 1 Vnd do d. 2 fruͤwe S frouwen P. messe PdE. 3 ein d ⟨...⟩ P. ir sne wisse) die PE ir wisse d. 4 Der was mit guldin P Mit schoͤnen güldin d. gulden E. 5 was er)wol P. vol aller samt E.

14 1 Da)Als E. gelaß d. 2 nu *fe.*E. 3 *Von rottem golde ein fingerlin d. alrot)rot E. 4 von)Vnd von d. 5 *Mochte iß nit besser gewesen sin E. es)es do P. da *fe.*Pd.

15 Da man gesang uber al,
die stule *ri*chte man in dem sal.
da sas der kunig Salmon
bi siner schoner frauwen,
sie was so rechte wonesam.

16 Vor ir vil manig ritter saß,
der sine*r* sinne vil gar vergaß.
in was zu schouwen also not.
sie vergassent inn den henden
beide win und brott.

17 Sie was schone und da bi wol getan.
sie versumte manchen ritter an sine*m* mal.
sie was so rechte wunnesam.
sie vergassent ir spise in dem munde
und gafftent die edele kunigin an.

18 Ein kopff was von golde rott,
wann sie ine gein dem munde bot,
ir farwe als ein rose in dem win bran.
Salmon selber nit enwuhst,
was geberden er von freuden solt han.

19 Also kuṇdet uns diß lieht:
kunig Salmon was sin frauwe liep.
gantzer freuden er mit ir pflag,
da er in der kamenaten
an iren sne wißen armen lag.

20 Des was der kunig wol gemeit. (f. 300 vb)
sich hup da leit und arbeitt:
umb das vil wonder schon*e* wip

muste manig stolczer ritter
verlieren sinen werden lip.

---

15 2 richt.
16 (*Vogt folgt* Ed *und vertauscht* 16, 3–5 *mit* 17, 3–5). 5 beide) beide den. und)und daz.
17 1 da bi *fe.* 2 ritter *fe.* 3–5 *vgl.* 16, 3–5. 3 wolgetan.
18 2 in. 3 enbran. 4 selber *fe.* enwuste. 5 solte.
19 1 daz. 3 freude. 5 ir.
20 1 wol)vil. 2 sit hůp sich not und. 3 vil *fe.*

---

15 1 Vnd do d. ale SE. 2 Das gestule E Die diesche d. rachte S richtete d. dem)den PE. sale SE. 3 Dar yn saß E. 4 *By siner frouwen schön P Mit siner frauwen woll gethan E. schoͤnen d. 5 *fe.* E.
16 1 Vor)By P Von E. vil *fe.* E. manger d. 2 sinen S. vil gar) woll E. 3 *fe.* S. (Ed *vertauschen* 16, 3–5 *mit* 17, 3–5). in) jm P. was)wart d. 4 den)iren d. 5 win)den win Ed. brott) ouch das brott Pd das broit E.
17 1 *Also saß die frauwe woll gethan E Die frouwe die was so wol geton d. 2 *sy versumten mengen werden ritter do ze mal P. manchen sine male E. sine S. 2f. *fe.* d. 3 wunnesam)woll gethan E. 4 ir)der PE die d. spis P. dem)irem d. 5 edele *fe.* PE. kunigin)frauwen E.
18 1 was)der was Pd. 2 yme E den d. gegen Pd. dem)irem d. 3 in dem wine als eine rose P. wine d. rose)liechte rose E. in bran E. 4 Das der konig nit E. enwüste P Ed. 5 geberden *fe.* E. von)for PE. solte PEd.
19 1 *Sy lüchte recht als ein liecht d. diß)das E. 2 *Sy was dem künig salmon vß der mosse sere liep d. 3 Gantze freude E. 4 *fe.* d *wan er in der kammern E. kematen P. 5 irem PE ire d. arme PE. lag)er do lag d.
20 1 Das d. wol)vil PE. 2 sich)Do P Des E Syt d. da leit)sich not PEd. 3 vil *fe.* PEd. das schone mynecliche wip d. schones S. 4 muste *fe.* E. stolczer)schoner E. 5 verlieren)verloße E. werden *fe.* P.

21 Das ich uch sage, das ist war:
er hatte sie mit ruwen
bitz an das vierde jar.
da saß anderhalp bi dem see
ein gewaltiger heiden,
dem wart nach der schonen frauwen we.

22 Des vatter hieß Minnolt.
er waß ein heiden also stoltz.
selber was er Fore genant.
er was ein ubermutig heiden
und hette erkant vil der lant.

23 Dem heiden dienten uff sinem hoff*e*
sechs und drißig hertzogen
und funfftzig graffen sunder wan.
sechtzehen heidensche kunige
die warent dem heiden untertan.

24 Und das beschach an einem suntag:
er ging vor sin helden in den sal.
er sprach: ‚nu raten, alle min man,
umb ein schone frauwe,
die wolte ich so rechte gerne han.

25 Die minem adel wol gezeme,
die wolte ich gern nach uwerm rate *nemen*.
ein edele kunigin her,
die mir wol gezeme zu einer frauwen
uber diß gut lant zu Wendelse.‘

26 Da sprachent alle sin man: (f. 301 ra)
‚herr, unser keiner uch geraten kan
umb ein edele kunigin her,

die uch gezeme zu einer frauwen
uber das riche lant zu Wendelse.'

---

21 4 bi *fe.* 6 schonen *fe.*
22 1 Memerolt. 5 hette lute unde lant.
23 1 Dem heiden)Im. 5 dem heiden)ime.
24 1 Und *fe.* 2 fur sin helde. 3 er sprach *fe.* mine. 5 so *fe.*
25 2 die wil ich nach. 3 kuniginne. 5 daz guͦte.
26 1 sine. 2 herr *fe.*

---

21 1 Das)Als d. sag P. ware SE. 2 hat P hette d. mit ruwen)gar liplichen E getruweliche d. 3 bitz)vntz P jn E. an)in d. jare SE. 4 (E *Initiale,* d *Holzschnitt:* Wie künig fore ein heyden in sim sale sas vnd sin ritter vnd sine knecht Rates fragte vm ein schonne frouwen die synner wurdickeit wol gezeme). da)Eß E. anderthalben P. bi *fe.* Ed. wendel se E. sehe S. 5 heyder P konig E heyde d. 6 schonen *fe.* PE.

22 1 Des)Sin E. mynnenolt P memerolt E münoltz d. 2 er)der P. 3 fore)künig varon P eyn konig E künig fore d. 4 ober mechtig E übermuͦtiger d. 5 *Er hatte lude vnd lant E. het erkennet Pd. vil der)froͤmde d.

23 1 *Dem selben herren woren zuͦ dienste gezogen d. Dem heiden) Eme E. dienot P dinte E. synenn P syme E. hoff SP. 2 sechs)Wol sechs d. 3 und)vnd woll E. graffen)bischoffe E. sunder wan *fe.* E ane wan Pd. 4 vnd sechtzechen P vnd sehs vnd drissig E. heydenscher d. 5 dem heiden)yme Ed. (*P Platz für Bild*).

24 1 *An einem sontag es beschach d. Und *fe.* PE. geschach E. suntage SE. 2 vor)für P zu E. sin)die P syne d. den E. heiden E. 3 er sprach *fe.* E vnd sprach d. alle)mir alle d. myne PdE. 4 (E *Bild: Fore hält Rat*). ein)ein vil P. 5 die *fe.* E. so *fe.* P uch E. rechte *fe.* E. wolt ich recht gern d.

25 1 myme adel gezeme E. wol moͤchte gezemen d. 2 wolt Pd will E. gerne P *fe.* E. uwerem rat d. nemen *fe.* S. 3 ein) Vmb eyn E. Eedele S edel P *fe.* E. here SEd. 4 Die vns woll geczeme E. gezem P. 5 das gude E das riche d.

26 1 (S *Initiale*). alle *fe.* E. sine PEd. 2 herre d. *fe.* E. uch *fe.* E uch nit d. 3 edel P *fe.* E. here SEd. 4f. *Nu radent alle myne man/ Wie wir gewynnen die konigin woll gethan E. 4 wolgezeme d. 5 rich d gut P.

27 Bitz einer das wort ie vollen gesprach,
der kunig von zorn nider sach.
da truretten alle sin man,
das sie im alle nit kundent geratten
umb ein frauwe wol gethan.

28 Da sprach ein alt grißig man:
‚also vil ich der lande erkennet han,
so weiß ich uber den wilden see
ein cristen kuniginne
uff der guten burg czu Jherusalem.

29 Sie ist schone und da bi wolgetan.
sie hat der kunig Salmon.
sie ist ein kunigin her.
sie gezeme uch wol zu einer frauwen
uber das gut lant zu Wendelse.‘

30 Bitz er das wort ie vollen gesprach,
der kunig von freuden uff sach:
‚so enkan der kunig Salmon
sine schone frauwe
nit lange vor mir gehan.

31 Es stande kurtz oder lang,
ich wil sie im nemen sunder sinen dang.
ich wil mit heres kreffte uber see.
wer mir des gehilffet,
den wil ich richen iemer me.‘

32 Da sprach der kunig Crispian:
‚here, es ist min schone dochter wolgethan.
Salmon sie mir sunder minen danck nam.
ich clage dir, lieber here,
das min hertze sie im nit engan.‘

33 Also sprach der kunig Crispian: (f. 301 rb)
,herre, wiltu varen dar,
ich sende dir ein jare ane dinen schaden
vier tusent sneller helde,
die mag ich recht wol geh*aben*.

---

27 1 vollesprach. 2 zorne. 3 sine. 4 alle *fe.*
28 1 griser. 2 als. 5 guten *fe.*
29 1 da bi *fe.* 3 kuniginne. 4 die. 5 guͦte.
30 1 vollesprach. 3 So)nu. 5 nummer vor.
31 2 ich nime si im uber sinen danc. 3 kraft.
32 1 Cyprian. 2 schone *fe.* 3 mir si uber min. 5 daz ir im min herze nit engan.
33 1 Cyprian. 2 dan. 3 ein jare *fe.* 5 rechte.

---

27 1 Bitz)vnd P Ee d. einer)do er P er E. volle sprach P d. 2 czorne P. sach)saß E. 3 sine PEd. 4 das)do P. alle *fe.* PEd. yme dE. 5 eyne E ein schone frouwe d.
28 1 *fe.* d. alter gryser P alt grisser E. 2 also *fe.* E als P Herre als d. lant P. erkündet d. 3 uber)uff E. den)dem PE. sehe S. 4 kristenne schöne küngin P cristinne künigynne d cristen konigin E. 5 guten *fe.* E guten: ⟨gaten⟩ S.
29 1 schön Pd. da bi)oüch P *fe.* E. 2 der)den P. 3 ein)ein edel Pd. 4 Die gezeme vns woll E. sie)Ein d. 5 dis rich lant d. gute E.
30 1 Bitz)Do P So d Bit das E. volle sprach d. 2 uff)do uff P. gesache E. 3 So)Nu E. Er sprach des sol der d So kant er P. 4 sine)Sie S. 5 mag er die lenge nit behan P. nit lange)Nummer E. han d.
31 1 Eß stee kurtze E. 2 *Ich neme sie yme uber synen dang E. 2 im sy P sü yme nem d. sunder ane S sunder allen d. 3 *fe.* P. krafft Ed. sehe S. 4 mir nuͦn dar zuͦ hilffet d. 5 Dem d. richen)rich mach P.
32 1 (Sd *Initiale*). cyprian Ed. 2 es)sie d. schone *fe.* Ed. 3 mir sy Pd. sunder)uber Ed. myn d. 4 Das clag ich dir P. dirs E. 5 *Das im myn hertz ir nit engan P das ir eme myn hertze in gan E. min hertze)ich d.
33 1 sprach zypprian der künig schone d. ciprian E. 2 *fe.* S. dan E. 2f. *Ich bitt dich edeler künig durch dine krone / Du solt den künig salmon mit strit beston d. 3 Ich foren gar an E. Jar P. 4 sneller *fe.* E. helde schnel P. helde)man E heyden d. 5 *Die sende ich dir one won d. rechte P *fe.* E. gehaben E)gehan S han P.

34 Ich sende dir sie uber den wilden se
vor die gut burg czu Jherusalem
nach miner dochter wol getan.
sie muß mich iemer riuwen,
das sie hat den cristen man.‘

35 Da sprach *der kunig us Duscan:*
‚here, wilt du faren dan,
ich fure dir ein jar ane dinen schaden
funff tusent sneller helde,
die mag ich recht wol geh*aben.*

36 Ich fure sie dir uber den wi̊lden se
vor die stat zu Jherusalem
nach der edeln kunigin.
sie muß mich umer ruwen,
sol sie in der cristenheit sin.‘

37 Da sprach der kunig Princian:
‚her, wiltu faren dan,
ich sende dir ein jare ane dinen schaden
sechs dusent sneller helde,
die mag ich rechte wol geh*aben.*

38 Es dienet mir uff minen hoff*e*
sechs und drißig hertzogen,
funfftzig graffen, das ist war.
ich sende dir drissig dusent man
ane dinen schaden ein gantz jar.

39 Ich senden sie dir uber den wilden se
vor die gut burg czu Jherusalem.
komest du mit heres krefften dar,

so enmag der kunig Salmon
sine schone frauwe nit lang vor dir gehan.‘

---

34 1 dir *fe.* 2 die stat. 5 den)ein.
35 · 1 von Duscan. 3 ein jar *fe.* an. 5 rechte.
36 1 dir *fe.* 3 edelen. 5 cristenheite.
37 2 here. 3 ein jare fe. an.
38 4 sante dir wol. 5 an. ganzez.
39 1 dir *fe.* 2 gut *fe.* 5 schone *fe.* lang *fe.* bewarn.

---

34 1 Ich foren sie E Jch schicke dir d. 2 gütten P *fe.* E. burg) statt PEd. czu *fe.* E. 4 sie)Jß Ed. 5 *Sal sie eynem cristen sin vnder dan E. den)einen P ein d.

35 1 (E *Initiale*). der)des S ein d. kunigs S. vs Thustan Pd dinstman S von duse far E. 2 dar PE hien dan d. 3 fure)senden Pd brengin hyn E. dir ein jar *fe.* E. 4–37, 3 *fe.* d. dusent man E. 5 rechte P *fe.* E. gehan SE han P.

36 1 dir *fe.* E. dir sy P. 2 stat)gutten P burg E. 3 edeln)vil edelen P edelen E. 4 (E *Bild: Bote bringt Salomon den Brief*). sie)Eß E.

37 1 (P *Initiale*). pelyon P. 2 herre E. dar PE. 3 ein jare *fe.* E. jar P. an PE. 4 sechtzig dusent man E. helde)heyden d. 5 *fe.* E. recht d. gehaben d)gehan S. 5–38, 1 *fe.* P.

38 (38 *nach* 39 *in* E). 1–3 *fe.* d. 1 *Princian diente vff sinen hoffe E. hoff S. 2 graffen E. 3 funfftzig graffen)vnd bischoff E. 4 furen E sante d. dir)dir wol d. 5 *Wiltu die du solt sie von mir han d. An E. ein gantz jar)das ist war P. S ⟨drißig jar⟩: ein gantz jar. gantzes E.

39 1 Jch faren sie uber E. sie *fe.* d. dir sy P. 2 *One dinen schaden ein gantzes iore / Für die gůte stat iherusale d. gut *fe.* E gůtten P. czu *fe.* P. 3 komment yr mit krefften E. mit)danne mit d. dar)hien dan d. 4 mag P in kan E. der)dir P. 4f. So kan salmon der künig edele die lenge / Sin schone frouwe vor dir nit gehan d. 5 *Siner frauwen nit vor vns bewaren E. vor behan P.

40 Wie balde der heidensche man (f. 301 va)
einen botten da gewan!
er sante ine uber den wilden se
dem richen kunig Salmon
uff die gut burg gein Jherusalem.

41 Er sprach: ‚here, es ste kurtz oder lang,
min here wil uch nemen sunder uwer dang
uwer vil wonder schones wip
mit gantzer heres kreffte,
oder es muß im gen an sin*en lip.*‘

42 *D*a sprach der kunig Salmon:
‚das kan ich vil wol understan.
ich han uff minem hoff ertzogen
mit harte großen eren
beide graffen und hertzogen.

43 Komet mir der hochvertige man,
es muß im an sin leben gan,
so mir sele und lip,
mag ich, so wil ich vor im behuten
Salom*e* das wonder schone wip.‘

44 Wie balde der heidensche man
viertzig kiele gewan!
da hieß er an die kiele tragen
cleider und auch spise,
das sie zu einem jar solten haben.

45 Da die kiele wurdent bereit,
da hup sich not und arbeit.
sie furent uber des wildes meres tran
mit dem richen kunig Fore
vil manig heidenscher man.

46 Also die kiele wurdent geladen,
sie jagtent balde von dem staden.
sie furent uber den wilden see.
an dem zehenden morgen
da sahent sie die gute burg zu Jerusalem. (f. 301 vb)

---

40 1 heidenische. 3 in. 4 kunige. 5 gůte. zů.
41 1 Er sprach here *fe.* 2 wil an uwern. 3 nemen uwer schonez.
42 3 hove.
43 3 unde. 4 *ich wil vor im behalten 5 wonder)vil.
44 1 heidenische. 2 do gewan. 5 jare.
45 3 wildes *fe.* 4 kunige.
46 1 Do. 2 ilten. 5 *kamen sie gein Jerusale.

---

40 (E ***Überschrift:*** Hie wieder saget der konig von wendel se dem konige salomon, ***folgt Initiale.*** d ***Holzschnitt:*** Hie fůr der künig fore uber mere mit synen heyden vnd kam gon iherusalem für künig salmons burg) 1 balde)balde nun d. heydenische P. 3 sant PE. in Pd. 4 Czu dem E. 5 uff-burg *fe.* E. gůtten P gutte d. gein)czu PE.

41 1 Er – here *fe.* E. her P. kurtze E. 2 wil an uwern E. here) her P herre der d. sunder)uber d. üwern P. 3 Nemen uwer schones E. vil *fe.* P. 5 *Ader du must mit eme fechten eyn stryt E. sin leben S.

42 1 (S ***Platz für Initiale,*** P ***Platz für Bild und Initiale***). 2 das)dem d. wider ston d. vil *fe.* E. 3 hoffe d. 4 *Mit grosser wurdikeit vnd eren d. harte)hartt P gar E. 5 *Gar lieplich vnd erlich erzogen P.

43 1 mir)mir alhar d. hoffertig P hochfertig d. 2 sin)das E. 3 Sam mir P Sommer E Gott neme mir danne d. sell vnd ouch der P. 4 *Jch wil vor eme woll behalden E. hůten d. 5 Salomone S. das)myn d. wonder)vil E.

44 1 Gar vil schiere der d. 2 gewan)do gewan PE er do gewan d. 3 an)in E. 4 *Spise vnd auch drang E. auch)ouch die P. 5 Also ob er ein iore reise wolte haben d. Die er czu eyme jare E. sy ein iare P.

45 1 Da)So d. 2 sich gros not P. 3 fůrten P. den wilden P. vber das moͤres stran d. *Da ylten sie uber das wilde mere dan E. 4 richen *fe.* E heyden d. 5 vil)vnd E. Manig vil grymer heydenscher d.

46 1 Als P Da E. 2 gachten P ylten Ed. 3 sie)Vnd d. sehe S. 4 achtzehenden Pd firczehen E. 5 *Quamen sie gein Jherusalim E. gute *fe.* P. zu *fe.* d.

47 Da Fore die burg ane sach,
gern mogent ir horen, wie er sprach:
‚nu kan der kunig Salmon
sin schone frauwe
dißen tag nit vo*r* mir gehan.‘

48 Des vermassen sich alle sine *man.*
da hette auch der kunig Salmon
manig stoltzer ritter und heren,
die im hulffent siner eren
vor der guten stat zu Jherusalem.

48a Vor der stat hub sich der stryt
dorch Pharos hoffart
vnd Salome das schone wypp.
Sehent, da wart er segeloiß!
selber wart er gefangen,
manchen heiden er verloiß.

49 Da sie koment gein Jherusalem in die habe,
die marner riechten die kiele zu dem staden,
die heiden leitent an ir steheln gewant.
ein hertzog hieß *E*lian,
der nam das baner in die hant.

50 Sie zugent gein Jherusalem uff das felt,
uff slahen das heiden gezelt.
sie herbergten uff dem witen plan.
da was mit heres krafft besessen
der edel kunig Salmon.

51 Da sprach Fore der heidensche man
zu dem hertzogen Elian:
‚Mochtent wir einen botten haben,
der dem kunig Salmon
durste widersagen,

52 das er mir gebe sin schones wip
oder das er vor Jherusalem
mit mir fechte einen stritt.
under den zwein muß das ein ergan:
er muß mir geben die frauwe
oder er muß mich strites hie bestan.‘

---

47 4 sine. 5 nit wol vor.
48 1 al. 3 manigen stolzen ritter her.
49 4 herzoge.
50 1 gein)fur. 2 *kunig Fore hieß uf slahen sin gezelt. 4 wart.
51 1 heidenische. 4 kunige. 5 von uns gedurste.
52 6 er *fe.*

---

47 1 Fore)er E künig fore d. ane)erst ane P an d. sache E. 2 Gerne Ed. mochte ir E. 3 mag d. 4 Sine Pd Syner E. wünder schone d. frauwe)frouwen nit wol P. 5 dißen tag *fe.*E. vor) von S wall vor Ed. nit *fe.*P. behan P.

48 (E *Bild: Fore zu Schiff*). 1 Das E. man *fe.*S. 2 des – auch) Des gewan E. der *fe.*P. 3 *Vil manigen werden ritter edele d. stolczen P *fe.*E. und *fe.*P.E. 4 *Die hulffen yme an siner were E. yme d. siner)mit d. 5 zu *fe.*Ed.

48a *nur* E. 6 verloiß / A (Rubrum) ls der konig salomon / pharo den syg ane gewann E.

49 1 *Do sie nahetent zů der bürge graben d. gein)zu PE. in den halt P. 2 rachten E. kele S. dem *fe.*P. 3 stehelin Pd steilen E. 4 hieß)der Pd. Helian S elyon P elyam E. 5 name E. das)die P. die)sinne d.

50 1 gein)fur Ed. 2 uff)Der küng varon mit gewalt / Hieß vff P Der konig pharo hieß uff E (d). das heiden)sin PE alle syn d. 4 Das S. was)sy P wart Ed. besassen P. 5 Den edelen P.

51 1 künig fore d. heydensch d. 2 elygon P elyam E. 3 ein P. han PE. 4 konige E. 5–53, 2 *fe.*E. 5 von vns getorste Pd.

52 1 Oder das d. gebe sin)geb sy P. 2 er *fe.*P. 4 muß)müß ye P. 5 die)syne eygen d. 6 er *fe.*d. mich)mich mit d.

53 Da sprach der hertzog Elian:
‚so wil ich wider sagen dem kunig Salmon
und wil uff die burg hin dan. (f. 302 ra)
die botschafft wil ich werben,
solte ich den lip zu pfand lan.‘

54 Der selbe hertzog Elian
ein hermelin gewant leit er an,
das was mit golde wol durch slagen.
er hup sich gegen der burge hin dan,
er wolte dem kunige wider *sagen.*

55 Vor war so sollent ir wissen daz:
Salmon was gesessen in sinem palaß,
bi ime saß die edele kunigin.
da saß im zu der andern siten
Morolff der liebe bruder sin.

56 Elian uff den palast ging,
Salmon ine vil schone enphing.
er hieß ine got wilkumen sin.
da enphing *in* dugentliche
Morolff und die edele kunigin.

57 Da ine Salmon enphie,
er ließ sich schone uff sin knie.
er sprach: ‚richer kunig Salmon,
ein botschafft solt ich werben,
mochte *ich* den urlaup von dir han.‘

58 Da sprach der kunig Salmon:
‚Sage an, was du wollest,
den urlaup solt du von mir hon.‘
er sprach: ‚hast du die mere nit vernomen?
es ist der kunig von Wendelse
mit gewalt da here komen.

59 Du solt im geben din schones wip
oder du solt vor Jherusalem
mit ime vechten einen strit.
under den zwein muß das ein ergan. (f. 302 rb)
du solt im geben dine frauwe
oder du solt ine hie strites bestan.‘

---

53 5 solt. pfande.
54 1 selbe)edele.
55 1 so *fe.* solt. 2 saz uf sim.
56 2 in. 3 in gote. 5 edele *fe.*
57 1 in. 4 solte.
58 4 here hast du icht.
59 3 im. 5 du *fe.* in strites hie.

---

53 2 dem)*fe.*d dem richen P. 3 wil)will selber Ed. hin dan)hin gan Pd gan E. 4 sol P. 5 Solt Pd. den)mynen P. pfande PEd.

54 (d *Holzschnitt:* Aso künig fore dem künig Salmon einen botten sant vff die burg iherusalem vnd yme det wider sagen). 1 edele E. 2 hermlin P. leit)das leyt d. 3 wol fe.P. 4 gen PE. 5 er)Vnd Ed. wolt P. stan S.

55 1 ffur die warheit wissent P. so *fe.*Ed. solt E. 2 saß vff syme E. sym d. 3 edele)herre d. 4 da)Vnd E. im *fe.*P yme Ed. ander Pd.

56 1 Da elyam Ed. 2 Künig salomon d. in Pd. vil)da E gar d. schon P. 3 in Pd. gode Ed. wülkom P E d. 4 in)die S in gar P yne E. 5 Morolff und)Salome d. edele *fe.*E.

57 1 Da)Also d. konig salomon Ed. in Pd. 2 uff sin)nider vff die d. sine P. 3–58, 3 *fe.*d. 4 sol P solde E. 5 Möcht P. ich *fe.*E. den *fe.*E.

58 2 Sage an)Sag P Rede E. wilt P. 3 Du salt vrlaub von E. 4 her hastü PEd. die)der d. die mere nit)die mer P icht E. 5 wendelse komen Pd. 6 *fe.*P. da here)her ober E. komen) zů lande / Das habe du nit fůr schande d.

59 1 Herre du d. yme Ed. 2 du *fe.*Pd. 3 im P. eyn E. 4 *Das muß vnder den czweyn eyns ergan E. das)ye das Pd. 5–65, 4 *fe.*P. 5 *Herre gib yme die schoͤne frowe d. yme E. dyn E. 6 du *fe.*d. solt)must E. hie *fe.*E. mit strite hie d.

60 Da sprach der kunig Salmon
zu dem hertzogen Elian:
,e das ich ime gebe min schones wip,
vil manig stolczer ritter
muste ee verlieren sinen lip.'

61 Elian wolt von dannen gan,
Morolff hieß ine stille stan.
Er sprach: ,Elian, kanst du mir gesagen
uff din rechte truwe,
was kreffte mag din here haben?'

62 Da sprach der herczog Elian:
,er hett wol viertzig tusent man.'
da sprach Morolff der tegen:
,mag ich es dann gefugen,
es gat ine alle*n* an das leben.

63 Elian, du solt dinem heren sagen,
wir sint czu strite bereit
uber viertzehen tage.'
also sprach der listige man:
,es müß den ubeln heiden
allen an das leben gan.'

64 Elian urlaup da genam,
er hup sich in das here hin dan.
man sach im die heren alle gegen gan.
da sprach der kunig Fore:
,was enbut mir der kunig Salmon?

65 Wil er mir geben sin schones wip
oder wil er vor Jherusalem
mit mir fechten einen strit?
under den zwein muß das ein ergan:

er muß mir geben die frauwe
oder muß mich strites hie bestan.‘ (f. 302 va)

66 Er sprach: ‚here, ist es alse ich sie beide hore sagen,
sie wellent an stritte nit vertzagen.
ich forchte, ee uns werde das schone wip,
das vil manig stoltzer ritter
ee muß verliesen sinen lip.‘

---

60 3 das *fe.* im. 4 ich und manig ritter. 5 můsten. unsern.
61 1 wolte. von *fe.* 2 in.
62 5 in.
63 2f. *in einer Zeile.*
64 2 in das)gein dem.
66 1 here ich wil uch sagen. 4 das *fe.* 5 můz e.

---

60 1 (d *Initiale*). 3 das *fe.*E. 4 Jch vnd manig Ed. stolczer *fe.*E. 5 Můstent d Wolden E. verlieren)wagen E. sinen)vnsern Ed.
61 1 wolde Ed. von *fe.*E. 2 in d. 3 mir)mir nit E nit d. 4 din rechte)alle dyne E. truwe so sage mir d. 5 Wie groß macht mag d. gehaben d.
62 1 herczol S herczauge E. 2 wol)vil d. sechtzig E. 3 (S *Initiale*). der edele künig degen d. 4 kan ich es fügen d. 5 *Ich gibe yme den hindersten segen d. alles S.
63 1–5 *fe.*d. 2 striden E. 4 *Jch vnd manig werder dinstman / Kan ich eß anders gefugen E. lustige S. 5 den ubeln heiden) yne E.
64 1 nam E. 2 in das here)geyn dem mere E gegen dem herre d. 3 *fe.*E. yme d. entgegen d. 5 in budet Ed. mir)vns E.
65 1 sin)myn d. 2 vor Jherusalem *fe.*d. vor fur Jherusalem S. 3 einen hertten strit d. 4 das ein)eyns E ye eins d. 5 (P *Platz für Bild*). die)syn schoͤne d. 6 Oder ich wil in mit strite d. stridens E.
66 1 Er sprach *fe.*P. Her P. ist – hore) ich will uch E. als Pd. sie)sy hie d. 2 strit d. nit)hie nit P. 3 das schone)salomons E. 4 das vil)Vil E Es můs ee d. 5 ee *fe.*PE. ee muß *fe.*d. sinen)den synen werden d.

67 Der edel kunig Salmon
nu snelle botten da gewann.
er besante manigen ritter lobesam,
die ime in dem her*t*en stritte
  mit iren truwen soltent bi gestan.

68 Dar kam der kunig von Marroch,
den man mit heres krefften zu riten sach.
er kam gein Jherusalem in das lant
mit manigem stoltzen helde,
  er det im sin helffe erkant.

69 Die burger von Naplis *kament dar,*
die von Marsilie brachtent im ein krefftige schar.
sie kament gein Jherusalem in das lant.
und der riche kunig von Schrap
  der det im sin helffe wol erkant.

70 Also gewan der kunig Salmon
manigen werden dinstman.
die stoltzen helden lobesann,
die im hulffent mit truwen,
  der was funff und drissig dusent man.

71 *Do sprach der listige man:*
‚mag der heiden funff dusent *me* gehan,
so sint wir doch eine cristin diet.
der riche crist von himelriche
  der lat uns under wegen nit.

---

67 1 edele. 2 nu)vil. 3–5 er sante sie wit in die lant / nach manigem stolzen helde, / dem taten sie die reise bekant.

68 1 Marrach. 2–5 mit dem man kreftig here riten sach, / mit manigem ritter lobesam. / do wolde er komen zuͦ helfe / dem richen kunig Salman.

69 1 Nopels. 2 brachten ein schar. 4 Sarpe. 5 der *fe.*

70 2 vil manigen. 3–5 die im mit truwen wolten bi gestan: / do gewan er sneller helde / funf und drizig dusent man.

71 2 han. 3 ein. 4 himele.

---

67 (d *Holzschnitt:* Hie besant der künig salomon ein mechtiges hoͤre zuͦ strit wider den heydenschen künig foren.) 1 edele Ed. 2 nu *fe.*P Vil Ed. schneller d. 3 mengen stolczen ritter P. 3–5 Er sante sie (Die sant er d) wyt in die lant / Noch manchem stolczen hilde (heyden d) / Dem daden sie die reise (Die detent yme ir hilffe d)bekant Ed. 4 im P. hetten S. 5 iren *fe.*P. beston P.

68 1 Do d. marrach P morroch E merrach d. 2 den)dem P. 2–5 Mit dem man krefftig here riden sach / Mit manchem ritter lobesam / Da wolde er kommen czu helffe / Dem richen konig salomon E. 3 er kam)Sy koment d. 4 mit)Er kam mit P. held P. 4f. Dem richen künig salomon detent sy ir hielffe bekant d. 5 er)Der P. bekant P.

69 1 Der künig von noppels d. napels P nopels E. kament dar P *fe.*S der kam dar d. 2 Der künig von marsilien brachte ein grosse d. marseliges E. brachtent im)ouch kament / Vnd brachten P. im ein krefftige)eyn E. krefftig P. schare SE. 4 kunig *fe.*P. sarsse P scharpp E. 4f. zuͦ inen kam ouch der rich künig von sarant d. 5 (E *Bild: die Hilfstruppen treffen ein*). der *fe.* E. tette P. im)im ouch PE. wol erkant)bekant PE.

70 1 Also)Do d. gewan der)quam dem E. 2 vil manigen d. vil manig werder E. 3–5 Die yme mit truwen wolden by stan (gestan d) / Da gewan er kuner (schneller d) hilde / funff vnd drisßig dusent man / Die eme mit truwen wolden by stan (Die-stan *fe.*d) Ed. 5 was)warent P.

71 1 *fe.*S. der-man)morolff der vil listige born d. 2 *Der heydensch künig fore / Het fünff dusent me dan wir han d. me *fe.*S. han E gehan dann wir P. 3 ein Pd *fe.*E. cristene P. 4 criste E. himel PE. 4f. Durch got von hymel lat vns also verderben nicht d. 5 der *fe.*E.

72 Morolff da des nit enließ,
ein banner von roter siden er wircken hieß.
da hieß er von golde ein bilde wircken in. (f. 302 vb)
das bezeichent den heren,
das die cristen solten sin.

73 Morolff der listige man
die baner in die hant genam.
die here wurdent alle schone bereit.
da wart den ubeln heiden
ine das here wider seit.

74 Da bließ man uff das herhorn,
zu samen zugent die konige hochgeborn.
inn dem stritt hup sich ach und we.
vil manig stoltzer ritter
von den wunden lute ‚waffen' schre.

75 Der strit was unmassen groß,
man horte von slahen manigen herten stoß.
ir gewalt wart vo*r* Jherusalem krang:
wellicher heiden uß dem stritte entweich,
wie der schiere in dem mere ertrang!

76 Vor der stat hup sich der strit
um konig Foren hochfart
und umb Salome das schone wip.
der strit werte bitz an den vierden tag,
bitz das der ubel heiden
funff und drißig dusent dot gelag.

77 Also lange wert der strit,
da verlore manig man sin lip.
kunig Fore der wart sigeloß.

selber wart er gefangen,
vil manigen heiden er da verloß.

---

72 1 da *fe.* 4 bezeichnete.
73 2 die)daz. 3 heren. 4 ubelen. 5 in.
74 1 das)die. 2 sigen. 3 strite. 5 waffen *fe.*
75 1 wart. 2 hort. slegen. herten *fe.* doz. 4 welch. 5 wie schiere er in.
76 3 umb *fe.* 4 funften. 5 ubelen.
77 1 werte. 2 verlos. 5 da *fe.*

---

72 (E *rote Überschrift:* Hie get an der strit vor iherusalem von konig pharo vnd dem konige salomon). 1 da *fe.* PEd. des)*fe.* P des ouch d. 2f. *Ein bild von gold er wircken ließ P. 2 roter) werder E. er)Er yme balde E. 3 *Er hies yme ein bilde von golde wurcken dar yn d. jnne E. 4 bezeichenten S. den heren) den herren sin P von folck ein herre d. 5 die)er P sy d. solte P.
73 1 der vil listig d. listig P. 2 die)das Ed. in)er in P. die)sine d. nam P gename E. 3 herren PEd. schone fe.P. 4 dem d. übelen Pd. 5 In PEd. das)syne d.
74 1 das)die PEd. here horn E. 2 Vnd sametent sich die d. zugent)segen E. kung P. 3 stryde E. 4 stoltzer)werder d. 5 lut P. waffen *fe.* E.
75 1 wart PEd. 2 hort d. schlegen PEd. mengen doß PEd. 3 was d. von S. 4 Welher P Welich E. stritt Pd. 5 wie schiere er in PEd.
76 (d *Holzschnitt:* Hie strit künig salomon mit dem heydenschen künig fore vnd gewan künig salomon den syg). 2 Dorch pharos E. konig *fe.* P. 3 umb *fe.* EPd. 4 weret Pd. vncz P. funfften Ed. tag *fe.* P. 5 vncz P. übelen Pd obeln E. 6 lag P.
77 1 werte E weret d. 2 verlos PE verlor d. vil manig d. sinen PE den d. 3 der *fe.* PE. 5 *Vnd alle sin heyden er ouch verlor d. vil *fe.* E. da *fe.* PE.

78 Der edel kunig Salmon
furte den kunig Foren
mit gewalt uß dem strit hin dan.
er furt ine gein Jherusalem uff die burg *sin,*
da enphing ine dugentliche
Salome die here kunigin.

79 Also der kunig Salmon
den sieg an Foren da gewann,
er sprach: ‚nu ratent, alle min man,
in wellicher slacht banden
sol ich den richen kunig han?‘

80 Da sprach der listige man:
‚herr, ich dir wol geraten kan.
nu mercke, lieber here min,
mit wellicher slachte truwe
kunig Fore komen si.

81 Du solt gedencken dar an,
das der hochfertige man
wolte han genomen din schones wip.
nein, lieber here,
es sol im gan an sin*en* lip.

82 Richer kunig Salmon,
gedarest du Foren nit bestan,
so antwurt mir *in*, ußerwelter degen.
ich gibe dir des mine truwe,
ich han mich der eren gar erwegen.‘

83 Da sprach der kunig Salmon:
‚des muste ich umer laster han,
er were dann in dem strit erslagen.

ich gibe dir min truwe,
so wolte ich ine rechte wol verclagen.

---

78 1 edele. 4 fůrte in uf die burg sin. 5 in.
79 3 mine. 4 welcher slachte.
80 5 her komen.
81 4 neina. 5 sin)den.
82 2 gedarst. 3 so *fe.* mirn. 4 min. 5 der *fe.*
83 3 were er in. strite. 5 in. rechte *fe.*

---

78 1f. Künig fore den fůrte edele künig salomon d. edele P. 2 den) der P *fe.* E. 3 *mit yme von dan E. 4 furte Ed. in Pd. vff sine burg iherusalem P vff die burg E gon iherusalem vff die burg d. sin *fe.* SP. 5 ine)in gar P in vil d. dogentlich Ed. 6 *Morolff vnd die konigin E. here)edel P edele d.

79 1f. *fe.* E. Also)Do nun d. (S *schreibt* der kunig *zweimal*). 2 künig fore d. da *fe.* Pd. 3 Er sprach *fe.* E. rittent P. myne PE. 4 welher PEd. slachte PEd. banden *fe.* E bande Pd. 5 *Sol ich mynen figent künig foren han d. richen *fe.* E.

80 1 sprache S. der)morolff der Ed. 2 herre PEd. 3 Nün merckent P Gedenck vil E Nůn brüfe d. here)brůder d. 4f. Vmb was vntruwe sie her kommen sin E. weller Pd. vnschlachte vntrüwen P. vntruw d. 5 komen)har komen P mit sinem folck har komen d.

81 1 Da saltu E Er sprach herre du solt d. dar an)ane E. 2 das)Das dir d. hoffertig P hochfertig d. 3 Dir wolde genommen han / Pharo din E. din)dir din P. 4 *fe.* E. *Ach lieber brůder vnd herre myn d. Er sprach neina P. 5 *Dy yme den sinen lip d. sin S den E. lip)lip / kunig fore alher komen sy / Du solt gedenkken dar an / Das der hochfertige man / wolt han genomen din schones wip S.

82 1 *Do sprach der listige man P. Ach richer d. 2 herre getarest P Gedarstu Ed. Foren)den heydenschen hünt d. nit)nü P. 3 *Da sprach der usserwelte degen / Antwort mir ene E. so)do PE. in)ein S der P. vßerwelte Pd. degegen d. 4 *fe.* E *Vff myne rechte trüwe P. myn truw d. 5 der *fe.* PE. verwegen d.

83 2 müs P mustu E. 3 Wer er in E. ynne d. stride E. 4 gib P. min)des myn d. 5 Jch wolte in PE. wolt ich in d. rechte *fe.* Ed recht P. (S f. 303 rb *leer,* f. 303 v *Bild: Salme vor Morolf im Block stehend*).

84 Ich wil ine heißen vers*m*iden. (f. 304 ra)
er muß in minem bande ligen.
dar inne verluret er sinen lip,
und wil sin laßen huten
Salome das wonder schone wip.'

85 Morolff sprach: ‚here, das duncket mich *nit gut*.
wer strohe nahe bi fuwer dut,
villicht entzundet es sich an.
also beschicht dir mit konig Fore,
wilt du ine bi diner frauwen lan.'

86 Da sprach der kunig Salmon:
‚Morolff, was hat sie dir gethan?
du dreist gegen ir vil argen wan.
ich gibe dir mine truwe,
das ich des keine sorge han.'

87 Da sprach der listige man:
‚richer kunig Salmon,
du machest dir selber laster und schande.
ich gibe dir min truwe,
du gedarest mir es niemer geclagen.'

88 Salmon der wart der rede czorn.
er sprach: ‚Morolff, min hulde hastu verlorn.
die gewinnest du nimmer me,
das du nit wilt getruwen
der edeln kunigin her.'

89 Da sprach der listige man:
‚richer kunig Salmon,
ich wil dir es nemlichen sagen:
wurdest du von ir verdoret,
es wirt dir von mir uffgehaben.'

84 1 in. 5 wonder *fe.*
85 1 here *fe.* 2 stro. bi)zu. 3 vil lihte zundet. 5 in.
86 3 gein.
87 3–5 (*Vogt hat an dieser Stelle* 89, 3–5) 3 bruvest. schande) schaden. 5 endarfst.
88 1 Salman wart. 2 er sprach *fe.* 5 edelen kuniginne.
89 3 dirz werlichen.

---

84 1 (S *Initiale*). Jch heissen ene E. in Pd. versnyden S in verschmyden d. 2 er)Vnd E. in nüwen banden ligen P yn myme lande ligen E marttel in minen banden liden d. 3 *Da will ich verdirben sinen lypp E. verliert d. 4 wil *fe.*E. laßen)heissen P. 5 wonder *fe.*Ed.

85 1 Da sprach sich morolff / Das E. nit gut *fe.*S. 2 stro PEd. nahe bi)zu dem PE noc zu d. füre PEd. 3 Licht czundet E. 4 *fe.*E. geschicht ouch varon P. 5 wiltu din frauwe sin huden lan E. in Pd.

86 (d *Holzschnitt*: Wie der kunig salomon vnd morolff syn bruͦder by ein ander stundent vnd zuͦ rat wurden wie sie mit kunig foren wolten leben vnd detent in sniyden in einen stock mit synen fuͦssen vnd hende vnd solte syn wartten salome die künigin der gab er ein güldin vingerlin). 1 *fe.*P. der)der edele d. 2 sie)er E. sie dir)dir die küngin d. 3 geyn E. vil *fe.*P. so E. einen d. argen)übelen P. wan)argwan P mut E. 4 gibe dir)gib dir des Pd geben dirs E. myn PEd. enthan d.

87 1 der)morolff der d. listig d. 2 *Ach lieber herr vnd bruͦder sich an d. Ach richer P. 3–5 Ich will dirs werlich sagen / Wordestu iß von yr bedragen / Jß wirt dir von mir vff gehaben E. machst)brisest d. schaden d. 4 gib P. dir)dir des Pd. 5 *Es wurt dir von mir vff gehaben d. endarfst mirs P. clagen P.

88 1 *Die rede wart salomon czorn E. der wart)wart Pd. der)die P. 2 er sprach *fe.*E. du hast myn hulde gar verloren d. huld P. 3 du)du wider Pd. mere PE. 4 nicht getruwest E also vbel getruwest d. 5 Salome der d. edelen P. here S.

89 1–5 *fe.*E Do sprach morolff edeler künig salomon / Fuͦr wor ich uch gesagen kan / Du wurst von ir gedoͤtet in kurtzen tagen / Jch sprich es by myner truwen / Du endarfst mir es nit clagen d. 1 lustige S listig P. 3 dirs eneklichen sagen P. 4 getöret P.

90 Salmon das gebott uber gie, (f. 304 rb)
die frauwe er sin huten lie.
da endet er nit wißlich an!
da wart sie heimeliche
kunige Foren dem heidenschen man.

91 Alsus er ine vers*m*iden *h*ieß,
die frauwe *er* sin huten ließ.
da was er also rechte wol behut,
also der sin geiß
zu schonen boc*k*en dut.

92 Nu horent, wie der gehutet *si,*
also was behut die edele kunigin.
kunig Fore was ein l*i*stiger man,
mit sinem großen zauber
gewan er die frauwe wol gethan.

93 Ein heiden, der hieß Elias,
der zauber ku*nst*e ein meister was.
kunig Fore was sin oheim.
mit vil grossem zauber
machte er *in* ein fingerlin einen stein.

94 Da das zauber wart bereit
und in das fingerlin wart geleit,
er sante es uber den wilden se.
dem richen kunig Foren
was in sinen banden we.

95 Da im das vingerlin wart gesant,
er gap es der frauwen in die hant.
er sprach: ‚vil edele kunigin,
nu tragent durch minen willen
das rot gulden fingerlin!‘

96 Da sie das fingerlin angesach, (f. 304 va)
von dem zauber das geschach,
vil schiere geliebte ir das golt.
dem richen kunig Foren
dem wart sie ußer der massen holt.

---

90 5 kunig. heidenischen.
91 1 in. 2 kunigin. 3 rechte *fe.* 4 sine geize. 5 zu)zů den.
92 2 edele *fe.* 3 kunig *fe.* listig.
93 2 zouberliste. 3 kunig *fe.* 4f. er wirkt mit zouberlisten / in ein vingerlin einen stein.
94 2 wart *fe.*
95 3 er sprach vil)Gnade.
96 5 der *fe.*

---

90 1 das)morolffs E. uber)do über P. 2 die)syne d. sin *fe.* E künig foren d. 3 endet)tett PEd. nit *fe.* E nit gar P. wißlich) dorlichen E. 4 sie wart so PE. heimlich P vil heymeliche d. 5 kunige Foren *fe.* E.
91 1 Als er in nůn d. in P. versnyden S. ließ SP. 2 die konigin Ed. er *fe.* S. hieß P. 3 da)Des d. er)sy Pd. also)recht P so E. rechte)als P *fe.* Ed. 4 Als P. Also der der d. sine PEd. 5 zü wunder schönen Pd czu den grossen E. bochen S.
92 1 *Wie mag der wol gehůtet syn d. Nu *fe.* E. der)dy: ⟨sy⟩ P er E. behut E. si)sint SP. 2 wart P. was ouch behůt / Salome die d. edel P *fe.* E. 3 kunig *fe.* E. listig PE. 4 sinem)vil P *fe.* Ed. 5 er die künigin gewan d. ***folgt in*** E: horent alle frommen man / Wie der konig salomon / Verlore sin schones wypp / Das saget vns dis buch yn dirre czijt.
93 1 (Pd *Initiale*). der *fe.* P. 2 kurtze S lieste Pd list E. 3 kunig *fe.* E. was)vnd E. 4 *Er wirckte mit czauber listen E. vil *fe.* d. zauber)zouffer alleine P listlichen zouber d. 5 *Wurckt er ein güldin vingerlin d. machte er *fe.* E. in *fe.* S. fingerlin in einen P.
94 1 das)der PE. was P. 2 in *fe.* P. wart *fe.* E. 3 sant P. uber den)in dem E. 5 sinen)den E. wunden P.
95 1 eme Ed. 2 der künigin yn ire hant d. 3 *Genade edele konigin here E. 4 nu tragent)Drag E. 5 *Das fingerlin so here E. rot)alrott P schone d.
96 1 ane gesach P gesach E. 2 *fe.* P. dem)rechtem E. beschach d. 3 *Da liebet ir das golt so rot E. geliebet P do liebete d. 4 richen)edeln E. 5 dem *fe.* PE. uß E. der *fe.* Pd.

97 *S*ie nam das vingerlin in die hant,
sie truge es, da sie Morolff fant.
sie bat es gein der sunnen haben,
ob er dar ane uht sehe,
das ir an den eren mochte geschaden.

98 Morolff es gein der sunnen bott,
da was das golt also rot,
das Morolff mit den listen sin
den zauber nit kunde kennen,
der da lag in dem vingerlin.

99 Sie stieß das vingerlin an die hant,
vil schiere wart ir wol erkant
von dem zauber, der in dem stein lag,
das sie des richen konig Foren
zu allen ziten gerne pflag.

100 Er saß ir eins tages nahe bi.
er sprach: ‚gnade, ein edel kunigin,
du solt gedencken dar an,
ich han durch dinen willen
beweget manigen werden man.‘

101 Da sprach die frauwe wolgetan:
‚kunig Fore, nu laß die rede stan.
kunig Salmon ist ein wiser man,
so forcht ich noch vil sere
Morolff sine*n* dinstman.‘

102 Er sprach: ‚vil edele kunigin, (f. 304 vb)
hette ich es an dem willen din‘,
sprach der hochfertige man,
‚mit minen spehen listen
gewin ich ine beiden vil wol an.

103 Du weist, frauwe wol gethan,
sie soltent dich bi mir nit han gelan.
du weist, das sie wise sin,
ich gibe dir mine truwe,
ich bin noch wiser dan ir dri.'

---

97 2 trůg.
98 3 Morolff)er. 4 den)daz. erkennen. 5 der)daz.
99 3 waz zoubers in. steine. 4 des koniges.
100 5 mich bewegen maniges.
101 2 kunig *fe.* 3 kunig *fe.* 4 vorchte ich michels mere.
102 1 Er -vil)Genade. 2 den hulden. 5 in.
103 1 weist)weist wol. 3 du weist)wiltu.

---

97 1 Die S. 2 trůg Pd. truge es)ging E. 3 es)es in PE in es d. gegen Pd. 4 ob)Ober S Abe Ed. icht dar ane E dar ynne ützit d. 5 an – eren *fe.* E. den)iren d. möcht P. schaden d.
98 1 Da eß Morolff E. gegen Pd. 3 Morolff)er Ed. 4 den)das E. kunde)mochte E. erkennen Pd gesehen E. 5 Das da was in E.
99 1 Die frauwe stieß eß in die E. 2 vil schiere)Czu hant E. schier Pd. wol)gar wol d. bekant PE. 3 *Was zouber in dem vingerlin lag d. Das czauber vnder dem E. steine PE. 4 richen *fe.* Ed. künges PEd. 5 geczijden E.
100 1 eins tages)einest P. 2 gnade ein *fe.* E. ein *fe.* P mir d. edele PEd. 3 ane S. 4 Das ich dorch E. 5 Gewaget Pd Hand verlarn E. werden)dinst E stoltzen d.
101 2 kunig *fe.* E. nu *fe.* PE. laße E. beston P. 3 kunig *fe.* Ed. 4 *fe.* S. so)Den P. ich michel sere E ich mich sere d. 5 *Morolff syn bruder den listigen man d. siner S.
102 1 Er-vil)Genade E. 2 hett P. den hulden PEd. 3 Also sprach d. hoffertig d. 5 Gewynnen Ed. ine)dich E in Pd. vil beiden S. beiden *fe.* d. vil *fe.* PEd. wol *fe.* E.
103 1 weist)weist wol PE. 2 nit *fe.* P. 3 *Wiltu des so wyse sin E Du wenest das sy wyse sint d. sint SP. 4 *fe.* P. dirs E dir des d. myn d. 5 *Jrer wißheit sint sy gegen mir zwey kint d. noch *fe.* E. ir)siner E.

104 Da sprach die frauwe wol getan:
,konig Fore, nu la die rede stan.
es wart geborn nie slachte man,
der Morolff mit seinen listen
das zehende teil glichen kan.

105 *Ja er sicht an der farben min',*
also sprach die edele künigin,
,wanne sich min gemůte verkeret hat.
ich weiß wol, künig Fore,
das es uns beiden an das leben gat.'

106 Er sprach: ,mir dienent uff minem hoffe
sehs und drissig hertzogen
und funfftzig graven, ane wan,
sechczehen heidenscher kunig,
frauwe, die mache ich dir undertan.

107 Mir dienet din vatter Crispian,
frauwe, den wil ich fri lan
*h*innen vor imer me.'
,So wil ich dir gerne volgen,'
sprach die kunigin her.

108 *Künig Fore wart der rede fro*
und sprach der ubel heide do:
,frouwe, ich wil dir geben me.
du solt gantz gewaltig werden
uber das rich lant zů wendel see.'

109 Er sprach: ,von hute uber ein halbs jar
sende ich dir, frauwe, das ist war,
einen heidenschen spilman,
der furet zwo durtel duben,
den solt du, frauwe, schone enphan.

110 Ein dutsche harpff dreit er an der hant,
frauwe, die sol dir sin bekant. (f. 305 ra)
sie ist von edelm gestein clar.
er bringet dir ein zauber wurtz,
das sin niemant wirt gewar.

---

104 2 Fore *fe.* 3 geborn nie)nie keiner. 4 sinen *fe.* 5 gelichen.
105 1 sicht er. 2 also *fe.* 3 wan.
106 4 kunige. 5 frauwe *fe.*
107 1 Cyprian. 2 frauwe *fe.* 3 mer. 4 gerne *fe.* 5 kuniginne.
108 1 *Der rede wart der kunig fro. 2 und)do. 4 gantz *fe.*
109 1 Er sprach *fe.* halbez. 3 heidenischen.
110 1 harpfe. 3 gesteine. 4 dir *fe.* wurze.

---

104 1 (P *Initiale*). 2 *fe.*d. konig laß din rede E. geston P. 3 geborn nie)nye gebarn E nie keinre d. slachte)schlachte keiner P eyn E. 4 Morolffen E. mit *fe.*P. sinen *fe.*Ed. 5 teile d. gelichen P.
105 1–5 *fe.*SP (*Text nach* d). 1 Ja *fe.*E. farben)frauwen E. 2 also *fe.*E. 3 Wan E. 4 künig Fore *fe.*E.
106 1 (S *Initiale*). mir dienent)yo es sint d. hoff SP hoffe wol ertzogen d. 2 Fursten graffen herczaugen czart E. drissig) sechtzig P. 4 sechczehen)Vnd sechtzig E. heydensch d. 5 Frauwe *fe.*E. dir)uch E.
107 1f. *fe.*P. din)ouch dyn d. cyprian E. 2 frauwe *fe.*Ed. ich)ich durch dinen willen d. 3 Synnen S. vor *fe.*E. mere PE. (P *Platz für Bild*). 4 (P *Initiale*). So)Do P. gerne *fe.*PE. 5 die)die edele E do die d. here S.
108 1–5 *fe.*SP (*Text nach* d). 1 *Der rede wart der konig fro E. 2 und)Da E. 4 gantz *fe.*E. 5 rich *fe.*E.
109 1 Er sprach *fe.*Ed. hute)hut P hynnan E noch hüte d. habes P halbes E viertel d. jare Ed. 2 So send PEd. dir *fe.*d. das ist) fur d. ware E. 3 spilman)spilman turcis genant d. 4 *fe.*Ed. der)vnd P. dubeln S tüblin P. 5 frauwe *fe.*P. frouw d. schon d. enpfaen Sd.
110 1 harpffen furt P. an)in PE. 2 *fe.*d. Die sal dir frauwe E. ffröw P. 3 sie)Die E. edelm)edelem marmel E. gesteine P steyne E stein d. clare Ed. 4 dir *fe.*E. zauber)czauber listige E. würcze Pd. 5 das sin)Das ir P Die halt das eß E. werde E wurt d. gewart P.

111 Die lege du inn den munt,
frauwe, so wirst du ungesunt.
du fellest uff die erde fur dot,
dine vil lichte farwe
die ist dannoch unverwandelt.‘

112 Da sprach die kunigin her:
‚es dut mir hut und imer we,‘
sprach die frauwe wol gethan,
‚das ein so richer furste
zu fusße sol von hinnen gan.‘

113 *Da sprach der heidensche man:*
‚ich mag zu fusse vil wol gan,
ich lige hie uff des libes noht.
nu lose mich, kunigin edele,
ja duncket mich zu fuß gan gut.‘

114 Dem heiden loßte sie sine bant.
Sie sprach: ‚here, nu rume balde daz lant
und sende mir einen botten an der ziit,
wann ich bin ungern
des konig Salmons wip.‘

115 Da der heiden uß entran
und man zu hoffe die mere vernam,
da sprach der listige man:
‚in hat die kunigin here
durch ein groß untruwe uß gelan.‘

116 Da sprach der kunig Salmon:
‚Morolff, was hette sie dir gethan?
du dreist gein ir vil argen wan.

ine hat ein jungfrauwe edele
vil gar ane ir schulde uß gelan.'

---

111 1 inn)tougen in. 3 uf das gras. 4 din 5 die *fe.* unverwandelot.
112 1 kuniginne. 2 hute.
113 1 heidenische. 5 fůze.
114 1 sine)die. 2 Sie sprach *fe.* nu rume here 4 ungerne. 5 koniges Salmanes.
115 2 die mere ze hove. 4 kuniginne. here *fe.* 5 ein *fe.* groze.
116 2 hat. 4 in. edele *fe.* 5 vil gar *fe.* an alle ir.

---

111 1 du *fe.* PE. inn)heimlich in P selber in d under die czungen in E. den)dinen roten d. 2 *fe.* d. frouw P. frauwe so)czu hant E. wordestu E. 3 *Fur dot vellestu zů der erden an der selben stunt d. uff)nidder vff P. die erde)das gras PE. 4 din Pd. vil *fe.* d. farwe rott P farwe mynnecliche d. 4f. Das sich din licht farbe verwandelt E. 5 die *fe.* d.
112 1 die edele küngin riche d. 2 es)Das E So d. hude Ed. we) me / Soliche not in mynem hertzen we d. 3 Also sprach d. (P *wiederholt anschließend Zeile* w: Das tut mir hut vnd yemer we.) 4 das)Das also P. so *fe.* PE sollicher d. furst d. 5 Sall czu fusse E. sol)also sol P. von *fe.* E. von hynnen sol gon d.
113 1f. *fe.* SPd. 3 Er sprach ich d. hie *fe.* P. 4 nu *fe.* E. löß P. edele küngin d. 5 ja *fe.* E Das d. Mich dunckect E. gan zu fůsse gut PE ein gůtter rot d.
114 (E *Bild: Salme befreit Fore aus dem Stock.*) 1 Konig pharo E. lost P. sine)die PE. 2 Sie sprach *fe.* E. Rume herre E. bald P. das)dis P. 3 send P. einen *fe.* E. an)in PE. 4 wann) Auch E Wanne d. bin ich E. ungern)vil vngerne: ⟨gerne⟩ P vngerne E gar vngerne d. 5 koniges E.
115 2 ze hoffe man P. die mere czu hoffe Ed. 3 der)morolff der Ed. lustige S listig Pd. 4 in)Eß E. konigin edele E edele küngin d. 5 ein *fe.* E. große E. groß untruwe) falscheit d. uß gelan)gethan E.
116 (116 *folgt in* E *nach* 117. d *Initiale*). 1 der *fe.* d. 2 Morolff *fe,* E. · hett PEd. sie)die konigin E. 3 vil *fe.* Ed. gegen ir bősen wan d. 4 In PEd. hant die Jungffrauwen E hat die edele küngin d. edele *fe.* PE. 5 vil gar an)An alle E On d. an P. vs verlon P.

117 Da sprach Morolff der tegen: (f. 305 rb)
'kunig, du solt ir vil schone pflegen.
das ich uch sage, das ist war,
du solt die kunigin edele
nit lenger haben dann ein halbe*s* jar.'

118 Da sprach der listige man:
'richer kunig Salmon,
der warheit wil ich dir verjehen
und mochte ich es rechte wol erwinden,
du must es mit den augen sehen.'

119 Der rede geswigent si vil gar.
es stund dannoch ein halbes jar,
da kam der heidensche spilman.
er brachte zwo durtel duben,
er wart der frauwen undertan.

120 Ein tutsche harpff trug er an der hant,
die wart der frauwen woll erkant.
sie was von edelme gestein clar.
er brachte ir die za*u*ber wurtz,
das sin niemant wart gewar.

121 Der zauber wart ir kunt gethan,
da sie zu der kirchen solte gan,
da begeinte ir der heidensche spilman.
nach sagenden dingen
erkante er die frauwe wol getan.

122 Die harpffe nam sie im uß der hant.
die zauber wurz bot er ir zu hant,
die harpfen bot si im wider dar.
sie sprach: 'helte, *nu* rume balde den hoff,
ee das din Morolff werde gewar.'

123 Da sie inn das munster kam, (f. 305 va)
die *frone* messe hup man an.
ir pater noster was nit zu lang,
das schuffe die zauber wurtze,
nach der stunt aller ir gedanck.

---

117 2 schone)wol. 3 uch)dir. 4 solt)hast. kuniginne edele *fe.* 5 haben *fe.*
118 4 ichz. erwenden.
119 3 heidenische. spil *fe.* 4 er drůg.
120 1 harphen. 3 edelm gesteine. 4 ir *fe.* die)ein. wurze.
121 1 Daz.
122 2 den zouber bot. 4 sie sprach *fe.* helt.
123 4 schůf.

---

117 1 Da)Also E. der)der küne d. 2 vil)gar d. schone)wol PEd. 3 *Jch kan dir sicher sagen fur wor d. uch)dir P. ware S. 4 *Du hast din edele frouwe d. du solt)Dir blibet E. edele *fe.*E. 5 nit-dann)Haben nit legere dan P Nicht E Nit noch folle d. halber S halb P. jare E.
118 1–5 *fe.*E. 1 *fe.*d. listig P. 4 möch üch es woll erwenden P. 3–5 Jch kann der sachen wol můssig gon / Vnd kunde ich es recht wol versehen / Das du vmb die frouwe kemest / Jch ließ es dar noch geschehen d.
119 1 *fe.*d. vil *fe.*E. 2 dannoch)dar nach PEd. halb PE. fiertel iors / Das ich vch sag das ist wor d. 3 spil *fe.*Ed. 4 bracht Pd drug E. zwo)eyn E. durtzel E. dubeln S duben zart d. 5 er wart) Die waren E Die wurdent d. undertan)wol bekant E.
120 1 harpffen PE. an)in PE. 2 was PEd. bekant PE. 3 sie)Vnd P. gesteyne E stein d. clare E. 4 bracht Pd. ir *fe.*E. die)eyn Ed. zaber S. wortze E. würtz dar P. (d *hat zwischen* 4 *und* 5 *Holzschnitt:* Hie begegenet der küngin ein heydenscher spilman der het ein dutsche harpff vnd zwo turttel duben in siner hant). 5 *fe.*SP (*Text nach* d). sin)yr E. geware E.
121 1 Das E. 2 *fe.*P. dem mönster E. solte *fe.*d. ging d. 3 begegnott P begegnete d bequam E. 4f. *fe.*d. *Nu laß dir sagen vorbaß / Von der frauwen woll gedan E. 5 Bekant P.
122• 1 harpff d. eme Ed. 2f. *fe.*S. Den czauber bot Ed. 3 yme Ed. dar)gar d. 4 Sie sprach *fe.*E. Rüme hilt balde E. helt P *fe.*d. nu)mie S. 5 ee *fe.*E. das *fe.*d. werde)werd P yt werde E.
123 2 frone)fruwe S frouwen P. 3 was)wart ir E. zu *fe.*P. 4 Da S. schüff PE macht d. wurcz cze hant P wurtz d. 5 stund ir gebett P.

124 Zu got stunt wenig ir gėbett,
s*ie* gebeite vil kume,
    untz man den segen da gedett.
da gedachte die edele kunigin:
‚nu muß ich doch versuchen,
    was an der wurtzen moge gesin.‘

125 Sie leit es daugen in den munt,
vil schiere wart sie ungesunt.
sie viele uff das graß vor dot,
ir viel lichte farwe
    was dannoch unverwandelt.

125a Von den frauen hub sich angst vnd not:
die konigin wer gelegen dot!
Sie hede boser mere geplegen!
das vernam wonder schier
    Morolff der usserwelte degen.

126 Die mere seit man zu hoff durch not,
die kunigin were eins gehen dodes dot.
da sprach der listige man:
‚*so* ist der kunigin edele
    der d*o*t mi*t* zauber hie gethan.‘

127 Alsus sprach der tegen jung:
‚sie begegent mir hut an der stunt
die schone frauwe wol gethan,
dannoch was sie wol gesunt,
    dar ane ich keinen zwiffel stan.‘

128 Da der kunig Salmon
die rechte mere da vernam,
das er es mit den augen sach,
von hertzelichem leide
    er sin hare uß sinem heubt brach.

129 Da sprach Morolff der tegen:
,das ist schade,
   das man eins fursten hant sol sehen (f. 305 vb)
in sinem krußen fa*l*wen har!
es ist der kunigin edele
   der dot mi*t* zauber hie getan.'

---

124 1 gote.
125 3 viel. 5 unverwandelot.
126 1 seite. zu hoff *fe.* 4 kuniginne. edele *fe.*
127 2 hute. 5 an. han.
128 5 har. houbte.

---

124 1 Zu – wenig)Nach der stund P. gode E. gebette S. 2 Se S. da irbeitet sie E Sy beitet d. vil *fe.*d. 3 Das E. untz)Das E bitz d. da *fe.* Ed. 4 *Da sprach die frauwe woll gethan E. gedacht P. 5 Ich muß E. doch *fe.* PE. 6 an)ich E. wurtz P. gesin)gehan E syn d.

125 1 Sie)So E. es)sie E die wurtze d. daugen)heimlich P vnder die czunge E. 2 Czu hant E. schier d. 3 viele)vil Pd sangk E. 4 viel)schone d. 4f. Das was ir lichte farbe verwandelt E. 5 Die was P.

125a *nur in* E.

126 1 (Sd *Initiale*). *In dem hoffe seit man die not d. seite PE. cze hoffe P*fe.*E. 2 wer Pd. eins)Eyner E. dodes)endes d. 3 (P *Platz für Bild*). der)morolff der Ed. lustige S listig Pd. 4 Sie S. Der konigin ist E. edele *fe.*E. 5 *Mitt zoufer der tot an getan P. dut mir S. hie)ane E an d.

127 1 (P *Initiale*). Alsus)Do P Also Ed. 2 *Sie bequam mir hude woll gesunt E. 3 schone *fe.*E. 4 *fe.*E. wol *fe.*d. 5 Da enhan ich E. an Pd. keyn E. stan)han Pd an E.

128 1 Da)Also sprach P. 2 mer d. da *fe.*E. 3 das)Vnd Ed. ers P. es)sie d. ane sach d. 4 hertzleide E grossem hertze leyde d. 5 sin)das d. har P. houpte PEd. brache E.

129 1 Da)Es ist schande d. 2 *fe.*d. Das)Es PE. schande E. 3 sol sehen *fe.*E. 4 in)Sal in E. krußen *fe.*Ed. farwen S gelen Ed. hare S hare sehin E hore schon d. 5 es)Nu E. edele *fe.*E. 6 mir S. hie)an PE.

130 Alsus sprach der tegen wol erkant:
,ich han erkundet vil der lant
und bin ein arczet knecht gewesen,
der mich zu der frauwen ließ,
sie mochte rechte wol genesen.'

131 Da sprach der kunig Salmon:
,Morolff, nü las die rede stan.
du hast mir und der konigin edele
rechte vil zu leide gethan.
ich gibe dir mine truwe,
du mochtest wol din spotten lan.'

131a Salomon des nicht enließ,
czu der konigin das er ging.
Synes hertzen jamer was so groß,
das er siner truwen
an der konigin nyt genoß.

132 Morolff gedachte in dem gemüte sin:
,ich muß baß versuchen die edele kunigin,
das sie mir werde baß bekant.
entrinnet sie mir von hinnen,
so muß ich nach ir kunden fremde lant.'

133 Nu horent wie er es anefing:
zu der kunigin er da ging,
er goß ir ein heiß golt durch ir sne wiß hant,
von dem großen zauber
sie des nit *enp*fant.

134 Da sprach der kunig Salmon:
,Morolff, aller erst hast du unrecht gethan!
striche balde von den augen min!
was hast du getzigen
die dot kunigin?'

135 Da sprach der listige man:
‚here, es duncket mich gar billich getan.
sie enist aber noch nit d*o*t,
ir vil liechte farwe
ist nit verwandelt.

---

129 1 Da)Ez ist schande. 2 *fe*. 5 kuniginne. edele *fe*.
130 4 lieze.
131 3–5 du hast so vil zů leide getan / mir und der kuniginne.
132 1 můte. 5 ich můz ir nach in fremde.
133 3 ein *fe*. sne wiß *fe*. 5 des alles nit bevant.
134 3 strich. 4 wes. 5 dot)ellende.
135 2 here *fe*. billich)wol. 5 noch unverwandelot.

---

130 1 wol erkant)czu hant E. 2 erkennet Pd. der lande vil erkant E. 3 bin – knecht)ertzte knecht bin E. gewen P. 4 liesse P. 5 sie – rechte)Jch dede sie gar E. möcht recht d. rechte)noch harte P.
131 1 (P *Initiale*). 2 nü *fe*. PE. beston P. 3 mir und *fe*. E. konigin)frauwen E. edele *fe*. PEd. rechte)Als P so E *fe*. d. leides vil d. zu leide)leides P. 4 *fe*. E *Vff myn truwe P Jch sag dir in gantzem ernst d. 5 Das du noch din spotten woll mochtest lan E. wol *fe*. P.
131a *nur in* E.
132 1 Er P. gedacht PE. mude E. 2 baß)sy baß P. edele)edele schone P vil edele E. 3 sie mir)in E. baß)woll E. erkant PE. 5 Jch muß nach P Jch muß ir noch E. ir noch d. kunden *fe*. Ed komen P.
133 1 (S *Initiale*, d *Holzschnitt:* Also morolff der doten künigin künigs salomons huß frow golt zerlossen durch ir hant goß). an fing E ane gefing d. 2 Er czu E. er da *fe*. E. 3 ein *fe*. Ed. golde P. ir sne wiß)die Pd. wissen E. 4f. Das sie eß vor grossem czauber nit in dolt E. 5 sie des)Das es die frouwe P sie syn alles d. fant S befant d.
134 2 aller-du)du hast PE. unrecht)mir dis zů leyde d. 3 striche) Strich P Ryt E Wyche d. 4 Wes d. 5 hie die P. dot)totten P vil edele E ellende d.
135 1 der)morolff der d. lustige S listig P vil listige E. 2 here *fe*. E. es)das PE. gar *fe*. P. billich)woll E. sin getan P. 3 enist)ist E. dut S. 4 vil *fe*. E schône d. 5 Die ist P. nit)noch Pd noch nit E. vnferwandelt Pd.

136 *Der tot het so mengen sit,*
er entlat die lüt also geverwet nit.
ir varwe brinet als ein rose rot.
ich gib dir des min trüwe,
sie ist von rechter schalkeit tot.'

137 *Salmon wart der rede zorn:*
'Morolff, min hulde hastu verlorn.
strich mir balde von dem wege,
das dich min augen, weis got,
niemer me gesehen.'

138 *Morolff der usserwelte tegen,*
der sach ein ofen bi dem wege.
dar in schloff der listig man.
do mit wolt er spotten
des richen kunigs Salmon.

139 *Do er in den ofen gesach,*
gerne mügen ir hören, wie er sprach.
do sprach der künig Salmon:
'das ist nit das erste laster,
das du mir bi dinen tagen hast geton.'

140 *Morolff sprach: 'ir hant bi uwerem eit*
mir uwer hulde gantz verseit
und verbüte mir ouch das antlit din,
nun schouwe, lieber herre,
wie ich do hinden geschaffen sie.'

141 Der edel kunig Salmon
von zorn lachen da began.
Da sprach *der wise man:*

‚hette ich sin nit schande,
es must dir an din leben gan.

---

136 1 also einen sit. 2 lat den luten ir schone varwe nit. 3 burnet noch als. 4 gibe.
137 2 Er sprach Morolf. gar verlorn. 3 *mins hoves solt du dich verwegen. 4 mine. weis got *fe*. 5 mere.
138 2 der *fe*. einen. 3 listige. 4 mite. wolte. 5 kuniges.
139 4 ist daz groste. 5 bi dinen tagen)ie.
140 1 du hast bi dinem eit. 2 uwer)dine. gantz)gar.
141 1 edele. 2 zorne. 4 ichs nit iemer. 5 din)daz

---

136 (136–140 *fe*.S. *Text nach* P f. 11v). 1 hat also ein sit d. sieden E. 2 lest den luden so lichte (ir schöne d) varbe nit Ed. 3 bornet E. als)noch also d. 4 Herre ich d. geben Ed. dirs E.
137 1 *Da sprach der konig salomon E. die P. 2 *Morolff las din rede stan E. Er sprach morolff d. huld d. gar verloren d. 3f. Gang vß mynem hoff des soltu dich verwegen / Vnd luͦge das ich dich d. mir *fe*.E. 4 weis got *fe*.E. 5 niemer)nit E.
138 1 (P *Initiale*). usser welte)stolcze E. 2 der *fe*.E. eynen E. 3 jnne E in do d. sluffe E. listige Ed. 4 mydde E. wolt) woll E do wolte d. kunges P.
139 1f. (*nach* d) *Wer in jn dem offen sach / Nün hörren wie der küng sprach P. sach E. 4 ist das gröste laster d. 5 bi – tagen *fe*.E. mynen d.
140 (1–5 *nach* d). 1 *Er sprach vil lieber herre myn PE. 2 *Du verseittest mir die hulde din P. 2f. *fe*.E. 3 vercziege P. ouch fe.P. 4f. Warte wie ich in dem arße / Hinden gestellet bin E. 5 ich an dem rucken P.
141 1 (S *Initiale*, d *Holzschnitt*: Hie det der künig salomon einen köstlichen sarck machen vnd leite die dot küngin dar yn.) edel)riche E edele d. 2 vor E. zorne PE. lachens P. do lachen d. 3 Da)Er SPd. der – man *fe*.SPd. 4 hett P. sin)es P sie d. nit)nit vmmer E yemer d. schande)schande /Vff min rechte trüwe P scham / So behebe ichs by miner kronen d. 5 muͦste d. din) das E.

142 Werest du der bruder min,
du ließest auch din spotten sin,
min groß jamer were dir leit.
du enwurde nie min bruder,
min hulde si dir gar verseit.‘

143 Salmon da nit enließ,
die kunigin er da verwircken hieß
inn einen sarck rot guldin,
recht als sie ein engel were,
dar inne leite man die kunigin.

144 Da sprach der tegen Morolff:
‚es ist schade, das man verwusten sol das golt.
ich wil es uch werlich sagen,
der mins rats hette gevolget,
man hette sie in ein wildes mos getragen.‘

145 Morolff da nit enlie,
heimliche er zu dem sarcke gie.
er leit daruff einen fuderigen stein.
da kam der heidensche spilman
und furte sie sime heren heim

146 darnach an dem dritten tage,
als uns die aventuer saget,
da sich der sarck uff entsloß
und der kunig Salmon
siner truwen nit genoß,

147 das die frauwe wol gethann (f. 306 rb)
stal sich von dannen
mit dem heidenschen spilman.
sie fure mit ime über den wilden see.

ee das sie Morolff wider gewunne,
da wart ime weiß got vil dicke we.

---

142 2 auch *fe.* 3 grozer. wer.
143 2 da *fe.* 5 in.
145 3 ein. fůdergen.
146 1f. Daz beschach am dritten tage / nach der aventure sage.
147 2–4 stal sich mit dem spilman / dannen uber. 5 das *fe.* 6 im. vil *fe.*

---

142 1 der)nicht der E. 2 *fe.* E. auch wol d. 3 groß *fe.* E. grosser d. wer PEd. 4 Nü würd dů P Du würde d. 5 früntschafft d. gar *fe.* Ed. ab geseit d.
143 1 Salmon da)Die frauwe E. 2 Die frauwen E. da *fe.* PE. bestaden E. 3 ein d. gulden rot E. 4 recht *fe.* E. als)als ob PE obe d. wer P. 5 in Pd. leyt E. küngin here P.
144 (P *Platz für Bild*). 1 tegen)listige d. 2 schade)schand P vmmer schande E. verwürcken P. 3 ich)Künig salomon ich d. es *fe.* Ed. uch)dir d. werlichen PE *fe.* d. 4 der)der do d. mynes Ed. rattes PEd. hett P. gefolget hette E folget d. 5 *Vnd lies sy vnß in einenen fulen most tragen d. man)Ich E. hett P. einen wilden P. most S mere E.
145 1 da)des do P des E. enließ SPEd. 2 *Des nachtes er heimlichen / Czu dem grabe ging E. Heimlich Pd. ging d. 3 leit) lachte E. fudergin E halpfuderigen d. 5 sie sime)die konigin yrme E. sime heren)künig foren d.
146 1 Eß stunt dar noch den E Das beschach dar noch am d. tag PEd. 2 *Nach der auentur sag P Als wir dis buch horen sagen E Als ich uch hie nůn sage d. 3 da)Das PEd. die arcke d. uff sloß E. 4 der kunig)das E. 5 nit)er nit S do nit Pd.
147 1 Das sich die d. 2 sich)sich do bald P. 2f. Hinweg stal mit d. 2–4 *Vnd fur mit dem spill man / Von dannen uber E. 4 für Pd. im P. sehe S. 5 ee *fe.* P. das *fe.* E. gewan d. 5 da *fe.* P Da von so E. Jm ward P. weiß-dicke)sere E. vil dicke) wind vnd P.

148 Darnach an dem funfften tag
Salmon jamer da gewan.
er gedachte in dem gemute sin:
‚nu muß ich doch versuchen,
obe sie inn dem sarcke noch mochte gesin.‘

149 Salmon da nit enlie,
heimliche er zu dem sarcke gie.
da er den sarck zubrochen sach,
ich wene, das im in aller welte
von hertze leide nie so we beschach.

150 Er sprach: ‚Owe, nü mus ich es vertragen,
ich getar vor Morolff
die mere nit zu hoffe sagen.‘
Er sach ein schones megethin,
er wincket ir mit der hende.
er sprach: ‚wan be*rou*chest du die frauwe min?‘

151 Mit den worten schiet er balde von dan.
die junckfrauwe ein silberin rauchfaß
zu iren henden do genam.
da sie den sarck zurbrochen fant,
da det sie die mere
zu hoffe schier bekant

152 und seite es Salmon dem tegen,
der hette es von erste wol gesehen.
er sprach: ‚es ist uns entrunnen die kunigin,
ich nime es uff *min truwe,*
das seit mir Morolff der bruder min.‘

153 Salmon da nit enlie, (f. 306 va)
zu Morolff er vil balde gie.
er sprach: ‚Morolff, lieber bruder min,

ich clagen dir uff gnade,
uns ist entrunnen die kunigin.'

---

148 1 tage. 2 *Salman mit jamers clage. 3 mute. 5 sie noch in dem sarke si.
149 5 hertze *fe.*
150 1 Er sprach *fe.* 3 gesagen.
151 1 er dan. 3 in die. do *fe.* 4 dete. 5 schiere.
152 1 Und)Sie. 3 Er sprach es *fe.* 5 seite. Morolf *fe.*
153 4 genade.

---

148 1 tage SPEd. 2 *Der konig mit jamers clage E. yameren do began P gewan iomer als ich uch sage d. 3 dachte E. mude Ed. 4 will E. beschauwen E. 5 Ob P. sie)noch d. sarcke – gesin)grabe sy die konigin E sarcke sie die küngin d. noch *fe.* P.
149 2 Heimlich Pd. Er heimlich E. er)er da P. sarg E. ging Ed. 3 den sarck)in PE. 4 ich wene das im *fe.* P. eme Ed. in aller welte)In aller dirre welte P uff der erden E alle syne tage d. 5 *So recht leyde im nie geschach P Noch nye so rechte leide geschach E. beschach / Grössers leydes nie mere d.
150 1 Er sprach *fe.* E. es)diß P. 2 darff d. vor *fe.* Ed. 2f. diße leyde mere / ffur morolff P. nit *fe.* E. zu hoffe *fe.* Pd czu hoffe nummer E. gesagen PEd. 6 er)Vnd d. berecchrest S brengestu E beröichstest d. frauwe min)konigin E.
151 1 dem wort P. schiede d. balde von *fe.* E. bald Pd. dannen Sd. 2 Jungfrouw Pd. guldin d. 3 *fe.* S. zu)In Ed. iren)die E ir d. do *fe.* Ed. nam d. 4 fant)sach E. 5 det)tett ouch P seyte E. 5f. In einer kurtzen wile man es vff dem hoffe befant d. 6 *Vber den hoffe czu hant E. vil schiere czü hoffe P.
152 1 und)Sie PEd. seitt P. dem konige salomon E. 2 hett P. erst P. 2–5 Er hat eß selber gesehen woll / Das in dronnen were die konigin / Vff myn truwe das seyte der bruder myn E. 3 es *fe.* Pd. 4 nim Pd. min truwe) die truwe min S myn rechte truwe d. 5 das)Es d. seite d.
153 1–3 *fe.* E. 2 Hien zů morolff er do gieng d. 4 *fe.* P. dirs vff din gnade E.

154 Da sprach der listige man:
‚here, ich das nit gleuben kan,
das dich habe betrogen die frauwe din.
ich gibe dir es mine truwe,
sie czoch dir vor ein cleines helmelin.

155 Were ich also wise als du, kunig Salmon,
und were also schone als Abselon
und sunge als wol als Horant,
mochte ich min frauwe nit betzwingen,
ich hette ein laster an der hant.‘

156 Da sprach der kunig Salmon:
‚nu lassent wir die rede stan
und suche mir die kunigin her,
so wil ich mit dir teilen
das gute lant czu Jherusalem.‘

157 Als die kunigin von Jherusalem entran,
da sprach der kunig Salmon:
‚Morolff, lieber bruder min,
du solt min botte werden
nach der *edelen* kunigin.‘

158 Da sprach Morolff der listige man:
‚richer kunig Salmon,
sit du *min* zu bruder hast verjehen,
was du mir dann gebuttest,
here, das sol alles beschehen.‘

159 Morolff ging zu Jherusalem in die stat,
einen alten juden er da rattes batt,
der was von alter wiß als der sne,
sinen grisen bart (f. 306 vb)
sach man ime uber den gurtel gen.

154 2 gelouben. 5 cleines *fe.*
155 1 Wer. kunig *fe.* 2 also)als.

157 1–2 *fe.* 5 kunigin / die uns hinnen entrunnen ist, / daz dir lone der riche Crist.
158 5 here *fe.*
159 1 Er. 2 da *fe.* 4 sinen bart so grisen. 5 im.

---

154 1 der)morolff der Ed. listig Pd. 2 her P *fe.* E. das)des P dirs E. gelouben P. enkan E. 3 *fe.* E. betrogen habe d. 4 gib dirs min P. 4f. Jch sagen iß uff die truwe myn / Sie hat dir vor gestrichen / Eyn cleynes helmelin E Jch han dir es doch lang geseyt / Sy fůrte dich an eym helmelin d. 5 zucht P. helmlin P.

155 1 Wer PE. du kunig *fe.* E. 2 wer Pd. also)als d. schön P. als)also P. absolon PEd. 3 und sunge)Süng ich dan P. als)also PE. heront P want E. 4 *So kunde ich die frauwe nit gewynnen E. Möcht P. beschloffen d. 5 hett P.

156 2 Bruder laß din rede E. beston P. 3 suchent wir P. mir *fe.* E. here SPE rich d. 5 *Zů iherusalem das gantze rich / Vnd wil gantz in dinem willen leben / Vnd wil mich dir gantz zů bůsse geben d. czu *fe.* E.

157 1 (SP *Initiale*). 1 Also P Da E. 1f. *fe.* d. 3 Ach morolff d Nu vil d. 5 edelen *fe.* S edeln d. konigin / Die vns hie endronnen ist / Das dir helffe dir riche crist / Vnd findestu die konigin here / So will ich mit dir deilen / Das gude lant czu iherusalim E küngin / Die vnß hynnen entrunnen ist / Das dir lone der riche crist d.

158 1 Morolff *fe.* P. listig P. 3 mir S mich d. zu)czu einem Pd. 4 Wes d. mir)mich d. denne P. bittest d. (E ***Bild:*** ***Morolf ersticht den Juden***). 5 here *fe.* PE. alles)alles sin P. geschehen PE beschehen / Morolff ging von salomon do / Mit frohlichem můte schiede er sich also d.

159 (E ***Überschrift:*** Hie dot morolff den judden. d. ***Holzschnitt:*** Als Morolff den juden berman erstach vnd im obert halp dem gürttel die hüt ab sandt). 1 Er ging gōn d. 2 alten *fe.* E. er)in den er d. da *fe.* PE. pflag d. 3 der)er d. was *fe.* P. Von alder was er wyß E. als)sam P alsam d. 4 *Synen bart so grissen E Syne bart grise d. 4f. Sin bart man grisen sach vber P. 5 ime uber den)uber sinen E.

160 Der jude was geheißen Berman.
da sprach der ritter lobesam:
‚nu rate du mir, Berman,
mich wil der kunig senden
nach siner frauwen wol gethan.‘

161 Er nam ine balde bi der hant,
er furte in inn ein kamennate
und wolt im raten da zu hant.
Morolff zoch uß ein messer scharff und lang,
er stach es dem juden durch sin hertz,
das *es* im an der hende wider want.

162 Morolff Salmons drut
oberthalb dem gurtel
loste er dem juden abe die hut.
er balsamte sie und leite sie an sinen lip.
er sprach: ‚nu wil ich nimmer erwinden,
ich finde dann das wunder schone wip.‘

163 Der vil listige man,
er hette der lande vil erfarn.
inn der hute ging der ritter lobesan
in allen den geberden,
als were sie im gewachssen an.

164 Morolff des da nit enlie,
vor de*n* kunig Salmon er da gie.
er sprach: ‚edeler kunig lobelich,
durch aller frauwen ere
mach mich dins gutes rich.‘

165 Da sprach der kunig Salmon:
‚die freude die ich von miner frauwen han,
mines guttes gibe ich dir nit zu vil. (f. 307 ra)

wilt du es durch got von himele
min gut ich mit dir *teilen* wil.'

---

160 1 hiez. 3 rat.
161 1 in. 2 kemenat. 4 scharff und *fe.* 5 herze. 6 wider want)erwant.
162 5 er sprach *fe.* 6 wunder *fe.*
163 5 sie im were.
164 3 Er sprach *fe.* 5 mache.
165 2 durch die. miner *fe.* 3 gibe ich dir mins gůtes.

---

160 1 hieß E. 2 der)morolff der d. 3 rat PE. du *fe.* Ed. lieber berman d. 5 labesam E.
161 1 *fe.* d. ene mit siner sne wysßen hant E. in bald P. 2 er)Vnd P. kemnatte P kemmat d. 2f. Er walde eme raden / Er furt ene yn eyn kemnaden E. 3 wolte yme geben gůtten rat d. 4 zuckt P. scharff und *fe.* E das was scharpff vnd P. 5 Vnd stieß E. es *fe.* P. dem-hertz) durch den iuden d. durch)in P. 6 er S. an) in d. wider want)want E erclang d.
162 1 trut: ⟨man⟩ P. 2 des gurtels E. 3 *Sneyt er abe des juden hut E. Lost P. ab P *fe.* d. 4 balsamate Pd. leit Pd. 5 er sprach *fe.* E. 6 finde dann)vnd P. dann)salme E. wunder *fe.* Ed.
163 1 Das P Morolff der d. man)barn P. 2 er *fe.* PE. erfaren d. 3 der hute)des alten juden hüt P. hüt d. der listige man E. 4 *In aller der geberde E (*jedoch zwischen Zeile* 1 *und* 2). 5 Als sy im PE Rechte als sie yme d. angewachßen wer P were gewassen an Ed.
164 1 des da *fe.* E. 2 dem S. Czu dem konige er E. da *fe.* P ging Ed. 3 Er sprach *fe.* E. vil edeler fürste d. kunig)kung salomon P. 5 So mach P Mache E. dines PEd. riche Ed.
165 2 Sicherlich vmb die P Dorch die E. miner *fe.* E. 3 *Geben ich dir myns gudes nicht E. Mins P. gibe)gib P des gibe d. 4 wilt – durch)Dorch den richen E. himel PE. 5 Ich eß gerne mit E. gut)gobe d. triben S.

166 Dru marg goldes hieß er im geben zu hant.
dannoch sach ime Morolff
ein gulden vingerlin an der hant.
er sprach: ‚kunig, durch die beste tugent din,
durch aller frauwen ere,
gip mir das gulden vingerlin.

167 Wann es dir zu einer gabe wol gezeme,
so wil ich es gern von dir nemen.‘
Abe zoch es der kunig rich,
er bot es ime also schone.
er neigt im vil gezugenttlich.

168 Er stieß das vingerlin an die hant
und dannen hup er sich zu hant.
Morolff der stolcze tegen gut,
das ine der kunig nit erkant,
des gewann er ein freidenrichen muht.

169 Also kam der listige man
unerkant von dem kunig lobesan.
er ging in ein schone kamenate dan,
abe zoch er des juden hut,
gut scharlach cleider leit er an.

170 Morolff des nit enlie,
vor den kunig Salmon er da gie.
er sprach: ‚kunig, durch die beste tugent din,
durch aller frauwen ere,
wo ist din gulden vingerlin?‘

171 Da sprach der kunig Salmon:
‚ich gap es einem alten grißen man.‘
Morolff lachen da began.

er sprache: ‚nu schauwe, kunig edele,
wo ich es an miner hende han.‘ (f. 307 rb)

---

166 2f. do sach erm ein vingerlin. 4 er sprach *fe.*
167 1 Wanne. einer *fe.* 2 gerne. 4 im. 5 neig.
168 2 und)von. 4 in. erkante. 5 er hohen muͦt.
169 2 lobesan)Salman. 3 schone *fe.* kemnate. san. 5 gut *fe.* scharlachen.
170 3 er sprach *fe.*
171 2 eim altgrisen. 4 er sprache *fe.*

---

166 1 rottes goldes P guldes gut E. yme Ed. geben *fe.* E. 2 Dar noch d. im P. 2f. Das sache er eyn fingerlin / Dem konige an der hant E. 3 gulden *fe.* d. der)siner d. 4 er sprach *fe.* E. liebsten tugenden P. 5 Vnd dorch Ed. aller-ere)den richen crist von hymel d. 6 So gib P.
167 1 Wanne d. zu einer gabe *fe.* E. 2 Vnd ich es ouch gerne P. gern)czu E gerne d. 3 Abe der hende zoch d. Ab P. czoche E. es)ec es S er P. kunigrich)den güldin czing P. riche E. 4 *Er gab eß eme mit der hende E. botz im P. 5 er)Morolff d. neyget Ed. yme Ed. vil)gar E *fe.* d. czüchttiglich P dogentlich E demuͦticliche d.
168 1 Das fingerlin stieß er yme / Ane syne hant E. 2 und)von Pd *fe.* E. 3 stolcze)kune E *fe.* d. tegen)hilt E. 4 ine)sin P in d. erkante P enkante d. 5 ein *fe.* E. frölichen Pd hohen E. muͦtte d.
169 1f. Morolff der listige man / Quam gar vnbekant E. lystig P. 2 lobesan)salomon Ed. 3 schone *fe.* E. dan)sam E hin dan d. 4 Ab P. czoche E. des)die Pd den E. 5 Guͦtten scharlatt P Scharlachen E Guͦte scharlach d. cleider *fe.* PE.
170 1 das E des do Pd. enließ Ed. 2 den *fe.* d. da *fe.* E. ging Ed. 3 er sprach *fe.* E. beste *fe.* E. 4 Vnd dorch E. 5 *Wem gebe du din fingerlin E.
171 2 ich gap es)Das det ich E. eim PEd. alten)also P. 4 er sprach nu *fe.* E. sprach Pd. keyser PE du künig d. edele *fe.* d. 5 miner)der E.

172 Von freuden kuste ine der kunig rich.
er sprach: ‚lieber Morolff,
    din liste sint wunderlich.
vor den kan sich nieman wol bewarn
in aller dirre welte,
    wo du wilt in dem lande varn.‘

173 Da hieß er im her fure tragen
stap und desche, das wil ich uch sagen,
die warent beide wol beslagen.
er sprach: ‚ich finde die dote kunigin
    oder ich wil es imer tragen.‘

174 Morolff ime bereiten hieß
ein schiffelin von leder,
    wann er es uff das mere gestieß,
das was mit beche wol berant.
czwei venster gabent im das liecht,
    also machte er es selber mit siner hant.

175 Die winde kundent im nit geschaden
uff dem wilden mere, das wil ich uch sagen.
er truge es an der siten sin,
als es ein bulge were.
    es friste im dicke das leben sin.

176 Er sprach: ‚vil lieber here min,
ich bevilhe dir Malen das clein kindelin.‘
Man hieß des kint her fure tragen.
er sprach: ‚ich bevilhe dir alle die lehen,
    die din vatter Morolff solte ha*ben*.‘

177 Der vil listige man
nam urlaup zu dem kunige lobesan

und zu mengem stolczen ritter her.
da wallete er mit großem jamer
nach der kunigin uber den wilden se.

---

172 1 kust in. 2 er sprach lieber *fe.* 4 wol fe.
173 4 er sprach *fe.* dote *fe.*
174 1 im. 2 ledere. 3 wann *fe.* es *fe.* stiez. 6 also meistert ez sin hant.
175 3 trůg.
176 4 al. 5 Morolff *fe.*
177 1f. Morolf urloup do genam / ze dem richen kunig Salman. 3 manigem. stolczen *fe.* 4 großem *fe.* 5 wilden *fe.*

---

172 1 kust in PE kuste yn d. 2 er sprach lieber *fe.* E. lieber *fe.* d. 3 sint)sint also gros vnd P. wunderliche S. 4 *Vor der sich nyman kan bewarn E. 5 dirre)der E diser d. 6 du in PEd. den landen d. wilt farn PEd.
173 1 *Morolff hieß yme dar dragen E. yme d. fur P. 2 stabe d. 3 *fe.* E. 4 er sprach *fe.* E. vind P. die)dan die d. dote *fe.* Ed. 5 ich-es)diß will ich E.
174 (E *Überschrift:* Hie fert morolff uber mere vnd suchet die konigin). 1 im P. ließ d. 2 Eins P. schifflin P. 3 wann *fe.* E das d. es *fe.* Ed. stieß Ed. 4 bereit P durch brant d. 5 venster)fenster glessin P glase finster Ed. eme Ed. das)ein d. 6 macht P meinstert E wurcket d. er *fe.* E. selber-siner)syn E.
175 1 wunde S *fe.* P. enkunde P. yme Ed. 2 wilden *fe.* d. das – sagen)Als wir das buch horen sagen E noch vff dem staden d. 3 trug PEd. es *fe.* E. an-sin)mit yme do hin d. 4 Eyn grosse deschen E Als ob er ein bilger wer d. 5 Er fristet S Da mydde frist er das E. yme d. dik P.
176 1–5 *fe.* E. 1 vil – here)salomon lieber brůder d. 2 myn cleines d. cleine P. 3 kindelin d. fur P. 4 er)Künig salomon d. befilch P. 5 morholff S *fe.* d. han SP.
177 1 (d *Initiale*). Morolff der d. listig P. 1f. Morolff vrlaub da genam / Czu dem richen konig salomon E. 2 zu)von d. lobesan) saloman Pd. 3 *fe.* S. stolczen *fe.* E. here E me d. 4 wolt P walt E wandelt d. großem *fe.* E. 5 nach)zu E. wilden *fe.* E. sehe S.

178 Das ich uch sage, das ist war, (f. 307 va)
er wandelt von einer burge
zu der andern vollenclich sieben jar,
bitz er kam gein Wendelse in das lant.
da schilt er das schiffelin
durch das ro*r*e uff den sant.

179 Morolff ließ sin schiffelin stan.
er sach einen alten heiden
vor im uff der strassen gan,
vil ferre von ime uff dem wege.
er rieff ime nach vil lute:
‚du must mir hier lassen din leben.‘

180 Da sprach der heidesche man:
‚neina, ritter lobesan,
du solt mich laßen genesen.
ich bin vor mangen jaren
czu Wendelse ein portener gewesen.‘

181 Da sprach der listige man:
‚sage mir, du alter heiden,
wie ist es uff dines heren burge getan?
mir ist geseit, er habe ein wunder schones wip,
die minne er also gerne,
sie si im liep als der lip.‘

182 Da sprach der heidesche man:
‚here, ich uch wol gesagen kan,
ir farwe burnet als ein rose *licht*,
ich gesach bi minen ziiten
so schone kunigin *nicht*.‘

183 *Morolff der listige man*,
er zoch uß ein messer
schone und wonesam,
es was scharff und auch lang, (f. 307 vb)

er stach es dem heiden durch sin hertze,
das es im in der hende wider want.

---

178 2 walte. 3 vollen. 6 ror.
179 2f einen alten heiden sach er gan. 4 vil *fe.* vor im. 5 im.
180 1 heidenische.
181 3 dins. 4 wunder *fe.* 6 und si im.
182 1 heidenische. 2 here-uch)da von ich. 5 so *fe.* schoner kuniginne.
183 1 *Do Morolf die rede vernam. 3 schone)was schone. 4 unde. auch *fe.* 6 in)an. wider want)erwant.

---

178 1 *Ich kan es uch gesagen zwor d. sag P. ware E. 2 wallete PE wandelte d. von)czu E. 3 völliglichen P woll yn das E Vͦllleclichen wol d. jare E. 4 Vntz das er P. 5 da – das) Morolff sleich syn E. 5f. *fe.* Pd. 6 durch)Jn E. here S. uff den sant)alczu hant E.
179 1 Syn schiffelin ließ er E. schifflin P. 2 er sach *fe.* Ed. 3 *Sache er dart here gan E er gon vor yme fant d. (E *Bild: Salomon am Ufer, Morolf im Schiff, Abschied*). 4 vil *fe.* Ed. von)vor d. von ime uff)dart an E. (d *Holzschnitt:* Als morolff vrlop nam von dem künig salomon vnd von sinen rittern vnd in bilgernis wise vber mere fur). 5 rieffe P. rͦuffte d. im P. ime nach *fe.* E. 6 hie *fe.* E. laßen hie P.
180 1 der)der alte d. 2 ritter)der rytter S werder ritter P. 3 genießen Pd leben E. 4 vor manigen ziten lang d. 5 *Eyn burgman czu wendel se gewesen E. ein *fe.* P.
181 1 morolff der d. lustige S listig Pd. 2 Sag P. du *fe.* P. mir du alter *fe.* E. 3 es vff *fe.* E. dines)eines P dyns Ed. burg PE. getan *fe.* P. 4 ist)ist vor die warheit SP. gesaget E. hab Pd. wunder *fe.* E. 5 als d. 6 sie si)Vnd sige d. als)alsam Pd. der)syn eige d. sie – der)Als synen eygen E.
182 1 der)der alte d. 2 here-uch)da von ich E Herre do von ich uch d. Her P. sagen d. 3 also d. licht)rot S. 4 ich)Jß E. geczijden E. 5 so schone)Schoner E Also schoner d. frauwen Ed. nicht)nye S.
183 1 *fe.* Sd. *Da morolff die rede vernam E. 2 er-uß) Do zoch vß morolff der listig man d. 3 schone)Das was schone E schön P was schone d. wonesam)wollgedan E. 4 auch *fe.* Ed. 5 stieß eß yme in syn E. hercz P. 6 in)an PE. hant P. erwand P want E erclang d.

184 Morolff der stoltze degen gut
den alten heiden uff gehup.
er warff ine inn einen dieffen graben.
er sprach: ‚were dich der mere fraget,
so solt du nieman nutzit sagen.‘

185 Morolff Salmons drut
sloff zu dem andern male in die hut.
einen kotzen leit er an,
einen balmen uff de*n* rucken,
ein kruge er *under* sin achssel nam.

186 Van dannen walte der tegen her
uff die gut burg zu Wendelse.
do er uff den hoff bekam,
da sach er den kunig Foren
und manigen heideschen man.

187 Sie tribent maniger hande spiel*es crafft,*
ettlich schussent da den schafft,
ir genuge stießent da den stein.
sie triben maniger hande spiel
vor dem richen kunig Foren *ein.*

188 Uff dem hoffe stunt ein linde, die was breit,
als uns die aventuer seit.
dar under stunde ein gestule wonesan,
da geturste nieman uff gesitzen,
er were dann von art ein edelman.

189 Als Morolff die rede da vernam,
nit lenge beitte da der listige man.
er hup sich uff den hoff hin dan (f. 308 ra)

vil wunderlichen balde
gein der grunen linden *gan.*

---

184 3 ine)in. ein. 4 er sprach *fe.* wer. 5 ensolt.
185 1 Salmanes. 2 die)des juden Bermans.
186 2 gut *fe.* 3 den)der. 4 den *fe.* 5 heidenischen.
187 2 ettliche. 3 da *fe.* 4 spiel *fe.* 5 dem richen *fe.* ein)under ein.
188 1 die was *fe.* 2 aventure. 3 stunde *fe.* 4 sitzen. 5 von art *fe.*
189 1–4 und were von hoher art geborn: / wer anders dar uf saz der hette den lip verlorn. / Morolf der listige man / hůp sich vil wunderbalde. 5 gan)dan.

---

184 1 stoltze degen)mere hilt E. gut)clůg d. 2 alten *fe.* E. uff)er vff Pd er da uff E. 3 warffe E. ine)in P ynnen d. eyn Ed. dieffen *fe.* E. 4 er sprach *fe.* E. wer PEd. der mere *fe.* E. nü fraget P. 5 so *fe.* E. ensolt d. du salt E. nutzit *fe.* E.
185 2 Slaffe czum E. zu-male)aber d. mal P. 2 die)des juden Bermans PEd. 3 einen)Einen ruchen P Synen E Einen growen d. leit)det E. ane E. 4 ballier d. uff)leit er vff P. den)dem S synen d. 5 ein)Eynen E. kruge)crücz P. under)vff SP. die fusse E.
186 1 Von dannen)Do d. wallete d. ritter E. here SEd. 2 gutten P *fe.* Ed. wendel see vber mere d. 3 hoffe E. quam Ed. 4 den *fe.* E. 5 mengen PE.
187 1 menger PEd. spieles crafft d)spiel S spil mit krafft p spieles *fe.* E. (P *Platz für Bild*). 2 *fe.* E. Jr ettliche d. da *fe.* P. 3 ir genuge)Etliche Ed. da *fe.* E. 4 manger PE. spiel *fe.* E. 4f. Sy hofiertent dem kunig fore / Vnd syner küngin reine d. 5 dem richen *fe.* E. ein *fe.* SP.
188 1f. Nahe by der kirchen / Als vns dyt buche seyt / Vff dem hoffe stunt eyn linde breit E. 2 ouentüre d. 3 stunde)was E. 4 gestorste P engedorste E. sitzen E. 5 wer P en were E. von art *fe.* E. edelman / Vnd were von hoer art geborn / Wer anders (sunst d) daruff saß / Der hatte den lypp (syn leben d) verlorn Ed.
189 1f. Morolff der listige man E. Als)Also d. die-da)das d. 2–190, 1 *fe.* d. da)er do P. 3 *fe.* E. 4 vil *fe.* E. wunneclichen P. 5 *Hub sich uff das gestule hin dan E. gan *fe.* S.

190 Und da er vor das gestule kam,
da saß dar uff der listige man.
da er uff das gestule gesaß,
da rugte der tegen here.
den stap stieß er in das graß.

191 Uff dem hoff hing ein taffel, wan die erclang,
der kunig Fore balde zu der kirchen trang,
nach im manig ritter lobesan.
noch dan saß uff dem gestule
Morolff der tegen lobesam.

192 Sie hiessent den ußerwelten tegen
balde strichen von dem wege.
Morolff der werde helte gut
er wolt ir keinem nie entwichen
so vil als einen einigen fuß.

193 Ein kamerer dort her fur sprang
selbe sehste, sie hetten alle stecken in der hant.
sie woltent slahen den fursten lobesan.
da erwerte er sich vil schiere
Morolff der tegen lobesan.

194 Da sprach der listige man:
,neina, ritter lobesam,
und gibest du mir einen slag,
ich vergilte es dir mit di*rre* krucken,
du gedenckest min bitz an den jungsten tag.'

195 Konig Foren lachen da began.
er sprach: ,lant ruwen den ellenden man.
ich han an sinem libe uß erkorn

und prieff an sinen geberden, (f. 308 rb)
er ist von hoher art geborn.‘

---

190 1 und *fe.* 2 dar uf saz.
191 1 hove. 2 balde *fe.* 4 dannoch. 5 der listige man.
192 3 helt. 4 keime. nie *fe.* 5 als umb einen fůz.
193 1 fure. 2 alle *fe.* 3 den kůnen man. 4f. mit sinen spehen listen / kunde er sie wol understan.
194 4 gilte dirz. dirre)der.
195 3 uß *fe.* 4 průve.

---

190 1 Und *fe.* E. er)Morolff E. 2 Dar uff saß E Dar vff da saß d. dar)er P. listig Pd. 3 da er)Morolff d. sas d. 4 da)Da uff E. růgete PE. 5 den)Synen E. stap)stab den Pd.
191 1 Uff)Jn P. hoffe PEd. hinge P hing er E. glocke d. die)die lude E. 2 bald P *fe.* Ed. 3 eme Ed. 4 Dannoch Ed. 4f. *fe.* P. 5 der)der vil d. der listige man Ed.
192 1 *Man hieß da den selben degen E. 2 Bald P Vil balde d. den wegen d. 3 werden *fe.* E edele d. helt PE degen d. 4 er *fe.* P. Wolde er E. ir *fe.* P. keym E keyme d. nie *fe.* Pd me E. eintwichen S. 5 *Als vil als vmb ein eynigen fůs P Also dure als vmb eyn fuß E Wie vil man yme gebot d.
193 1 fur *fe.* E furer d. 2 Salb PE. sie-alle)drugen sie E vnd hetten d. der)ir E. 3 sie)vnd E. fursten lobesam)kunen man E vil dugenthafften man d. 4 wert P. 4f. Mit synen spehen (grossen d) listen / Konde er sie (in d) wolde (*fe.* d) vnder (wider d) stan Ed. 5 der)den P.
194 1 *fe.* P. (d *Initiale*). der)morolff der E. listig d. 2 ritter)der rytter S ritter vil P degen E. wonesam P. 3 und *fe.* E. 4 vergült P gelden E. dirs PEd. dirre) dyrer S myner Pd der E. 5 *Vnd neme zů sture myn bettel sack d. gedechtest P.
195 2 gerüwen P. elendigen E. 3 uß *fe.* Ed. erkoren d. 4 und) Jch E. prüffe Pd erkennen Ed. an)es an d. 5 er)Das er P. geboren d.

196 Da ging zu der kirchen Fore der kunig rich,
nach im manig ritter lobelich
und darnach ging die kunigin wonneclich
und das was frauwe Salome
die schone frauwe minneclich.

197 Da sie Morolff ferest ane sach,
gern mogent ir horen, wie er sprach:
‚ist das nit Salome die kunigin,
bi minen czitten
sach ich schoner frauwe nie,

198 die uns von Jherusalem entran?
ich frauwe mich‘, sprach der ritter lobesam,
‚das ich ellender man
min langes wallen
nit verge*b*en han gethan.‘

199 Mit der kunigin gingent drige schar
schoner meigde minnecliche gefar.
sie gingent mit iren heubtern bar,
ire gebende warent smale borten.
man nam ir fur der megde war.

200 Morolff ließ die graffen und auch die frauwe vor sich gan
und bleip alles uff dem gestule sitzen *der listige man.*
da ging ime engegen die kunigin rich.
Morolff von dem gestule uff sprang,
er neigt ir vil gezogentlich.

201 Wie balde er wider uff das gestule saß!
er fluchte dem heidenschen paffen,
das die messe so lange waß.

er sprach: ,du geschanter *Sarrasin,*
was macht du hut gesingen,
das tusent tuffel mit dir sin?'

---

196 1–3 Ze der kirchen ging der heidensche man / und manig ritter lobesam / nach im die kuniginne rich. 4 und *fe.*
197 2 gerne. 3 bistu ez Salme. 4 geziten.
198 5 vergebene.
199 2 minneclich. 3 ir houbeten bar. 5 der)die.
200 1 auch *fe.* 2 *alles saz uf dem gestule der listige man. 3 gegen im ging.
201 1 Morolf wider. 3 lang. 4 du geschanter)verteilter. 5 hute.

---

196 1–3 Czu der (*fe.* d) kirchen ging der (fore der d) heidinsche man / Vnd (Noch yme d) manig ritter labesam / Noch eme die (ging die edele d) konigin riche Ed. 1 riche P. 2 lobesan P. 4 und *fe.* PEd. frouw P *fe.* E syn frouwe d.
197 (197–198 *fe.* d). 1 ferrest *fe.* E von erst P. 2 Nu horent E. er)sy P. 3 bistu es salme E. kunigin)froüwe myn Pd. 4 by) So gesach ich nye by P So yn gesach ich by E. geczyden E. 5 *Nye so rechte schöne küngin P Nye keyn schoner konigin E.
198 1 uns)myme bruder E. 2 frouw P. der edel man E. 3 ellender man *fe.* E. 4 min)min vil P. 5 vergelten S.
199 1 dry P. ging die schar E. 2 mynneclich PEd. 3 *Jr hare was uff dem heubt bar E. mit dem houbt P. bare S. 4 smale) sinwal P smal E. 5 *Vnd durch zieret mit edelm gestein clor d. ir – megde)der konigin E. der)den P.
200 1 Morolff der listige man lies P. auch *fe.* Ed. 2 und – alles)Als saß E Dannoch saß er d. als P. sitzen *fe.* Ed. der listige man *fe.* SP. 3 da-engegen)Noch eme ging E Gegen yme kam d. im P. 4 uff *fe.* P. gesprang PE. 5 *Sie neyg ym harte dogentlich E. neigte P neiget d. vil *fe.* d. gezogentclich Sd czüchtiglich P
201 1 Morolff wieder Ed. bald P. 3 die)sin E. lang PEd. 4 du geschanter)verdeilter E. saraffin d faffein S. 5 hude Ed. 6 das)Das dich d. mit)by E. mit-sin)fürent hin d.

202 Da die messe ein ende genam,
von der kirchen ging Fore der heidesche man,
nach im manig ritter lobesam.
Morolff der stolcze tegen here
begunde von dem gestule uff stan.

203 Er hub sich gein dem *gestieg* hin dan,
da die konigin von der kirchen solt gan.
der vil listig man
harte gezogentliche
ging da an ein ende stan.

204 Da sprach die frauwe wol getan:
‚biß got wilkume, wallender man!
du vil alt grises barn,
wannen komest du der lande
her in die heidenschafft *gefarn*?‘

205 Er sprach: ‚vil edele kunigin her,
ich han lange gewallet umb den wilden see,
uff gnade bin ich komen zu dir.
edele kunigin,
ein gabe solt du geben mir.‘

206 Da sprach die frauwe wol getan:
‚walle bruder, wilt du hie bi mir gestan,
ich gibe dir williclich win und brott,
das dich da von nieman scheidet,
es tuge dan unser eins dot.‘

207 Er sprach: ‚frauwe, ich bin ein sundig man,
ich mag an einer stat die lenge nit bestan.
ich wil hie rugen dritzehen nacht,
die wile heissent mir die spise geben,
schone frauwe wolgestalt.‘

208 Da sprach die kunigin her:
,Walbruder, keme du ie gein Jherusalem?
gesehe du ie kunig Salmon
und Morolff sinen bruder
den tugenthafften dinstman?' (f. 308 vb)

---

202 1 wart getan. 2 Fore *fe.* 4 her.
203 1 stige. 2 solte. 3 listige. 5 da *fe.*
204 2 got *fe.* wilkum. 5 her *fe.* dise.
205 4 kuniginne.
206 2 Waller. hie *fe.* bestan. 3 williclich *fe.* unde. 5 entuo. eines.
207 1 frauwe *fe.* 3 vierzehen. 5 wolgeslacht.
208 1 kuniginne. 2 waller.

---

202 1 messe wart gethan Ed. 2 Fore *fe.* E künig fore d. 3 nach)by E. 4 der-here *fe.* d. der kune ritter gut E. her P. 5 von-uff) uff dem gestule E.
203 1 gein)von E. sale S styg E. gein-dan)gegen dem wege d. 2 *Wanne die frouwe vß der kirchen ging d. solte PE. 3 *Das sy yme wurde begegen d. vil *fe.* P. lustig S listige E. 4 hart P ging E. gezungenlich P czuchtiglich E. 5 ging *fe.* E. da)vff E er d. an *fe.* E.
204 1 *Do ging vß der kirchen die künigin wol geton / Sy sprach d. 2 got *fe.* PE. wilkom PEd. elender E du wallender d. 3 Ja du E. vil *fe.* Ed. grisiges S gryser E. alter grisser man (bilger d) Pd. 4 komest-der)bistu her czu E. der lande *fe.* d landes P. 5 her) her jnne S *fe.* Ed. die)diese Ed. geganen S gefaren d.
205 1 vil *fe.* E. vil edele)ach d. here S edele d. 2 gewandelt P. umb)über P vff Ed. den)diesem E dem d. sehe S. 3 gnad P genade Ed. zu)har czu Pd. 4 Fil edele d. 5 ein *fe.* P. gab P. ein-geben)das glaube mir E.
206 2 Wallender P Weller E. bruder *fe.* E. hie *fe.* E. beston PE gesin d. 3 So gibe ich d. geb P. gewillicliche d *fe.* E. 4 in scheidet E. 5 truge)tů Pd in du E. eines PE beyder d.
207 1 Morolff d. frouw P *fe.* Ed. sündiger P. 2 mag)gedar E. die lenge nit)nit woll E. leng P. 3 firczehen Ed. 4 geben die spise d. 5 Vil schöne d. schone *fe.* E. so woll E. geschlacht PEd.
208 1 (P *Initiale*). **fe.* E. die)die stolcze P. here S edele d. 2 Wallender brůder P Weller E Walle brůder d. quem E. 3 Secht P. ie)ye den PEd. 4 sinen bruder *fe.* E. 5 vsserwelten P dogenthafftige E getruwen d. dinst *fe.* E.

209 Er sprach: ‚edele kunigin rich,
es sint sieben jar,
da was zu Jherusalem *ich*,
da sach ich den konig Salmon
und Morolff sin bruder
beide trurenclichen stan.

210 In was die kunigin eins gehen dots *tot*,
das clagte der furste und Morolff sin bruder,
das dett ine beiden recht not.
sie verwircktent sie in einen sarck under einen stein,
da kam der tuffel
und furte sie mit *im* heim.'

211 Die frauwe lachen da began.
sie kerte sich wider umb,
bi der hende si ine nam.
sie befalch ine dem kamerer
und bate ine, das er *dem pilgerin*
bussett alle sin swer.

212 Sie sprach: ‚ritter lobesam,
pflig wol des ellenden man.
er ist ein weg muder bilgerin.
nu sich, das zu sinen heubten
noch hinnacht stande der clare win.'

213/ Morolff truge an dem libe sin
214 ein gut pantzer von stahel,
das nam war ein junge hertzogin.
die tische richte man vor Foren dem heidenschen man,
als einem richen fursten
nach sinem adel wol gezam.

---

209 1f. Es sint siben jar kunigin her / do was ich zů Jerusale. 5 sinen.
210 1 dodes. 2 clageten die fursten. und-bruder *fe.* 3 in. rechte. 4 in einen sarck *fe.* 5 der)der ubele. 6 ime.
211 2 umbe. 3 in. 4 in. 5 und-ine *fe.* 6 *des nachtes bůzte sine swer.
212 1 Sie sprach)Neina. 3 wege. 4 nu *fe.*

213/214 1 trůg. 3 das-war)des warte. 4 heidenischen. 6 adele.

---

209 1 *fe.*E. io küngin edele d. 2 iare PE. ich zu Jherusalem SP. 5 sinen Pd. 6 beide)bede gar Pd gar E. truriglich P.
210 1 Die konigin was E. todes PE endes d. tot *fe.*S. 2 *Das clageten die fursten bede E. das)Do P. furste)salomon d. bruder) brut P. 3 das)Eß E Wan es d. in Pd. beiden *fe.*E. recht *fe.*Pd. hartte E. 4 *Sie hatten sie geleit in eynen steyn E. einen)einen großen P ein d. 5 der)der vbel heyden P der leidige E der vbel d. 6 mit *fe.*d. im)einander S ⟨mit⟩: einander P sinen gesellen d. hin P.
211 [d *Holzschnitt:* Hie befalch die küngin Morolff den bilgerin irem kamerer vnd hies yme gůtlichen tůn vnd yme wol bietten). 2 wider *fe.*P her E. 3 *Wie balde sy in by der hant nam d. bi)Mit E. in P. 4 sie)Vnd d. in Pd. dem)eyme E. 5 und-ine *fe.*E Sy hies d. bat P. 5 dem pilgerin)jm S. 6 *alle sin swere busett S. Des nachtes bůssete (husete E) PEd. alle *fe.*E allen P. sinen P sine d. swere Ed.
212 1 Sie sprach)Neina E Sie sprach neina Pd. ritter)degen E. 2 mans P. 3 wag S wol P. weg muder)swacher E. 4 nu *fe.*Ed. das)das yme d. 5 noch hinnacht *fe.*E. stand P ste E.
213/214 1 trug PEd. 2 gutte P *fe.*E. was stehelin P. 3 Des PE. nam war)nam wart P wart E wart gewar d. ein)die PE. 4 die)Den E. rachte E. von S. Foren *fe.*P dem künig foren d. dem)der E. 5 ein Pd. rechten P edele E. konige E. 6 nach-adel)Des nachtes E.

215 Da man zu hoffe die tische uff hup,
die junge hertzogin von irme gesidel uff stunt.
sie ging vor *die* kunig*in* stan (f. 309 ra)
harte gezogentliche
die schone maget lobesam.

216 Sie sprach: ‚frauwe, getorste ich mit urlaup din,
ich seite dir von dem bilgerin,
was ich in an dem libe sach haben,
ein pantzer, ist gut und stehelin,
es solt ein fromer ritter tragen.‘

217 Da sprach die frauwe wolgetan:
‚balde bringent mir den ellenden man
und fragent ine, von wannen er si uber see.
er seit mir lichte die rechte mere,‘
sprach die kunigin her.

218 Die maget hup sich von dannen zu hant
uber hoff, da sie Morolff fant.
sie sprach: ‚wol uff, ellender man,
du solt viel wonderlichen balde
vor miner frauwen kamenaten gan.

219 Sage mir, von wannen bist du uber se?
du solt auch der kunigin her
aller erste fremde mere sagen.
die horet min frauwe gerne,
sie enmag dir es lenger nit vertragen.‘

220 Da sprach der vil listige man:
‚schone maget wol gethan,
nu laß mich rugen bitz morn *ze tage*.

hort min frauwe gern fremde mere,
die kan ich ir rechte wol gesagen.' (f. 309 rb)

---

215 1 zu hoffe *fe.* gehůp. 2 von-gesidel *fe.*
216 1 Sie sprach *fe.* mit den hulden din. 4 und *fe.*
217 3 und-von *fe.* 5 kuniginne.
218 1 von dannen *fe.* 3 sie sprach *fe.* 4 wonderbalde. 5 kemnat.
219 1 Sage mir *fe.* 2 auch *fe.* kuniginne. 3 erst. 5 dirz.
220 1 vil *fe.* 3 růn. ze)gein. 4 gerne. 5 vil)rechte.

---

215 (P *Platz für Bild*). 1 *Die diesch hůb man vff vnd det sy von dan d. zu hoffe *fe.* E. die)den E. uff)er P. gehub E. 2 von-gesidel *fe.* E. gesellen P gesidele d. gestunt E. 3 den kunig S ir frauwen E. 4 hart P. dogentlich E. 4f. *fe.* d. 5 schone *fe.* P selbe E. lobesam)wollgedan E.

216 1 Sie *fe.* E. getorst P. mit den hulden E. 2 Dir sagen von E. seitt P. 3 ene E. in sach an d. dem)sinem PEd. han E tragen d. 4 ein)Eyn vil gut E. ist-stehelin *fe.* E. gut und *fe.* P. und *fe.* d. 5 solde E. fromer *fe.* E. tragen an dem libe sin P.

217 2 ellend d. 3 *Sehent vor abe er sie uber see E. und)Oder d. in P. von *fe.* Pd. uber se *fe.* d. sehe S. 4 saget E. lichte *fe.* Ed. mer P. 5 *Danne er ist aller schlackeit fry d. Also sprach P. here SE.

218 1 von *fe.* P. von dannen *fe.* E. 2 hoff)vff P den hoffe Ed. Morolff)den bilgerin d. 3 sie sprach *fe.* E. wol uff)du d D. 4 solt snelle vnd balde d D wonder E. wonderlich bald P. 5 kemnoten PE kemnat d.

219 1 Vnd sag P Oder sage d. D. Sage-wannen *fe.* E. von *fe.* d. uber) da her uber den wilden E. 2 auch *fe.* Ed. here SE edele d D. 3 erst PEd. mer d. 4 *fe.* P. myne E. gern d. 5 Sy wil dirs d. Vnd will iß nit lenger E sü wil dir es nit lenger D. es *fe.* P.

220 1 (P *Initiale*). vil *fe.* PEd. morolff der d. D. lustige S listig Pd. 3 nu *fe.* E. fruge S geyn tage E tag d. 4 Horet E. frouw d. gerne Ed. 5 *Die wil ich ir sagen ob ich mag P Der will ich ir genung sagen E Vil wol ich ir die sagen mag d.

221 Da sprach die meget lobesam:
,du must ignotte mit mir czu ir gan.'
Morolff hette angst umb den lip, (f. 310 ra)
er begunde sere furchten
Salome das mort grime wip.

222 Morolff das gebott uber gie,
die maget ine da liegen lie.
sie seite es der frauwen wolgetan.
sie sprach: ,lant rugen bitz morn tag
den vil ellenden man.'

223 Morn an dem morgen früe
kunig Fore bereite sich darzu,
er hieß ime dar tragen sin birse gewant.
der rich konig Fore
reit jagen *zu hant.*

224 An dem selben morgen frue
Morolff ging der kunigin listiclichen zu.
da er sie ferest ane sach,
gern mogent ir horen,
wie er zu der kunigine sprach:

225 ,Frauwe, wilt du triben kein kurtzewil?
so heiß balde brengen *dir*.
mir ist guttes wurden not,
ich setze dir min *houbet*
an din liechtes golde rot.'

226 Sie sprach, sie wolt es gerne tun.
da winckte sie der meide
und wande bejagen großen rum.
sie hieß balde her fure tragen

ein gut schachzabel brett,
das was mit golde wol beslagen.

---

221 3 angest.
222 2 in. sitzen. 3 seit. 4 laz rův. morne. tag *fe.*
223 1 Mornes. 3 im. 4 riche. 5 der reit. da zu hant.
224 4 gerne.
225 1 Frouwe, pfligest du keiner hande spil 5 golde)gold so.
226 1 wolte. 2 sie winkte. 4 hieß)hiez ir. 6 durchslagen.

---

221 1–5 *fe.*E. 1 wol geton d. 2 ignotte)ingenot P ietz d. czu ir) zů myner frouwen d *fe.*P. (S: *Rest von* f. 309 rb *leer,* f. 309 v *Salme und Morolf beim Schachspiel*). 3 (S *Initiale*). hett P. 4 sere)gar sere P. 5 mort grime)bose d.

222 2 (P *Initiale*). ging SEd. 2 in Pd. sitzen Ed. ließ Ed. 3 seit P. 4 lant)land in Pd laß E. bitz morn tag *fe.*E vncz morn ze tag P. tag *fe.*d. 5 vil *fe.*E alten d. edelen P. man / Die küngin sprach zů hant / Er hat durch faren manig lant / Dar zů ist er fast alt vnd kranck / Nůn wil ich gerne lossen růgen / Noch sines hertzen gedanck d.

223 (d *Holzschnitt:* Als morolff in bilg [e] rnis wise mit der küngin salome spielte in dem schoch zabel brett). 1 Mordens P Mornes d *fe.*E. dem)dem andern E. 2 bereitt P. 3 im P. birse)wis P bestes E ryt d. 4 riche P *fe.*E. 5 reit)reit do P. Der reit iagende d. zu hant *fe.*S.

224 2 ging der ging der S. lusticlichen S listeclich Pd Gar mit grossen listen E. 3 ferest)von erst P ferre E erste d. an d. 4 Nün mögent ir gerne Pd. 5 zu der kunigine *fe.*E. kungin Pd.

225 1 *Frauwe plegestu keyner hande spiel E Frouw hettestu zů keiner kurtzwile begir d. keine P. kurtzewile S kurczwile P. 2 so)Das Ed. dir balde brengen SP du balde bringen dir d. 3 ist)ist des E. 4 Er sprach ich d. houbet *fe.*S. 5 din-golde) das golt so E. golt P golt so d.

226 1 (*in* S *mit* 2 *vertauscht*). wolde Ed. 2 Sie rieffe E Sie winckete d. wingt P. 3 und)Sie E. beiagen großen)gewynnen E syn haben d. rume S. 4 sie)Vnd d. balde *fe.*E im balde P ir bald d. für PE. 5 gut)vil gůt Pd. schaffe zabel E. 6 mit) woll mit E. durch schlagen PEd.

227 Vild edels gesteines dar inne lag, (f. 310 rb)
das luchte schone alsam der tag,
smaragden und der liechte jochant.
die edel frauwe
slug dar ane mit wißer hant.

228 Das gestein was wiß und rot,
gele grune, sie wende,
sie brechte Morolff in not.
sie sprach: ‚nu zuch, du ellender man,
du kanst dich doch vil kume erwern,
ich gewin dir din heubt an.‘

229 Er sprach: ‚frauwe, was setzest du gein dem heubte min?‘
da sprach die edele kunigin:
‚drissig marg goldes solt du zu wider wette han.
da mit wil ich dir geleite geben,
ware du wilt in dem lande varn.‘

230 Er sprach: ‚frauwe, wilt du spielen gein dem heubte min,
so setze mir die schonste maget,
die du hast in der kamenaten din.‘
da sprach die frauwe wol gethan:
‚obe du das spiel gewinnest,
wie kundest du mit meiden umbe gan?‘

231 Da sprach der vil listige man:
‚schone frauwe wol gethan,
ich wil es uch nemlich sagen,
obe ich das spiel gewinne,
sie muß mir min teschen tragen.‘

232 Manige frauwe lachen da began:
‚diß ist ein cluger gryßer man.‘
sie sprach: ‚nu wele selber under in,

welliche dir aller bast gefellet,
die sol din gegen wette sin.‘

---

227 3 unde. der liechte *fe.* 4 edele kuniginne.
228 2 gel unde grůne. 3 *sie wande Morolf brengen in not. 4 sie sprach *fe.* du *fe.* 6 gewinne. houbet.
229 1 Er sprach *fe.* 5 war.
230 3 kemnaten. 4 *die frouwe lachen do began. 6 kanst.
231 1 vil *fe.* 3 dir es werlich.
232 1 Manig. 2 clug altgriser. 3 wele selber)wart da. 4 welche.

---

227 1 *Edeles gesteine vil do by lag d. edeles P *fe.* E. 2 lucht P. schön Pd. alsam)recht sam P als E. 3 Smaragend E Smacharden d. der liechte *fe.* E. 4 edele Pd *fe.* E. frauwe)schöne küngine P konigin E. 5 Die schlůg P. an P *fe.* E. wißer)ir schne (: ⟨schnene⟩ P) wissen (wysser d) PEd.
228 1 gesteine PE. 2 *fe.* d. gel P Gel vnd E. grůn P. 3 Morolff brengen in E Sie wollte morolff bringen in d. 4 sie sprach *fe.* E. nu)czu P *fe.* E. du *fe.* Pd D an E. 5 doch vil kume)nit E vil kum d. erweren Pd. 6 gewinnen Ed. houbet d. ane S.
229 1 Er sprach *fe.* E. frouw P frouwe schone küngin d. D. gein) gegen P an d D. dem)das d D. 2 *fe.* d. 3 rottes goldes P. solte P. zu)dar E. wette *fe.* E. 4 *Damit geben ich Dir geleide E. geleit d. 5 war PEd. du in das lant wilt gan E. den landen faren d.
230 1 frouw Pd. heubt E. 2 secz P. die)dor an die d die aller E. schöne P. junffrauwe E. 3 kemnatten PE. 4 *Die frauwe lachen da began Ed. 5 Ob P Sy sprach obe d. 6 kanstu mit junffrawen E. vmb Ed.
231 1 der)morolff der d. vil *fe.* PEd. listig Pd. 3 Das will ich E. es uch nemlich)dir wirlich E dir es wͤrlich d. üch üch P. 4 Ob P. 5 müst PE můste d. noch tragen d.
232 1 Menge PE. 2 diß)Sie sprachen dis Pd Du E. ist)bist E. eyn alter clůger griser P eyn hubsch (clůg d) alt grisser Ed. gryßiger S. 3 wale S warta P wart da E. selber *fe.* E. ine SE. 4 welliche)welche PE Die d. aller bast *fe.* E. 5 sol)můß d. gegen wette)one P weder wertte E gegenwerte d.

233 Morolff wißte an ein stat,
da des kuniges Foren swester saß.
er sprach: ‚wirt mir das schone megetin,
viel edele kunigin,
durch die wage ich das heubte min.‘

234 Die junckfrauwe lachen da began:
‚gut bilgerin, da werest du betrogen an,
wan der künig Fore ist der brůder min,
obe du das spiel gewinnest,
so muste es doch verlorn sin.‘

235 Als Morolff die rede da vernam,
da antworte ir der listige man
und sprach: ‚vil schone maget wol gethan,
du werdest mir dan zu pfande gesetzt,
min spiele wil ich faren lan.‘

236 Bitz er das wort ie vollen gesprach,
die junckfraue er vor im uff dem bret sach.
sie sprach: ‚nü zuch, ellender bilgerin,
ich getruwe dich falsches wol bewarn
vor der edelen kunigin.

237 Nu zuch vil edeler stoltzer tegen gut, (f. 310 vb)
du bist vor aller falsche wol behut.
du dunckest mich als ein dugenthaffter man,
obe du das spiel gewinnest,
ich wolt mich mit dir wol began.‘

238 Viel manigen zug frumet im die kunigin da,
Morolff kunde sich gehutten also.
sin liste warent so freißam,

er ließ die kunigin edele
mit den zugen vor im uff dem brette gan.

---

233 4 kuniginne.
234 1 maget. 3 wan *fe.* ist)der ist. 5 So *fe.* ez mů̊ste. verloren.
235 2 sprach der. 3 und sprach *fe.* 4 dan *fe.* gesazt. 5 spiel.
236 1 vollesprach. 2 er *fe.* saz. 3 sie sprach *fe.* 4 truwe.
237 1 stoltzer *fe.* 2 aller *fe.* 5 wil.
238 2 huten. 3 so *fe.*

---

233 1 czeugte Ed. an ein stat)in in einer stat P vff die nehste die by der küngin sas d. 2 da)Die selbe d. kunig d. Foren *fe.* E. saß)was d. 3 er sprach *fe.* E. wirt)wiltu E frouw wurde d. 4 *fe.* E. kunigin)schöne küngin P küngin herre d. 5 woget d. heubt E houbete d.
234 1 maget E. 2 gut bilgerin *fe.* E Sie sprach du armer bilgerin d. da *fe.* P. du werst P. an)daran P ane E. 3 *fe.* S. wan *fe.* Ed. Fore *fe.* E fore der d. 4 Ob P. 5 Eß muste Ed. mů̊st P. verloren Pd.
235 1 Als)Da E Also d. da *fe.* PE. 2 antwurt P sprach Ed. ir *fe.* Ed. lustige S listig P vil listig d. 3 und sprach *fe.* Ed. vil *fe.* PE. 4 denne mir P. dan *fe.* d. geseczet Pd. 5 min)Das Ed. spillen P spiel E spiel das d. faren)verlaren E.
236 1 Bitz)Als d. worte d. ie *fe.* E. wocke sprach d. 2 maget E. er *fe.* PEd. er vor *fe.* D. sach)sas PEdD. (P *Platz für Bild; Überschrift:* Hie zuchet morolff vnd die küngin Schach czafel spill). 3 sie sprach *fe.* E. zuch)czuche an E züch du d. 4 truwe d gern E. dich)din P. falsches)vor falsch E. wol *fe.* E. bewaren d. 5 Hie vor P. edelen *fe.* P.
237 1 vil)an E du dD. edeler *fe.* PdD elender E. stoltzer *fe.* E. tegen)hilt E. 2 allem P *fe.* EdD. valsch PE valschen D. vol P. 3 als)also PdD so E. tugenthafftiger PE. 4 Ob P. 5 will E wolte d. mit)gerne mit E. wol *fe.* E.
238 1 Viel *fe.* P. Mengen PE. zug)schoch doch E. formet P. im *fe.* E in D. 2 kund P begunde E. behutten P huden E gehietten D. also)wol P da also E. 3 *fe.* Pd. Syne E. luste S. so *fe.* E. 4f. *fe.* P. 4 edele konigin E. 5 den *fe.* E vor im *fe.* E. ime d.

239 Sie sprach: ‚was hilffent dich die spehen zuge din,
din heubet ist eigentlichen min.
das spiel das wirt dir noch vil leit.
den lip hast du hin gegeben,
das komet von diner dorheit.‘

240 Er sprach: ‚frauwe, gewinnest du mir daz heubet an,
das muß dan an uwern gnaden stan.
ich han erkundet vil der lant,
in aller der welt
des spieles ich nie min meister vant.‘

241 Einen alten er da uff gehup,
vil gerne er den unrecht vor die kunigin slug.
sie sprach: ‚waß hilffe*n*t dich die spehen liste din,
ich gibe dir des min truwe, (f. 311 ra)
din heubet ist eigentlichen min.

242 Das heiße ich dir abeslagen,
ich wil dir es werlich sagen,
des zuges was dir vil gach.‘
sie sprach: ‚mit einem ritter
dun ich dir matt und schach.‘

243 Er sprach: ‚frauwe, gewinnet ir mir das heubet an,
das muß an uwern gnaden stan.
lant ir mich scheiden gesunt hinnen,
ich sage imer mere,
ir sint eine edele kuniginnen.‘

244 Morolff wart die stat zu kurtz,
er ließ vor der kunigin einen großen furtz.
da sprache die frauwe wol gethan:

‚sage ane, du alter paltenere,
war umb hast du das gethan?‘

---

239 1 Sie sprach *fe*. zuge)liste. 2 houbt.
240 1 Er sprach frauwe *fe*. 2 dan *fe*. dinen. 4 diser welte 5 spils.
241 2 den kunig. 3 sie sprach *fe*. 5 houbt.
242 4 sie sprach)sich. 5 unde.
243 er Sprach *fe*. gewinnest du. 2 dinen. 3 lest du. scheiden *fe*. hin. 4 imer)es imer. 5 du sist. ein. kunigin.
244 3 *die frouwe lachen do began. 4 an. paltener. 5 umbe.

---

239 1 Sie sprach *fe*. E. hilffet S. spehen *fe*. E. liste Ed. din spehen züg: ⟨list⟩ / Jch gib dir des myn trüwe P. 2 houbt PE. ist) müs sin P das ist d. eygenlich PE. 3–5 *fe*. P. 3 das spiel)Din spiel d. das wirt)wirt E. vil)woll Ed. 4 Du hast den lypp E. hieyn geben d.
240 1 (P *Initiale*). Er sprach *fe*. E. Froüw P *fe*. d. houbt PEd. 2 dan *fe*. Ed. uwern)dinen PEd. 3 erkennet PE. 4 der)dirre P dyser gantzen d. welte-PE. 5 spiels E.--nie)noch nie P. min *fe*. E.
241 1 Ein P Den E. 2 vil *fe*. PE. den)in PE. vnrechte P czu rechte E. den künig d. 3 sie sprach *fe*. E. hilffet S. die)din P. spehen)bo͛sen d. czüge P. 4 Doch geben ich dirs myn E. gib P. min)die P. 5 houbt PEd. ist-myn)müs myn (myn eygen d) sin Pd. eigentlich E.
242 1 (S *wiederholt Zeile*). heis d. ab Pd. 2 Das wil ich dir memlich P. werlichen d. 3 Zü dem czüg P. dir)er E. vil *fe*. d. 4 sie sprach)sich E. 5 matt und)manchen E.
243 1 Er sprach *fe*. E. frow Pd. gewynnestü PE. houbt PE. ane S. 2 So müs es an P. dinen PE. genaden d. 3 lastü mich aber P Lessestu mich E. scheiden *fe*. E. von hinnan Pd gen von dir E. 4 So sag ich Pd. imer mere)iß vmmer mere E vch zů ewigen zitten d. mere zu mere S. 5 Du syest PE. ein PEd. edele)dugentriche d. küngin here PE.
244 2 *fe*. P. eyn E. 3 (P *Initiale*). *Die frauwe lachen da ḅegan E. sprach Pd. 4 Sag du mir alter P. an Ed. plattener Pd bilgerin E. 5 dis d.

245 ‚Da forchte ich den zorn din,‘
also sprach Morolff zu der kunigin.
‚ich hore wol, frauwe wol gethan,
obe ir das spiel gewinnent,
min heubt must ich verlorn han.‘

246 Die rede was Morolffen spot.
er gedacht; ‚mit heubt
wirt noch wol erledigett.
wir sollent wechsseln die stat.‘
Morolff durch große listen
die kunigin heruber sitzen batt.

247 Aller erst sach er ir durch die hant, (f. 311 rb)
da er sie mit dem golde hette durch gebrant.
da ir die sun*n*e durch den hentschuch schein,
aller erst bekante er sie rechte.
er slug ir n*o*ch eine*n* stein.

248 Morolff hette gefurt uber se
nach der edeln kunigin her
ein alrot gulden vingerlin,
da was mit spehen listen
ein nachtegal schone verwircket in.

249 Er stieß das vingerlin an die hant,
die nachtegalle hup uff und sang,
daz es als rechte susse erhall.
die kunigin besach das vingerlin,
bitz das er ir ein ritter und zwen fenden verstall.

250 Mit freuden er obe dem dische saß,
die kunigin schauette die nachtigal,
bit sie der schachzabel stein vergas.
da mit erwerte er ir das spiel,

Morolffs kurtzewile
wart vor der kunigin viel.

---

245 2 also *fe.* 4 ob du. gewinnest. 5 verloren.
246 1 Morolfes. 2 houbet. 3 erledigot.
247 3 ir *fe.*
248 1 gefůret. 2 edelen. 5 schone *fe.*
249 2 nachtegal. 3 als rechte)also. 4 sach das vingerlin an. 5 zwene.
250 1 brete. 3 steine. 5 kuniginne.

---

245 1 Da)Er sprach so P Ach do d. czorne PE grossen zorne d. 2 also *fe.*E. 3 (*in* E mit 4 *vertauscht*). hore wol)ho̊re d. frouwe lobesan P edele konigin E. 4 *fe.*P *Gewinnestu mir das spiel an E. 5 So müs ich das hobt P Ich můste myn houbt d. min)Das E. ich)er E. verloren Pd.

246 1 was)was aber PE. Morolffen)morolff ein Pd morolffs E. 3 noch *fe.*PEd. erlidigot P geledigt sommer got E. 4 Er sprach wir P. 5 durch)tet das durch P mit E durch die d. grossen PEd. list: ⟨haß⟩ P liste sin d. 6 *Er sprach edele künigin herre / Jch setze mich an üwer statt vnd ir an die myn / d.

247 2 sye hette mit d. dem *fe.*PE. brant d. 3 Die sonne ir durch d. ir *fe.*E. sunde S. 4 erste d. kantte P kant E bekant d. sie)sich P. recht Pd. 5 nach S naher E. einem S. schlug nach ir hende ein P.

248 1 hett P. gefuret P ouch gefuret d. 2 edelen Pd *fe.*E. 3 Von golde ein rotes d. alrot)schön rot P alczu rot: ⟨hant⟩ E. 4 da) Das P. spehen)starcken E meisterlichen d. künsten d. 5 schon d *fe.*PE. gewirczet P gewircket E. ine SE.

249 1 Das fingerlin stieß er yn die E. Er)Sie P. die)syn d. 2 Do hub die nacht gal an vnd P. nachtigal E. uff)an d. 3 als)so P also Ed. rechte *fe.*Ed. erhalle S erschall d. 4 besach) schouwete do P sach E sach zů d. das)dem d. fingerlin an E. 5 das *fe.*PE. einen d. ein-und *fe.*E. fenden)steyn E. verstalle S gestall E.

250 1 (SPdD *Initiale*). ob Pd ober E. brette PEdD. 2 beschoutte P schante E horte dD. der nacht gallen zů dD. 3 vncze P Bit das E. der *fe.*E. schachstein P schach vnd stein E. 4 erwert P werte PE. ir *fe.*E. 5f. Er gewanne eins louwen můtte / Vor (ffur D) der küngin hette er kurtzwile vil (vil *fe.*D) dD. 5 kurtzewile)der wiczen wiel P. 6 wart)Mochte P. vor *fe.*E. czu vil E.

251 Er sprach: ,frauwe, ist dir das spiel erwert,
hat der ellende bilgerin sin grawes heubt ernert.'
Morolff hub uff ein st*i*m, waß fr*a*m,
da mit er der kunigin edele
ir freude harte vil benam.

252 Er sang baß dan keiner slachte man, (f. 311 va)
alles das was freudenrich,
das den done von ime vernam.
die stime die waß wonesam,
als sie der künig Davit
uß drien buchern nam.

253 Da sprache die frauwe wol gethan:
,walle bruder, wo lertest du die stim wunesam?
es ist manig tag, da horte ich sie
vor *des* vatter disch *min*.
du manest mich großer eren,
von den ich muß gescheiden sin.'

254 Er sprach: ,viel edele kunigin,
ich was ein spielman und hieße Stoltzelin.
gut ich durch eren man,
durch den richen got
han ich mich es abe gethan.

255 Edele kunigin her,
ich han lang gewandelt umb den wilden see,
uber die berge und durch die dale,
kein lant sich nie vor mir ver*barg*,
es were breit oder smale.

256 Ich kam zu Gilest inn die heubt stat,
da die sunne ir gesidel hat.
da bi liit ein lant, heißet Endian.

da leret ich die wise
schon und wunnesam.

---

251 1 Er sprach *fe.* 2 grawes *fe.* 3 sin stimme ūnd sang.

252 2 wart. 4 ein wise. 6 uz dien alten lieden.

253 2 waller wa lerntest du den sang so. 3f. tag deich in vernam / vor dem dische des vater min.

254 3 ere. 4 got von himele.

255 1 kuniginne, 2 gewallet. umbe. 3 dal. 4 verbarg. 5 smal.

256 2 gesidele. 4 lernte. 5 schone unde.

---

251 1 Er sprach *fe.*E. nu han ich das E. froüw Pd. spiel *fe.* E. 2 Nu hat E Hat nůn dD. ellende)arm P. grawes *fe.* PEd. erwert P ir neret Ed. 3 Morolff)Er E. hub uff)sang P. ein stim waß fram)ein stem waß frome S ein stim die was fran P eynen steyn / Die was freuden rich E vnd sang sin styme was wol geton dD. 4f. Die in duchte die konigin nit glich E. 5 harte vil)hart sere P.

252 1 baß-slachte)so woll das ye kein E. dekeinre d. 2 wart Ed. 3 den done)dan P die steyn E. don d. von ime *fe.*E. im P. 4 Eyn wise E. die *fe.* P. 5 der *fe.* P der edele d. damyt S. 6 drien)drin (dryen d) vil alten Pd den alden E. buchern)bücheren P leiden E. name S.

253 1 konigin E frouw d. 2 Wallender brůder P Weller E. lernte E. lerstu P. den sang so E dise styme so d 3 manig)vil menig Pd. da)Das P*fe.*d. ich sy hortte P ich horte sie d. 4 vor)Vber E. mynes vatter disch S. 5 ermanest Pd. 6 Dan abe muß ich E. můß ich d.

254 1 Er)Morolff d. 2 hieß Ed ein P. Stoltzelin)jünglin P. 3 eren) die ere P. 4 durch)Nůn han ich es durch d. Crist von himel P got von hymmel E. 5 So hab ich mich des nůn ab P Mich syn alles abe d.

255 1 *fe.*P. Dar zů edele d. here S Ed. 2 lange PEd. gewallet Ed. umb)Jn E vber d. den)dem E. 3 die berge)bruch E. durch)über PE. die *fe.*Ed. tall PE. 4 *Jch han alle wege durch wandelt d. Nie kein E. vor mir nie P. verhal S. 5 Sy sigent breit d. wer P. schmall PE.

256 1 Da quam ich E. zu)gon d. syles P geilat E. 2 sunne ir: ⟨sunde ir⟩ S. ir)wider abent ir P. ir gesidel)den nydergang d. 3 *fe.*d. bi)jnne E. das heyßet P. yndean PE. 4 lert P lernte E. dise d. 5 *so schon vnd so wunnensam P Frauwe woll gedan E wol geton d.

257 Sit enhort ich ir nit me,
dan in der guten stat zu Jherusalem (f. 311 vb)
vor dem kunig Salmon.
da sang es ein hertzog, hieß Morolff,
sin lip was schone und wunnesam.'

258 Da sprach die frauwe wolgetan:
,nü swig und laß die rede stan.
du bist Morolff, Salmans man.
kumet mir der kunig Fore,
es muß dir an din leben gan.'

259 Er sprach: ,frauwe, d*e*s du zühest mich,
des wil ich mich enreden wider dich.
da ich Morolff zu jünste sach, das ist war,
sin bart was im dannoch nit entsprungen.
nu schauwe, nu han ich grawes har.'

260 Da sprach die frauwe wol getan:
,du bist Morolff, Salmans man.
du brantest mich durch die hant, das dette mir we,
ich gibe dir mine truwe,
du gesiehest Jherusalem nimmer me.'

261 Als Morolff die rede vernam,
abe zoch er die juden hut
und warff die ferre von im hin dan.
sin hare was schone kruß und val.
er sprache: ,edele kunigin,
nu schauwe Morolff uber al.

262 Muß es mir an min leben gan,
ich thun dir ee vil zu leide, (f. 312 ra)
schone frauwe wol gethan.
ja du verch ungetruwes wip,

ich han nach dir erwallet
vil manigen heidenschen stig.

---

257 2 wan. 3 kunige. 4 da *fe.* sangs. herzoge.
259 3 jungest wart gewar. 4 dannoch)noch. 5 nu schaüwe)sich.
260
261 3 von im *fe.* 4 har. 5 er sprach *fe.* kuniginne.
262 2 dete. ee *fe.* 6 heidenischen.

---

257 1–5 *fe.* P. 1 *Sint gehort ich sie nie me E Sus han ich sy nie gehöret / Wie wol ich bin ein altgriser man d. 2 *Danne zů iherusalem in der burge schon d. dan)wan E. zu *fe.* E. 3 dem) dem edelen d. konige E. 4 da *fe.* E. es)sie E. morolff genant d. 5 *Der was eyn hubscher man E Er ist der schonest man einer / Den ir in syben iaren kume gesehen hant d.
258 1 küngin d. mynneclich P. 2 Nü *fe.* E. bestan Pd. 3 Morolff) selber morolff Pd morolffs E. 4 Vnd kümet P. der *fe.* P. 4f. Jch geben dirs myn druwe / Du enkommest nummer von dan E.
259 1 frauwe *fe.* P. frauwe des *fe.* E. das S. 2 mich enreden) yetz verantwürten P mich nit schuldigen E. mich-wider)wol wider sprechen d. 3 leste E hynderst d. sach-war) wart geware E. 4 Do was im sin bart nit P. eme Ed. dannoch)noch Ed. 5 Nů beschouwe mich so han P Sich was han E Nůn schoue wie han d. graer E. hare SE.
260 2 *Swige laß din rede stan E. Schwig du P. künig salomons d. 3 (P *Initiale*). das)es P. tet Pd dut E. 4 gib P. dir)dir des Pd dirs E. myn PEd. 5 beschöuwest P enkommest E. Jerusalem)heim E.
261 1 (d *Initiale*). Als)Da E Also d. 2 Ab P. czuche E. 3 und) Er P. warffe E. ferre *fe.* d. von im *fe.* E. yme d. 4 har Pd. schon d *fe.* P. kruß *fe.* E. geluar E. 5 Er sprache *fe.* E. vil edel P. küngin herre d. 6 nu *fe.* E. beschöuwent P. alle S.
262 1 min)das E. (d *Holzschnitt:* Hie stot morolff by der küngin vor dem schoch zabel bret vnd zoch die iuden hüt abe vnd gab sich der küngin zů erkenen). 2 dede E. ee *fe.* E. 3 *Alles das ich erdencken kan d. schone)Edele E. 4 verch)übel P frech d *fe.* E. 5f. *fe.* E. gewallet P. 6 vil *fe.* P. mengen P manigen hertten d.

263 Des laß du, frauwe, geniessen mich,
einen steten frieden *mir ver*sprich
untze morn, das es werde liecht,
edele frauwe,
so bit ich lengers frieden nicht.‘

264 Da sprach die frauwe wol getan:
‚nu swig und laß die rede stan.
du bist als ein listig man,
werent dusent sloß vor dich getan,
man kunde dich nit gehan.‘

265 Morolff hette angst umb den lip,
er forchte das mortgrime ubel wip.
der vil listig man
grosse sorge er da gewan,
eß muste im an daz leben gan.

266 Morolff die kunigin nit enließ,
untz das sie ime ein steten frieden verhieß
untze an den andern morgen fru.
Morolff lag mit großem flehen
da der edeln kunigin *zu*.

267 Da die sunne under ir gesidel solt gan,
Morolff ging vor die kunigin stan.
er sprach: ‚edele kunigin her,
nu laß diner kamerer einen
mit mir ein kurtzewile *gen*

268 zu des wilden meres tran. (f. 312 rb)
viel schone frauwe wol gethan,
wer morn gelebet den mitten tag,
der hat auch kurtzewile,
so er imer beste mag.‘

---

263 3 ez morne. 4 kuniginne.

264 3 ein also. 4 werent)der. getan)sluzze.

265 1 angest. 2 ubel *fe.* 3 listige.

266 2 das *fe.* im. gehiez. 3 unz. 4 grozer flehe. 5 da)vor. zu)do.

267 1 sunne ze sedele solte. 4 nu *fe.* 5 mir kurzewilen.

268 2 viel *fe.* 3 morne.

---

263 1 du)mich E doch d. frouw Pd. mich *fe.* E. 2 Gip mir einen S Vnd gib mir ein (ein *fe.* E)PE. mir versprich d vnd sprich S *fe.* P in dirre czijt E. 3 vncz P bit E Bitze d. morn-es)das ich morolff P eß morne Ed. wirt E. liechte S. 4 Vil edele d. kungin PE küngynne d. 5 so-ich)ich bede dich E Ich begere d. lenger PE.

264 1 (P *Falsche Initiale:* M). 2 Nu *fe.* E. schwige P. beston Pd. 3 ein also PE gar ein d. 4 Der tusent schlösser (sloß E) für dich tet (slosse E) PE legest du vnder dusent slossen d. 5 in kunde E moͦcht d. dich)dich vor jne S din P. nit)nit do in P dannoch nit d. behan P.

265 1–4 Do gewan groß sorg de morolff der listig man / Er gewan angst vmb den lip / Vnd begunde sere förchten / Salome das mort grime wip P. 1 Da hatte morolff sorge vmb E. 2 mort)ubel E. ubel *fe.* Pd. 3 der)Do gedacht der d. lustig S listige Ed. 4 *Er fochte sicherliche E Es welle sich dan anders schicken d. 5 *fe.* P. solde E muͦß d. Yme E mir d. daz)myn d.

266 1 die)der P. nit)vnbetten nit d. 2 Biß PEd. das *fe.* Ed. im P. ein *fe.* E einen d. hieß E do an sin hant gehieß P gehieß d. 3 Vncz P Bit E Bitze d. anderen d. 4 grosser flehe E wunderlichen gedencken d. 5 do)vor Sd *fe.* E. edelen Pd *fe.* E. zu)da Sd.

267 1 Vnd do P. under ir gesidel)an dem abende vnder gesidele P czu gnaden E. ir gesidel *fe.* d. solte PE wolte d. 2 frauwen E. 3 vil edele P. here SEd. 4 Nu *fe.* Ed. dinen S. 4f. Los mit mir spatzieren gon / Einen dinen kamerere d. 5 ein *fe.* PE. kurczwilen P *fe.* E. gan SPd.

268 1 Hin czu P. 2 viel *fe.* PE. 3 morne PEd. 4 hat)hab Pd. auch)den P *fe.* d. kurzwil P. 5 so)ob Pd. er imer)man aller E. imer beste *fe.* Pd.

269 Da sprach ein alt *sa*ra*s*in:
,des solt du im nit versagen, vil edele kunigin.'
mit ime ging die frauwe wol gethan.
sie nam zu iren handen
wol setzig heidensche man.

270 Sie gingent *schouwen* zu dem se.
Morolff sprach zu der kunigin:
,wollent ir mit mir gan gein Jherusalem?'
sie sprach: ,swig und lasse die rede stan.
du hast mir zu Jherusalem
der großen leide vil gethan.

271 Ee das es hie ein ende hat,
ich schaffe, du beschouwest nimmer die gut stat.
du must mir buwen einen ast,
ich gibe dir es mine truwe,
ich wene, ir sit wolgebrast.'

272 Er sprach: ,so muß got der selen pflegen.
mich sante nach uch der ußerwelte tegen,
der uch langeziit verlorn hat.
owe der grossen swere,
wan sol dar umb üwer ummer werden rat.'

273 Er sprach: ,viel edele kunigin her,
noch laß dine*r* kamerer einen
mit mir gan czu dem see. (f. 312 va)
ich wil dem rore min sunde clagen.
du weist wol, edele kunigin,
ich enmag anders nit priesters haben.'

274 Da sprach die edele kunigin:
,dich helffent nit die grosse*n* liste din,
du must mir hie lassen din leben.'

sie nam ine bi der hende,
wider ine furte sie den ußerwelte*n* degen.

---

269 1 alter. 2 vil *fe.* 3 im. 5 heidenischer.
270 3 wilt du. gan *fe.* 4 sie sprach *fe.* laz.
271 1 E morne der tag ein. 2 ich schaffe *fe.* gůte. 3 dirs. 5 irs.
272 1 Er sprach *fe.* 2 uch)dir. 3 daz er dich verloren. 5 wan *fe.* sol der nimmer werden.
273 1 Er sprach *fe.* viel *fe.* kuniginne. 2 noch *fe.* 5 nit anders.
274 2 enhelfent. grossen *fe.* 3 lan. 4 in. 5 in.

---

269 1 alter PE alte d. sarasin Ed seraffin S sargant P. 2 des)Das Pd *fe.*E. Du ensalt iß nicht E. vil)Du vil P Der E *fe.*d. kunigin/ Wollent jr mit mir gan S. 3 Mt S. mit ime)Czu hant E. im P. 5 wol setzig)Vil mengen P Sechtzig E. heydenschen P heidinscher Ed.
270 1 schon S. sehe S wilden se E. 2 zu der)frouwe edele d. 3 wiltu E. mir *fe.*P. gan *fe.*PEd. gein)ze P *fe.*d 4 sie sprach *fe.*E. nůn swig d. und *fe.*P. la P laß Ed. die)din E. beston Pd. 6 der großen)vil der P vil czu E.
271 1 das-hie)morn der dag / Jch geben dirs myn druwe E. es-hat)du yemer komest hinen P. 2 ich schaffe *fe.*E. du)das du P. geschauwest Ed. die)me / Jherusalem die gutten Pd. stat)stat vssen vnd ynnen P. 3 ein P hie eynen E. 4 *Des soltu fur war sicher sin P. dirs E dir des d. 5 *fe.*P Salomon můß din werden ein gast d. ir sit)iß dir nie E. wol *fe.*E.
272 1 Er sprach *fe.*E. so)nü D. muße P. der)myner dD. 2 uch) üch salomon P uch uß E dir salomon dD. ußerwelte)edele d. 3 *fe.*P. der)Das er E. uch)dich dD. langeziit *fe.*E so vngern dD. 4 *Můs er mich nůn auch verlieren dD. der)der vil P. schwer P. 5 wan-ummer)Sal der nommer E So mag syn vbel d so mag ym niemer D. yemer üwer P.
273 1 (d *Initiale*). Morolff sprach d *fe.*E. viel *fe.*PEd. here SPE. 2 noch *fe.*Ed. dinen S. ein P. 3 an den P. sehe S. 4 *Dem ich myn sunde gedorre clagen E. dem)der P. 4 du edele S. 5 mag PE. anders pfaffen nit P nit anders paffen E anders priesters nit d. gehaben PEd.
274 1 (*in* E *mit* 2 *vertauscht*). Da *fe.*E. Da-kunigin)Sie sprach P. 2 Was helffent dich d. enhilffent E. grosse S *fe.*E spehen d. 3 mir *fe.*E. lossen hie d. 4 in d. in do by P. 5 Sie fürte wider den P. wider-sie *fe.*E. in d. vßerwelte S.

275 Sie befalch den stoltzen ritter balt
zwelff heiden in ir gewalt.
sie sprach: ‚behutent wol den listigen man,
und entrinnet er uch von hinnen,
es muß uch allen an das leben gan.‘

276 Man furte den dugenthafftigen man
in ein schone kamenaten hin dan.
mit ine ging die edele kunigin.
sie saßent bieinander
und hettent vil rede under in.

277 Ein kamerer zu der kunigin sprach:
‚ir mogent wol gan an uwer gemach
und mochtent wol ane sorge sin,
daz er uns nit entrinnet,
dar ane setze ich das heubt min.‘

278 Die kunigin da slaffen gie,
Morolff sie inn der kamer lie.
bi den dienern saß der tugenthaffte man, (f. 312 vb)
er seite ine fremde mere,
bitz sie alle sleffern began.

279 Morolff husten da began,
da verlasche das liecht, das e bran.
da sprach einer der heidensche*n* man:
‚nu sage, ritter edele,
war umb hast du das gethan?‘

280 Er sprach: ‚das wil ich dir verjehen,
wann es ist mir ane alle schulde beschehen.
heiß ein ander liecht her fur tragen,
so sollent wir sicherlich
gute kurtzwile haben.

281 Nu heißent entzunden ein ander liecht,
diß wolte schone burnen niht,
und stent zwen oder dri vor die dure,
so mogent ir ane alle sorge bliben,
das niemand komet da hin fure.‘

---

275 3 sie sprach *fe*. 4 und *fe*. 5 allen *fe*.
276 1 dugenthaften. 2 schone *fe*. 3 im.
277 3 mogent. 4 nit)icht. 5 houbet.
278 1 kuniginne. da *fe*. 3 den dienern)in. 4 in.
279 3 einer der)ein. heidenischer. 5 umbe.
280 2 wann *fe*. an. 3 fur *fe*. 4 soln. sicherliche.
281 1 heiz. 3 oder dri *fe*. dur. 4 alle *fe*. bliben)sin. 5 fur.

---

275 1 befalch-balt)befale ene der ritterschafft E. balde d. 2 Den zwelff S. iren Pd. 3 sie)Vnd d. sie sprach *fe*. E. nü behuttent P Nu plegent E behalten d. des listiges E. 4 *Jch geben iß eme myn druwe E. und *fe*. Pd. 5 uch)yme E. allen *fe*. Ed.

276 1 Da wiste man den P. dogenthafften Ed. 2 in)Vor E. schonen P *fe*. E. hin dan)wunesam d. 3 inen P yme Ed. 4 Da: ⟨das⟩ saßent sy czü einander P. 5 *fe*. P. und)Sie E. jne SE.

277 1 (S *Initiale*). Myn S Er P. frauwen E. 2 Jr sollent gan E Frouwe gont d. 3 und)Jr E. mögent PE sollent d. wol *fe*. d des E. ane)on alle P an Ed. angst E. 4 Er mag vns d. nit)icht E. 5 an PEd. secz P. leben P houbet d.

278 1 Die)Die edele d. da *fe*. Ed. gieng PEd. 2 sie)by inen do P *fe*. E. kemnaten PEd. ließ Ed. 3 den dienern)ene Ed. tügenthafftig P. 4 seit E. in Pd. 5 Vntz das sy P das sy d. schlaffen Pd.

279 1 *fe*. P. da husten da S. 2 da)Er E Vnd d. lasch P leschte E. e)schöne vff dem tische d. 3 einer der)ein PEd. heidensche S. 4 *fe*. d. nu sage)Sage ane eyn E.

280 1 Er sprach *fe*. E. kan d. dir)dir nit Pd. 2 wann *fe*. Ed. mir *fe*. E. an d. alle *fe*. P myne E. geschen E. 3 heissent P hieß E. fur *fe*. Ed. 4 *Ich giben dir myn truwe d. so)Da by E. sicherlich)erst E. 5 gut P *fe*. E Wyr woͤllent d. kurcz wil PEd. sagen E.

281 1 Nu heißent)Heiß d *fe*. E. czunden P Her vor dragen E. 2 Das E. enwolte P. schone)doch d. brinen Pd. 3 Stent uwer czwen vor E. das Tor P. 4 an Ed. alle *fe*. Ed. angst E. bliben)sin PEd. 5 nieman)ich nit d. get her vor E komen darfür d. vor P.

282 Und ee das liecht wart bracht, (f. 313 va)
Morolff hette sich bedacht.
bi im stunt ein kopff rot guldin,
dar ine schanckte er dalen *trank*
us sinem klügen barellin.

283 Da entzundet wart das liecht,
er sprach: ,ir heren, durstert uch niht?
so drinckent uß dißen claren win.
es ist vil guter win *von Cipperlant,*
mir ließ ine die edele kunigin.

284 Es mag dem tage wol nahe sin,
ir sollent uß drincken disen win,
sit mir das gut nit zu statten kan komen
gegen der vil edelen kunigin,
also ir helden wol hant vernomen.

285 Es muß mir an min leben gan,
nu wartent, helden lobesam,
sit mir das gut nit kan gewegen,
so sollent ir uß drincken dißen win,
den kopff wil ich uch zu eigen geben.'

286 Er gabe *in* dem besten in die hant.
sie drunckent vast
und vielent nider uff das lant.
das sach ein heidensche*r* man,
der hett den kopff inn siner hant,
er begunde die andern sehen an.

287 Da sprach der selbe heidensche man:
,war umb hant ir diß getan, (f. 313 vb)
das ir uch wollent slaffen legen?

entrinnet uns der cristen,
es gat uns allen an unser leben.'

---

282 1 Und *fe.* 4 in.
283 2 durstet. ieht. 3 claren fe. 4 vil guter *fe.* Apperlant. 5 in.
284 2 solnt. 4 gein.
285 4 so drinken uz.
286 1 Dem besten gap er in. 2 vast *fe.* 3 sigen. nider *fe.* 4 das sach)wan. heidenischer.
287 1 selbe *fe.* heidenische. 2 umbe. 5 unser)daz.

---

282 (S *Bild zwischen* 281 / 82: *Heiden betrunken*). 1 Und *fe.* PEd. ee *fe.* E. wurde P. 2 Da hette sych morolff wol P. het d. sich)sich balde E sich wol d. 3 Das by P. eme Ed. rot *fe.* E. 4 dar ine)So P. schanckt PE. er)er in P. win Sd getranck P drang E. 5 Vsser S. syme Ed. klügen)cleinen P gůten d *fe.* E. berlin P bercklin E.
283 1 (d *Initiale*). was P. 2 er)Morolff E. türst P dorstet Ed. icht Pd. 3 so *fe.* E. claren *fe.* E. 4 *fe.* E. vil guter *fe.* d. win)kospar win S. von Cipperlant *fe.* S Clipperwin P von apperlant d. 5 Den ließ mir E. in Pd. kunigin edele S.
284 1 wol *fe.* E. 2 Wir sollen E. uß *fe.* E. getranck P. 3 das) keyn E. nit kan zů P nit mag zů d. nit-komen) komet czu staden E. 4 Geyn der edele E. (d *Holzschnitt:* Also morolff ein güldin kopff nam vnd darin wyn schenckete vß sime barellyn vnd gab den heyden zů drincken die syn hůten solten das sy alle entschlieffen). 5 *fe.* E. also)Als P Das hant d. held P.
285 2 nu *fe.* E. Horent E. ir heilde d. 3 mir niemant kan gehelffen P. 4 So drincke uß Ed. 5 den)Dem P Der E. wil *fe.* P sal E. ich-zu)uwer E. geben)gib P sin E.
286 1 Dem besten gab er den kopff in (*fe.* E) PE. in)es S. lesten d. 2 vast *fe.* E. vielent nyder)segen E. nider-lant) wider die want P. 4 das sach)Byt an E. ein)da ein P. heidensche S heydesch P. 5f. *fe.* P. hatte E. siner)der E. 6 er)Vnd Ed. begunde) sach E. sehen)alle E.
287 1 selbe Ed. 1f. Er sprach czu den andern wz wollent ir began P. 2 O ir heilde war vmb d. 3 wöllent uch d. 4 Jr wüssent wol entrun P. der)diser d. kristen man P. 5 Das můst vns an P. unser)das Ed. leben gan P.

288 Da sprach der listige man:
,es ist durch ein schimpff getan.
belibet dir allein dirre win,
wann du ine ußgedrinckest,
    der kopff muß din eigen sin.'

289 Also der heiden da getranck,
im enpfiel der kopff und seige nider uff ein banck.
Morolff der stoltze tegen gut,
der wart von sorgen da erlost,
    des gewann er ein freidenrichen müt.

290 Ein schere nam er uß der teschen, daz ist war,
obe den oren sneit er abe den zwelffen das har.
er nam ein scharsas in die hant,
er schar igelichem ein blatte
    mit siner ellenthaffter hant.

291 Als *das* Morolff hette gethan,
er hup sich zu der porten
    und hieß sich den dorwechter uß lan.
er sprach: ,ich muß uff den wilden see
vil wunderlichen balde
    vischen der edel kunig*in* her.'

292 Da sprach der heidensche man:
,nu getar ich niemant uß lan,
ee es morne werde tag.
mir verbott es die kunigin selber, (f. 314 ra)
    vor war ich uch das sagen mag.'

293 Morolff der mere helte gut,
zu dem portener in ein kamer er sich hup.
er sprach: ,portener, drut geselle min,

entsluße mir die porte,
  also recht liep als ich *dir* si.

---

288 2 einen. 3 blibet. aleine. 4 als du in.
289 2 seig. uf daz lant.
290 2 zwelfen abe. 4 iglichem eine.
291 4 er sprach *fe*. 6 edelen. her.
292 1 heidenische.
293 1 helt. 2 er *fe*. 3 er sprach *fe*. dorwechter. 5 *als liep ich dir moge gesin.

---

288 1 morolff der d. listig Pd. 2 *War vmb hant ir diß getan E Sy woͤllent mich veruschen / Obe ich welle hynnen gon d. schimpff) früntschafft P. 3 Schwig belibet P. alleyne E. der P disier d. 4 Wen P Als E. in Pd. 5 So muͦß der kopff P. muß)sal E.
289 1 Also)Do PE Also balde d. da)den win vs P. 2 im)Jn P Eme Ed. seige)vil P seyg E sang d. nider *fe.* P. ein)die Pd das E. lant E. 3 (SP *Initiale*). kune hilt gut E. 4 der *fe.* d Er E. da *fe.* E bald P. 5 eynen E. frölichen P hohen E.
290 1 *Er nam eyn schere in die hant E. scher d. ware E. 2 *Vber halb den czwolfften / Sneyt er yne abe das hare E. Ob P Obert halb d. schriet P. er den (P *doppelt*) czwölffen ab Pd. 3 scharsach Pd. 4 er)Vnd P. ir yglichem P in allen d. ein *fe.* d. platt P. 5 *Er sprach nuͦn sigent ir heide all sant d. elenthafften E.
291 1 Also P Da E. das)da es S nuͦn das d. morolff das E. hat P das hatte E. 2 hup sich)lieff hin P ging E. 3 (*in* d *mit* 5 *vertauscht*). und *fe.* d. torwart P portener d. 4 er sprach *fe.* E. sehe S. 5 vil *fe.* E. 6 Vil balde fischen d. der)der vil P. edelen Pd *fe.* E. -kunig S. here SEd.
292 1 Der torwartte sprach zu im do P. (P *Platz für Bild*). 2 Ich getar PE. 3 ee)e das Pd Biß E. morn d. werdet E. 4 Iß verbott mir E. gebott d. die)min fröuw die P. 5 Verware E. uch *fe.* PE.
293 (d *Holzschnitt:* Also morolff den portener vnd syn frouwe zuͦ tode slug vnd in die slussel nam vnd sich selber vs ließ). 1 mere *fe.* E vil stolcze P vß erwelte d. tegen Pd hilt E. 2 Sich zu dem torwechter P. ein)die PE. kemnaten P Ed. er *fe.* PE. 3 er sprach *fe.* E. portener *fe.* P dore wechter Ed. 4 Sluße E Nuͦ entschluß P Entschließ d. mir)mir vff PEd. 5 Als PE. recht *fe.* Ed. als *fe.* PEd. dir *fe.* S dir möge PE dir mag d. gesin Pd sin E.

294 Er sprach: ‚wilt du hinnacht wißheit sehen,
ich sage dir, was dir diß jare
an dinem libe sol beschehen.
das zeige ich dir mit einem finger an einem sterne.‘
da sprach der portener:
‚dar umb entsluß ich uch vil gerne.‘

295 Die slußel er in die hant genam,
gegen der porten ging der heidensche man.
Morolff hup uff eine*n* stein,
er slug dem portener
das hertze in dem libe entzwei,

296 das er dot viel nider uff daz lant.
die frauwe kame da gelauffen zu hant.
mort wolt schrien das wip.
Morolff warff sie mit dem selben stein zu tode,
als seit uns die aventure siit.

297 Die slussel er im uß der hende nam,
da sloß uff selber Morolff der ritter lobesam.
er hup sich gein des wilden meres tran
vil wunderlichen balde,
da er sin schiffelin hette gelan.

298 Er dratte dar ine und stieß uff den se, (f. 314 rb)
da swebte er uff bitz morn tag.
do erwachte die edele kunigin her.
der frauwen kament mere zuhant,
wie das die heiden beschoren werent,
und das sie slieffent alle sant,

299 und Morolff were entrunnen uff den see.
an die zinnen ging die kunigin her.
da sie ine ferest ane sach,

sie begunde heiße weinen.
gerne mogent ir horen wie sie sprach.

---

294 1 Er sprach *fe.* 2 diß jare *fe.* 4 mit einem finger *fe.* stern. 5 portenere. 6 gern.
295 2 gein. 4 portenere.
296 1 nider *fe.* 2 kam. da *fe.* 3 wolte. 4 selben *fe.*
297 2 uf sloz der. 3 wilden *fe.*
298 1 drat drin. 3 do)bitz daz. edele *fe.* 5 wie *fe.*
299 1 und *fe.* 3 in.

---

294 1 Er sprach *fe.* E. vnd wiltu d. wißheit har nach P. besehen d. 2 Sag P. diß jare *fe.* Ed. jar P. 3 dinem)dem E. lib P. mag PEd. geschehen P nu gescheen E. 4 Ich czeugen dirs E. mit – finger *fe.* Ed. An dem gestirne P mit dem stiren E. 5 der)der einfeltige d. portenere P. 6 *So sliessen ich dir uff gerne E.
295 1 name E. 2 Er ging gein der porten / Der E. 3 eine S einem starcken P. 4 dem)den armen d. torwechter P. 5 hercz Pd. dem)sinem Pd.
296 1 vil nider tot P. nider *fe.* E. 2 *Dar noch quam sin frauwe czu hant E. die)Ein P. fröuw P. da *fe.* Pd. 3 mort)Da E. wolde Ed. 4 slug d. selben *fe.* E. steyne E. zu tode *fe.* d. 5 *Das ir zersprang das hertze in dem lip d. als *fe.* PE. saget E. das lyet E. siit *fe.* PE.
297 1 ene E yme d. hant P. 2 da-der)Vff sloße der E. selber vff P morolff selber vff d. 3 ging geyn des meres dram E. gegen Pd. 4 *fe.* E. Do vil P. 5 hette)hat Pd. verborgen hatte E. verlan Pd.
298 1 tratt PEd. drin E. sties es vff P. den wilden see E. 2 uff *fe.* E. vntz P bitze d. morn)an den PE morne d. 3 Des S Bit das Ed. edele *fe.* PEd. der konig E. her SEd. 4 quam E. die mere P. 5 wie *fe.* PE. wern E. 6 das sie *fe.* E.
299 1 und *fe.* Ed. wer Pd. uff den)uber E. 2 zinne d. lieff PE. die)die edele d. her)vnd sach P. 3 *fe.* P. da)Als E. in d. ferre E. sache E. 4 *fe.* d. heiß E.

300 Von leide sie uff die erden saß,
ir freuden sie da gar vergaß.
sie sprach: ‚ich kunde uch heren nie gesagen,
in hetten sin list
uß einem hertten stein getragen.‘

301 Da sprach die frauwe wol gethan:
‚nu wartent, helde lobesam,
bringent mir wider den listigen man.
drissig marck des roden goldes
sollent ir dar umb zu lone han.‘

302 Da gachte in ein galline hin dan
wol funfftzig heidenscher man.
das det der hertzog Marschilian,
der gechte vil wunderliche balde
nach Morolffen uff des wilden meres stran.

303 Ee das Morolff ir wart gewar,
sie warent des meres
me dan vier milen zu ime gefarn.
da schilte der listige man
sin schiffelin (f. 314 va)
abe des wilden meres stran.

304 Da stieß er under den gurtel sin
mit silberin reiffen ein wol beslagen barillin.
uß gahete der dugenthaffte man.
er sprach: ‚der tuffel hat alle die hursten hin,
die umb das wasser solten stan.‘

305 Nach ime ilten die heidensche diet.
Morolff kunde sich verbergen nit.
sie fingent den fursten lobesam.

sie bundent ine also sere,
das im das blut zu den nageln uß trang.

---

300 3 sie sprach *fe.* 4 sine liste.
301 5 solnt.
302 2 heidenischer. 3 *ein herzoge hiez Marsilian. 4 vil *fe.* wunderbalde. 5 Morolf. wilden *fe.*
303 1 ir Morolf. 3 me dan *fe.* 4f. der vil listige man / der schilt sin schiffelin.
304 2 silberinen. ein-barillin (*als 3. Zeile*). 3 gahte.
305 1 im. ilte. heidenische. 4 in.

---

300 1 Ffür P. uff)nider P. erde Ed. saße S. 2 ir)Jch wene sy ir P Sie yr E. da *fe.* P vil E. gar *fe.* d. 3 sie sprach *fe.* E. enkunde es üch PE. ir herren P herre E. nit d. (E *zwischen* 3 *und* 4 *Zeile* 3 *aus Str.* 301). 4 hatten P. sin)syne E syne grossen d. liste PEd. 5 steine P.
301 1 Da)Also PE. frouw d. 2f. *fe.* E (*vgl.* 300,3). ir heilde d. 3 Vnd bringent P. wider *fe.* E. 4 des roden *fe.* E. 5 dar umb) von mir E. lon d.
302 1 gahente P gingen E. in)an E. einer P die E einre d. gallyene d kele E. hin)her d. 2 wol *fe.* E. vierczig P. 3 *Das was eyn herczaug hieß masilen E. von marsilian P. 4 ylte PE. vil)do vil P *fe.* E. wunder E wunderlich d. 5 nach)Czu E. morolff PEd. wilden *fe.* E. tran Pd straüm E.
303 1 das)das syn P sin E das ir d. ir wart)wurden P worde E wart d. geware E. 2 Do warent sy PE. des)des wilden Pd. 3 me dan *fe.* PEd. zu im dar Pd. 4 schilt P. listig P. 4f. Der (Morolff der d) vil listige man / Slug (Der schilte d) sin schiffelin Ed. 5 schifflin P. 6 abe)Hin ab in P uff E. wilden *fe.* E. flut P straüm E.
304 1 Er stieß eß vnde E Er sties aber vnder d. 2 Von sieben reiffen E. eyn cleines berbin E. berlin P. 3 *Do gachete vs der fürste lobesan P Eß sprach der listige man E. 4 er sprach *fe.* E. die *fe.* d. studen PE. 5 umb-wasser) hie E. das)die d. stan)sin P.
305 1 (Sd *Initiale*). im P im we d. ylte E. 2 sich)sich do P. 3 fragten P. den dogenthafftige man E. fursten) tegen P. 4 sie)Vnd P. in Pd. 5 eme E. negelen Pd. vß ran Pd.

306 Sie liessent sich nider uff das wal.
zwen ritter gingent vor ine zu tal,
sie furent uber den wilden se.
da seitent sie die mere
der edeln kunigin her.

307 Den zwein gabe sie das botten brot,
einen fehen mantel, der was von golde rott.
drissig marg wolt sie de*n* andern geben,
wann sie brachten gefangen
den ußerwelten tegen.

308 Die nacht begunde sich sigen an,
er schilt wachte pflagen zwelff man.
Morolff man gebunden sach
bitz an den ersten slaff.
gerne mogent ir horen, wie er sprach:

309 ‚Woltent ir mir losen diese bant,
ich han erkundet vil der lant,
ich wolte uch fremde mere sagen, (f. 314 vb)
was ich in der judischeit
und inn der heidenschafft erlitten ha*ben*!

310 Vier der besten losten im sin bant.
er seite ine manig aventuer zu hant,
untz das sie alle durstern began.
her fure zoch er sin barillin,
an den munt satzte es der furste lobesam.

311 Er det ine sin liste kunt,
uber sin kele kame ime kein d*ru*ng.
er sprach: ‚ir heren, durstert uch *icht*?

so drinckent alle vast,
ir entbißent bessers wines niht.‘

---

306 2 vor ine)hin. 5 kuniginne her.
307 1 gap. 2 der was *fe.* 5 Morolf den.
308 1 sich *fe.* 2 wacht. 4 bitze.
310 1 der)die. sin)die. 3 alle *fe.* dursten. 5 der listige man.
311 1 in. sine. 2 uber)durch. kam. ime)nie 3 durstet. 4 vaste.

---

306 1 *Die heiden lachten sich uff den wall E. 2 ylten E schiedent d. vor)von Pd *fe.* E. ine)in hin Pd hin E. 3 hien über d. 4 *Sie woltent das botten brot gewinnen d. Vnd wolten sagen die P. 5 der)Der vil P Gegen der d. edele E edelen d. here SPE.
307 1 Da gab sie ene E. gab Pd. sie)er P. das)zu PE ein d. 2 einen)Jren P. der *fe.* PEd. was *fe.* E. von)durchsticket mit d. 3 marck goldes P. sie)er E. dem S. 4 Wanne P. sie)sie yn d. brachten gefangen)morolff brechten E. 5 Morolff den P Morolff der d.
308 1 sich *fe.* PEd. 2 wacht Ed. man)heydensch man P heidinsche man Ed. 3 man)man do P. 4 Vncz P Bitze d. slaffe E. 5 er)sy P.
309 1 Jr hőreren wlotent d. mir)herren P. losen *fe.* d. diese)myn P die Ed. 2–309, 1 *fe.* E. erkennet P. 3 wölt P. mer d. 4f. in-und *fe.* d. 5 erlitten)grosses lyden d. haben)han SP han vertragen d.
310 1 *Do losten sy im vier der besten siner bant P. der)die d. ime d. sin)die d. 2 er)Jch E. in Pd *fe.* E. manige d. 3 Bit Ed. alle *fe.* E. türsten PEd. do began P. 4 Do zoch er her für P. fure)vor Ed. berlin P birlin E. 5 an-es *fe.* E. der listige man E.
311 1 Er)Vnd P. tette P. yn d. sine PE siner d. 2 *fe.* P. uber) Dorch E. ime)jm nie d. ime kein)nie eyn eyniger E. drang SE. 3 türstet PEd. nit S. 4 alle *fe.* Ed. faste E hie noch lust d. 5 versuchtent P drincket E. drenckes E. nie P.

312 Dem besten gap er es an die hant.
sie drunckent vast und vielent nider uff das lant.
der ine also sere bant,
Morolff mit sin selbes swert
er ime das heubt abe *swang.*

313 Er sprach: ‚das solt du zu botten brot haben.
ich wil din cleider selber vor die kunigin tragen.'
Morolff der listige man
der nam die eilffe bi dem hare,
er zoch sie von dem zwelfften hin dan

314 uber das ge*v*ilde breit,
der stolcze tegen unverzeit,
abe dem berge in das dale.
er rauffte sie also sere,
das sie uff dem heubte wurdent kale.

315 Ein schere nam er uß der deschen, das ist war, (f. 315 ra)
oberthalp den oren sneit er abe den *eilffen* das har.
er nam ein scharsas in die hant
und schar iglichem ein platten.
er sprach: ‚nu singent, ir heren, allesant.'

316 Da sprach der listige man:
‚diß mocht ein bischoff nit han gethan.'
er sprach: ‚werent gewihet die helden bald,
sie besungent wol ein wites munster,
ir stime ist wol so manigfalt.'

317 Also Morolff das hette gethan,
er hup sich balde zu dem mere,
da er sin schiffelin hette gelan.
er drat dar ine und stieß das schiff uff den see.

da furte er des kemerers cleider
selber vor die kunigin her.

---

312 2 vaste. sigen. 3 in. 4 swerte. 5 im. houbet.
313 1 Er sprach *fe.* 4 har.
314 3 dal. 5 kal.
315 2 abe den eilffen)in abe. 4 eine blate. 5 er sprach *fe.* ir herren)messe.
316 2 mochte. 3 er sprach *fe.* 5 wol *fe.*
317 1 daz Morolff hete. 2 balde *fe.* 4 in. das schiff *fe.* 6 selber *fe.* kuniginne.

---

312 1 Den besßern E. Er gab es dem P. es *fe.* E. an)in PE. 2 faste Ed. vielent)segen E. 3 yn d. gebunden hat P. 4 Morolff) Den schlüg morolff P. syme E. selbes *fe.* E eigen d. swerte Ed. 5 *Sin houbt ab das er tot vil vff das lant P. er ime das)Jne allen die E er jm d. das)syn dD. houbete d. sluge S.
313 1 Er sprach *fe.* E. czu eyme E. han PE. 2 wil)wil nů P. selber)hinen P hinan E. den küng PE. 3 *fe.* P. Morolff der)Der vil E. listig d. 4 Do nam er P Er name E. den haren E. har P. 5 er)Vnd PE czoche E. dem)den P yn E. zwelfften)ferre E.
314 1 gewilde SdD wilde gefilde P. 2 Der vil stolcz P. 3 Ab P Vber E. dem)den E. gebirge P berg E. das)den E. tal PEd. 5 uff)an E. houbete d. kal PE.
315 1 Ein schere)Da P. Er nam eyn E. 2 Ob P Oberthalben d. abe den eilffen)abe den zwelffen S den eylffen ab P yne abe Ed. hare E. 3 *fe.* d. scharseich P. 4 *fe.* S. und)er Ed. blatt d. 5 er sprach *fe.* E. ir herren)messe E.
316 1 Da)Also E. morolff der d. listig d. stocze tegen gůt P. 2 diß)Das P Jß E. mocht)in mochte eme E. nit)syder nit P Sint nicht E. 3 er sprach *fe.* E Vnd P. die *fe.* P diese E. balde SE. 4 wol *fe.* P. gewichtes P swibes E. 5 ist)sint P. wol *fe.* PEd. so *fe.* E.
317 1 Als PE. das morolff PEd. hatt P. 2 balde *fe.* PEd. czu) gen P. 3 schifflin P. hat Pd. gelin E. 4 in Pd. das schiff) es P *fe.* Ed. sehe S. 5 furt PE. des künges P. 6 selber *fe.* Ed. von S. die)die edele d. here SE.

318 Sin hare das was kruß und da bi fal,
sin antlitz was glich dem kemerer uber al.
der vil listige man
da schilt er sin schiffelin
schon gein der burge hin dan.

319 Morolff ließ sin schiffelin stan,
er lieff czu der porten und hieß ine in lan.
er sprach: ‚ich kum uber den wilden see,
Morolff ist gefangen,
ich wil es sagen der kunigin her.‘

320 Die porte die wart uff gethan,
Morolff wart in die burg gelan.
da er vor die kunigin ging,
der kunig und das gesinde (f. 315 rb)
ine vor den kemerer enphing.

321 Er sprach: ‚nu sage mir von dem *l*istigen man.‘
er sprach: ‚here, er ist gefangen
und komet niememe von dan.‘
Fore sprach: ‚so wil ich *mich* slaffen legen.‘
er hies auch die bette bereiten
kunig Fore der heidensche tegen.

322 Da er zu bette solte gan,
da segenten ine czwelff heidensche cappelan.
czu im ging die frauwe wol gethan.
aller erst wart vil unmussig
Morolff kunig Salmans man.

---

318 1 har. das *fe.* unde. da bi *fe.* 2 sin antlitz)er. 5 schone.
319 2 ine)sich. 3 er sprach *fe.*
320 5 in.
321 1 Er sprach *fe.* 2 er sprach *fe.* er ist)da han wir in. 4 Fore sprach *fe.* 5 er)do. auch *fe.* 6 Morolf der uzerwelte degen.
322 2 in.

---

318 1 har Pd. das *fe.* Pd. da bi *fe.* P ouch do by d. 1f. Er was schone vnd vall / Er was dem kemmerer glich uberall E. 2 ale SE. 3 der vil)Morolff der d. lustige s listig d. 3–5 Er schiffte über des wilden meres tron / Vnd kerte gar wunderlich balde / Hin gen der schonen burg hin dan P Er ging geyn der burg hyn dan / Vil wonderlichen balde / Vber das wilden meres straüm E. 4 da-er)Schilte d. 5 gegen d. burg d.
319 1 *Sin schiffelin ließ er vnder dem berge E. 2 er)Vnd PE. lieff czu)hub sich geyn E. ine)sich den torwartt P sich den dorwechter d sich E. in)jnne E. 3 er sprach *fe.* E. komen PE. uber-wilden)her über den P. sehe S. 4 Morolff)Morolff der P Ich sage uch das morolff d. 5–319, 5 *fe.* P. es *fe.* E. here SE.
320 1 porten worden E. 3 den konig E. 4 das)alles syn d. 5 Jn d.
321 1 Er)Künig fore d. Er sprach *fe.* E. nu *fe.* Pd. mir)vns E. lustigen S. 2 Morolff sprach d *fe.* E. her Pd. er ist)da han wir ene E. 3 und)er P. kan nommer komen E. me *fe.* P. dannen SP. (S ***Bild: Morolf vertauscht König und Kaplan.*** d ***Zusatzverse:*** Ich band in vff dem wilden see / Das er lute morte schre / Im ran das blůt zů den nagelen vß / Wir wöllent in sencken an das meres grunt / Do můß er nůn wonen zů huß / Dar vmb edele küngin lobesam / Jr bedorffent vor yme nit me in sorgen ston / ***Folgt Holzschnitt:*** Also morolff entpfangen wart von dem künig foren vnd von allem sym gesinde an dis kammerers stat). 4 Künig fore d. Fore sprach *fe.* E. mich *fe.* S. ligen S. 5 er)Do PEd. auch) man P *fe.* E er d. porten P bett d. 6 *Mit ynnen ging künig morolff der küne degen d. kunig fore)Ffaron P Morolff E. der)des P. heidenschen P ußer welte E.
322 1 Vnd do P. er)pharo Ed. zu)czů dem PE. 2 gesegnoten Pd bestonde E. in Pd *fe.* E. 3 im)eyme E ynnen d. frauwe)edele küngin d. wolgethan *fe.* d. myneclich P. 4 aller-vil)Vnlange wart dar nach gar P Da was sich E. 4f. Aller erst der listig morolff / Vil vnmůssig můste syn d. 5 kunig *fe.* PE. man)brůder was in allen vnbekant P.

323 Morolff der tegen unerkant
der name ein dalen dranck an die hant.
er knuwete vor den kunig rich,
er drenckte sie beide,
da entslieffent sie sicherlich.

324 Die cappelan woltent von dannen gan,
Morolff hieß sie stille stan.
er gabe ine des selben drincken an die hant.
sie drunckent alle vast
und fielent nider uff das lant.

325 Morolff der mere helt gut
die czwelff cappelan er uff hup.
er trug sie zu einer steins want,
er schrenckte sie uber einen huffen
gegeneinander alle sant.

326 Morolff der stoltze tegen gut
einen cappelan *er* uff von der stette *hup.*
der vil listige man
er trug ine kunig Foren an sin bett
czu der schonen frauwen wol gethan.

327 Kunig Fore er abe dem bette nam, (f. 316 rb)
er leite in zu der wende
zu einem jungen cappelan.
die cappe zoch er dem eltesten cappelan *ab*,
er leit sie vil wunder schiere
dem richen kunig Fore an.

328 Ein schere nam er uß der teschen, das ist war,
oberthalp den oren sneit er abe dem kunige das har.
er nam ein scharsas in die hant
und schar im ein blatte.
er sprach: ‚nü wis ein bischoff
uber die andern alle sant.‘

323 2 nam. 4 drenkete.
324 1 von *fe.* 3 in den selben dranc. an-hant *fe.* 4 vaste. 5 sigen.
325 3 steinwant.
326 (326 nach 327). 2 einen)den nacten. von der stette *fe.* 4 in. kunig Foren *fe.* sin)daz. 5 schonen *fe.*
327 4 abe. 5 leite. wunder *fe.*
328 2 dem kunige abe. 4 eine.

---

323 1 (*für* P *vgl.* 321, 5). der tegen)was yn E. vnbekant E vnd er kant d. 2 der)Er PE. nam PEd. ein)den E in eime kopff d. drincken SP wyn d. an)in PEd. die)syn d. 3 er)Vnd P. 4 *Er gab in trincken beden mit fliß P Vnd auch vor die konigin glich: ⟨rich⟩ / Sie druncken iß mit flyß E Vnd drenckete sy beide mit fliß d. 5 slieffen E. sie)sy beyde P.
324 1 Der E. Do wolten die capplan P. wolde E die wolten d. von *fe.* PE. 2 bat E. sie)sy alle alle P. 3 gab PEd. in Pd. das selbe getranck P den selben drang E. drincken)wynes d. an)in Pd. an-hant *fe.* E. 4 alle)also d. vaste P *fe.* E. 5 *Vnd segen czu der want E. nider *fe.* P.
325 1 mere)stoltze P kune E edele d. hielt S tegen Pd. 2 er *fe.* P. gehub E. 3 er)vnd P. steinen PE steines d. 4 Vnd strickte P. 4f. Er lachte sie uber eyn alle samt E. 5 Gen P.
326 1 (E 326 nach 327). stoltze)kune Ed. helt PE. gut)gemeit P. 2 einen)hup einen S Hub vff einen P Den nackten E Einen nacketen d. er *fe.* SP. von der stette *fe.* Ed czu stett P. gehub E. 3 *fe.* SP. Morolff der listig d. 4 er)Vnd P. in an küng varons bett P. kunig Foren *fe.* Ed. sin)das Ed. 5 schonen *fe.* PEd. küngin d.
327 1 Den künig d. abe)von P an E ab d. 2 Vnd trüge in P. 3 zu)By E. eym d. 4 kappen PE. er)er ab P. dem-cappelan)yme E. alten d. cappelan *fe.* P. ab)vß S fe. P abe Ed. 5 er)Vnd PE. leitte PEd. vil)wol P *fe.* E. wunderlich P *fe.* E. schir Pd. 6 richen *fe.* E.
328 1 Er nam sin (eyn E) schere PE. uß-teschen *fe.* P. (E *Doppelbild: Morolff schert dem König eine Glatze, er legt den Kaplan zur Königin*). 2 Ob den P. schrit er im ab das P dem konige / Sneyt er abe das E. dem künig abe d. 3 ein)das P. scharsach PdD. die)syn d. 4 und)Er Ed. um)den (dem dD) künge PdD. eine P. platten PE blatt d. 5 *fe.* E. wis ein)bistü PD siest du d. künig d. 6 Vnd den andern E.

329 Also das Morolff hette gethan,
er hup sich gegen dem mere,
da er sin schiffelin hette gelan.
er dratte dar ine und stieß uff den see,
da swebte er uff bitz morn tag,
da erwachte Fore der kunig her.

330 Dar nach er ein wile stille lag,
vor ware ich das sagen mag,
uncz das er sich bas versan.
da welt er die kunigin minnen,
da ergreiff er einen jungen cappelan.

331 Da das der cappelan befant,
zu samen zwang er sin hant.
er gap im einen oren slag
mit also grossen krefften,
daz er ein wile stille lag.

332 Da ime der oren slag vergie, (f. 316 va)
der kunig Fore da nit enlie.
er sprach: ‚edele kunigin her,
ir sint bi mir gewesen sieben jare,
ir gedatent mir diß nie me.'

333 Und da er die cappe an im selbe gesach,
gerne mogent ir horen, wie er sprach:
‚wellicher tuffel leit mir die cappe an?
hie ist gewesen sicherlich
Morolff kunig Salmons man.'

334 Da Fore der heidensche man
an das bette wolte gan,
da fant er bi der frauwen einen nacketten cappelan.
er nam ine bi dem beine
und zoch ine ferre dort hin dan.

335 Er sprach: ‚wol uff, ir cappelan,
lauffent metten singen,
  laßent mich zu der frauwen gan.
uwer nacht ist besser gewesen dan die min,
ich lage uff der erden
  und ir hie bi der kunigin.‘

---

329 4 drat. in
330 1 Dannoch. 2 war. ich)ich uch. 5 er einen)ern.
331 2 sine. 4 ganzen.
332 1 im. 2 da *fe.* 4 jar bi mir. 5 daz.
333 1 Und *fe.* selbe *fe.* sach. 3 welcher.
334 1 heidenische. 3 nacten. 4 in. 5 in.

---

329 1 (d *Initiale*). Do das alles P Da das E. morolffe S. hatt P. 2 gen P czu E. sewe P. 3 hatt Pd. 4 tratt PEd. in Pd. uff)es vff P. sehe S. 5 schwebete Pd. er vncz morn ze tage P er den dag E. mornes d. 6 da)Dar nach P Byt das E. künig fore der here S künig fore vnd die küngin herre d. Fore *fe.* E. here SEd.
330 1 Dennocht P. er)der künig d. 2 ich)ich uch d. gesagen E. 3 Vnczen P Byt Ed. bas *fe.* E. verstan S besan d. 4 Er wolt d. lieben d. wolde der konig <mynnen> E. 5 begreiff E. ein P der E den d. jungen *fe.* E.
331 1 des d. 2 sine PEd. 3 im)ir P yme Ed. ein d. 4 *fe.* S. also)so E. gantzen Ed. 5 wil P.
332 1 im P. verging Ed. 2 da)des P *fe.* E. en ließ Ed. 3 here SEd. 4 iare by mir Ed. 5 ir)want E Vnd d. mir)ir E. diß)das PEd. nie)ye E. mer PEd. (P *Platz für Bild*).
333 1 Und *fe.* E Dar noch d. kotte E. selbe *fe.* PE. sach Pd sache E. 2 Gern P. 3 welcher PEd. hat mir / Geleitt Ed. diese Ed. kotten E. 4 sicherlich *fe.* E sicherlich gewesen d. 5 kunig *fe.* E.
334 1 *Do der heydensche küng varo P. künig fore d. der)den E. 2 an das)Czu dem E. bette)bette czü der frouwen P. solde E. 3 küngin d. nackenden P nackten E. 4 ergreiff P. in Pd. 5 in von dan P.
335 1 Er sprach *fe.* E. wol)stand P. ir)her Pd ir nackten E. 2 Gent E Gont hyn zů der kirchen d. 3 vnd land Pd lant E. küngin d. 4 gewest E. die *fe.* E. 5 Ja lag ich P. uff)dort uff E. der)der herten d. 6 hie *fe.* P.

336 Der cappelan uff gesprang.
kunig Fore ging an das bette,
die wile was im nit lang.
dannoch slieffe die frauwe wol getan.
da sprach der kunig Fore:
‚ir mochtent d*aling* wol uff stan.‘

337 Da sie im under sin augen sach,
gerne mogent ir horen, wie *sie* sprach.
ir wart ußer massen zorn.
sie sprach: ‚richer kunig Fore,
wellicher tuffel hat dich beschorn?‘ (f. 316 vb)

338 Er sprach: ‚es hat die gottes stime gethan.
wir sullent die sunde bussen,
die wir an Salmon han getan.‘
in der burge hup sich ein luter schal,
Morolff sang uff dem se,
das die burg nach im erhal.

339 Also Fore die stime da vernam,
an die zinne lieffe der heidensche man.
er sprach: ‚Morolff, stoltzer degen here,
nu habe ein wile stille,
bitz das dich gesehe die kunigin here.‘

340 Da sprach der listige man:
‚ich enmag nit lenger hie bestan.
was wilt du enbieten Salmon dem heren min?
ich wil faren gein Jherusalem,
here, das laß dir gesaget sin.

341 Here, ich wil faren uber mere,
ich sende dir Salmon und ein krefftiges here.‘
do Morolff wolt dannen varn,

do hieß der riche Fore
die wege vil wol bewarn.

---

335 2 gant. 3 lant. 5 lag dort uf.
336 1 do uf. 3 nit zů lang. 4 slief. 6 dalang.
337 1 sin)di. 4 sie sprach *fe.* 5 welcher.
338 1 Er sprach *fe.* es)Daz. 2 suln. 4 burg. 5 dem)dem wilden.
339 1 Als. da *fe.* 2 er ging an ein zinne stan. 3 er sprach *fe.* her. 5 das *fe.* her.
340
341 3 do *fe.* wolte. 4f. der riche kunig Fore / der hiez ez wol bewarn.

---

336 1 uff)da uff Ed. sprang Pd. 2 kunig *fe.*E. an)do an PE. bet Pd. 3 im *fe.*E jmme d. nit *fe.*P nit zů d. 4 Da slieff noch E. schliff Pd. 5 der)der rich P zů ir der d. 6 ir)Ffrouw ir Pd. daling E)dale S talig P dolme d.
337 1 yme Ed. sin)die PEd. sache E. 2 *Mit erschrockenem gemüte sie do sprach d. Nü mogent ir gern P. sie)er S. 3 wart)sint E. ußer massen)gar vnmassen P so vnmassen E vß der mossen d. 4 sie sprach *fe.*E. ach richer P. 5 Weller Pd Welche E. geschorn E beschoren d.
338 1 Er sprach *fe.*E. es)dz PEd. stym P. 2 wöllent P. die)vnser d. 3 an *fe.*E. begangen han P handt begangen d. 4 hup sich) was P. hup-schal) gantz über all d. 5 Morolff der P. se)wilden se PE. 6 *das es vff der burg erschall d.
339 1 Als E Do künig d. da *fe.*Ed. 2 *Er ging an eyne czynne stan E Er stund vff von dem bett / Vnd lieff an die zinnen hien dan d. der)do der P. 3 er sprach *fe.*E. edler d. degen *fe.*P. her d *fe.*E. 4 nu *fe.*E. habe)halt P. ein)ein cleine Pd. 5 *Die künigin sehe dich gerne noch mer d. Vncz P *fe.*E. dich) ich P.
340 1 morolff der Dd. listig Pd. 2 mag Ed. 3 (*in* d *mit* 4 *vertauscht*). wollent ir P. künig (salmon?) D. heren)brůder d. 4 wil *fe.*d. 5 *fe.*E. here)küng Pd.
341 1f. *fe.*d. 1 Here)Dz P *fe.*E. faren)heym E. mere)den wilden se P. 2 ich-dir)Vnd wil dir in kurczen stunden P. krefftig E. 3 (3-351,1 *Lücke in S: Bild u. beschriebene Rückseite des Blattes fehlen;* Pd *Initiale*). Do *fe.*Ed. Morolff der d. wolde Ed. von dannen d. 4 do hieß *fe.*Ed. konig pharo Ed. 5 die-wol) Hieß iß auch E der hies es wol d.

342 *Ee das sin Morolff wardt gewar,*
do was er mit xxiiij galleen umbfaren.
er det in siner liste kundt,
vor ir aller angesicht
sencket er sich an den grundt.

343 *Ein rore in das schifflin gieng,*
dar durch Morolff den atum enpfing.
das hat er wol gemachet dar an
mitt einem starcken leder
Morolff der listige man.

344 *Ein schnür die lag oben dran,*
daz dem tugenthafftigen man
das ror nit ließ brechen ab.
er verbarg sich zu dem grunde
vollichen vierzehen tag.

345 *Er möcht anders nit sin komen hin,*
wan die heiden ritten uff daz leben sin.
er wallete uff dem wilden se sechs und drissig tage,
do wurffent in die winde
gen Jherusalem in die habe,

346 *von dannen der listig barn*
vor siben jaren was uß gefarn.
dar nach walte der tegen her
vil wunderlichen balde
fur die gůten burg cze Jherusalem.

347 *Do sach er den kung Salmon stan*
under mengem werden dienstman.
do erkant niemant den elenden man,
dar umb der tegen edele
vil trübe ougen do gewan.

342 2 umbe varn. 4 vor)an. 5 senkt. an)nider uf.
343 1 schiffelin. 2 durch)mit. ving. 3 er gewirket. 4 ledere.
344 1 snůre. dar an. 2 der dugenthafte. 3 rore. abe. 4 barg. 5 volleclichen. tage.
345 1 mochte. nit anders. sin *fe.* 2 wan *fe.* rieten. 3 walte dem mere. 5 zů.
346 1 Von *fe.* listige. 2 vor)zů. uß *fe.* 3 dannen. 5 fur)uf. cze *fe.*
347 1 stan *fe.* *2* under)und. manigen. 3 enkante. 4 da von. kůne.

---

342 1 (1-5 ***nach*** d). Ee-sin)Dan eß E. worde E. *Do der vnuerzagt morolff sach P. 2 *fe.* P. umb)vmb ene E. faren)gefarn / Nu ist vmb habet morolff der degen / Er muß mit grossen listen / Ffristen sin leben / Da morolff das ir sache / Das er mit fier vnd czwentzig galenen / Nu ober vmb habet was / E. 3 sine E allen sine P. 4 vor)Czu P An E. 5 senckt E. sich)sin schifflin P sich nyeder E. an)vff E.
343 1 schiffe E schiffelin d. 2 (d *Holzschnitt:* Also morolff vber mere wolte faren vnd wart vmb geben von den heyden mit xxiiij gallenen). 2 durch)mit E ynne d. fing E. 3 er gewircket E er gemacht wol d. 4 eym E. 5 *fe.* P (***nach*** d).
344 1 snore Ed. die *fe.* E. obenen P. dar an d. 2 Das daz P Das wasser d. dem)der E. dogenthaffte Ed. 3 Das nicht das rore E. abe Ed. 4 er)Da E. barg d. zü-grunde)allent halben E. 5 vollichen)Vnder das wasser vollichen P *fe.* E Volleclichen d.
345 1 mochte Ed. nit *fe.* E. sin *fe.* Ed. 2 wan *fe.* Ed. reden E. 3 walte Ed. dem mere Ed. 4 slugen E. yne E. lünden E. 5 Do hin gen P. gen)Czu E. in)an E. hale P halte d.
346 1 (E *Überschrift:* Hie kommet morolff wieder heym czu Jherusalim czu konig salomon). 1 Wannen E. der)das der P. listige Ed. man P. 2 vor)Czu E Von d. uß *fe.* Ed. gebarn E. 3 Dannoch E Von dannen d. walte E so was P wallete d. here PE edele d. 5 fur)Vff Ed. burge E. cze *fe.* Ed.
347 1 sache E. er)ene E. stan *fe.* Ed. 2 under)Vnd Ed. werder E werden sinre d. (E ***Bild: Salomon begrüßt Morolff am Strand***). 3 erkante E enkante d. edelen P. 4 Da von E. edele)here E kienne d. 5 vil *fe.* E. do *fe.* E. gewanne E.

348 *Sin har was im worden halbes gra,*
da von erkante Morolff niemant da.
Salmon wolte von dannen gan,
Morolff der stolcze tegen her,
der batt in ein wille stille stan.

349 *Er sprach: ‚küng, ich höre sagen ie,*
du hörtest gern fremde mer,
die kan ich dir wol sagen hie,
wan mir sint die lant alle kunt,
vil richer küng edele,
von der Elbe uncz uff den Termont.

350 *Von dannen bin ich gefaren über se*
uff aventüre har czu Jherusalem.‘
Salmon in do bi der hende nam,
er furt in gezögenliche
mit im uber den hoff hin dan

351 *an ein zinen, die was von marmel schön graben.*
er begunde im menge aventur sagen,
do von Salmon jamern began.
‚owe‘, sprach er, ‚Morolff
was min getruwer dienst man.

352 *Den sant ich über das wilde mer nach minem schonen wip,*
nů hett er in der heidenschafft verlorn sin lip.‘
Morolff sprach: ‚kunig, leider das ist war,
er was min walbruder
vollenclich sieben jar.

353 Ich han ine inn der heidenschafft begraben,
das heiß er mich dir *rechte* sagen.‘
Salmon weinen da began.
er sprach gezogentlich:
‚nu sage mir furbaß, du wallender man,

---

348 1 worden *fe.* 2 da von *fe.* Morolfen kante. 3 von *fe.* 4 edele. 5 der *fe.*

349 1 Er sprach *fe.* horte. 2 gerne. 4 wan *fe.* 5 vil *fe.* 6 bitze an den Termont.

350 1 gefaren *fe.* den se. 2 uff-czu)her gevarn gein. 3 do *fe.* 4 fůrte. tugentliche.

351 1 eine. marmelstein erhaben. 2 menge *fe.* aventure. 3 daz in jamern. 4 du manest mich Morolfes. 5 der was.

352 1 das)den. wilde *fe.* mer)se. umb min schonez. 2 nu)der. er *fe.* verloren sinen. 3 Morolff)er. 4 wallebrůder. 5 vollecliche n.

353 1 ine)in. 4 gezogentliche.

---

348 1 hare E. worden)woll E. halpp E. yme by halbes worden gro d. 2 da von *fe.*Ed. Morolff in kante Ed. nyemans d. 3 (Pd *Initiale*). Salmon der d Der konig E. von *fe.*E. 4 stolcze) kune E edele d. tegen her)hilt gut E. 5 Der *fe.*E. ene E.

349 1 Er sprach *fe.*E. horte Ed. 2 wyssest E. gern sagen P. mere Ed. 3 wol *fe.*E vil wol P. gesagen E. hie *fe.*P. 4 wan *fe.*Ed. lande Ed. alle)alle wol d. 5 vil *fe.* E. vil richer)Das sage ich dir d. keiser E. 6 bit Ed. uff)an E. Termont E Trütten münt P dentmant d.

350 1 bin-gefaren *fe.*E. se)den se E mere d. 2 *Har czü dir vff auventüre P Hier har gon iherusalem edeler fürste here d. har)bin ich gefarn E. 3 Salmon-do *fe.*E. do *fe.*d. nam)er ene nam E. 4 in)ene E in gar d. dogentliche E. 5 mit im *fe.*E. dan *fe.*E.

351 1 eynen czynne E eine zynne d. marmelstein Ed. schöne E *fe.*d. dorch graben E erhaben d. 2 er)Morolff d. im menge) dem künige salmon d. obenture Ed. 3 do von *fe.*d. do-Salomon)Das yn so sere E. do began d. 4 *Du manest mich morolffs myns bruder E. morolff herre d. 5 Der was Ed. eyn dogenthafftiger man E.

352 1 uber se E vber den wilden see / Es ist wol syben jare oder me / Nach d. nach)vmb E. einem schönen P myn schones E mynem edelen stoltzen d. 2 Der hat in E Mich beduncket er habe verloren / Jn d. sin)sinen P sinen jungen E syn stoltzen d. 3 Morolff)Er E. kunig)zu dem küng P. leider *fe.*E. das ist leyder wol war P. 4 *fe.*E. wallender brůder P walle brůder d. 5 Vollecliche n Pd. sieben)woll sieben E vff syben d.

353 1 ine)in Pd *fe.*E. der)die d. 2 mich *fe.*P. rechte)vor der S von rechte d. segen S. 3-353,3 *fe.*E. heisse weinen d. 4 gezugenlichen P mit betrůbtem hertzen d. 5 nu *fe.*P. sag Pd. du *fe.*P

354 wo hast du ine in der heidenschafft begraben?
des solt du mir die rechte warheit sagen.
sin gebein ist mir also recht liep,
ich gibe dir min truwe,
ich laß ine in der heidenschafft ligen nit.

355 Ich bestat ine hie zu Jherusalem
und solt es mir an min leben gen.
was sol mir nu krone und kunigrich,
mir ist umb alle welte ere
hinnen fur iemer glich,

356 das ich Morolff verlorn han
den lieben getruwen dienstman.
da zu was er der bruder min
und was mir zu liebe gevarn,
des muß ich umer trurig sin

357 *durch* min vil schones wip.
was sol mir min kuniglicher lip?
den wil ich hut an got ergen.
mir dut das große jamer
nach minem lieben bruder we.‘

358 Also es Morolff ersach,
das die clage da mit truwen beschach,
er sprach: ‚nu bin ich Morolff, (f. 317 rb)
das wißest, kunig edele,
und bin dir in gantzen truwen holt.

359 Ich han dir auch funden din schones wip.
wilt du sie wider gewinnen,
so muß manig ritter wagen sinen lip.‘
da geschach im liep und leit,

von jemerlichen freuden
kuste er den ritter wol gemeit.

---

354 1 ine)in. 3 gebeine. recht *fe.* 5 ine)in. ligen *fe.*
355 1 in. 2 oder ez můz. 3 nu *fe.* 4 ere *fe.*
356 1 verloren. 2 lieben *fe.*
357 1 umbe. 3 hute gote.
358 3 ich bin ez.
359 1 dir auch *fe.* 4 unde.

---

354 1 ine)in P. der)die d. 2 rechten mere P. 3 gebeine P. also recht)woll so E. rechte Pd. 4 ich-dir)Vff E. min)des myn kunglich P des myne d. 5 lassen E enlos d. ine)es P. ligen *fe.*E.
355 1 *Ich wil sin gebein zů jherusalem han d. bestatten PE. ine)es P. 2 Ader er muß mir E. gan SPd. 3 Owe was d. nü *fe.* Ed. krone und)myn E. 4 *Weltliche ere vnd ellende armůt d. umb *fe.* P vmmer E. alle *fe.* E. weltlich P werlich E. ere *fe.*E. 5 *fe.* E. hinnen fur) Geltent mir nůn d.
356 1 Morolff)ene E morolffen leider d. verloren Pd. han verlorn E. 2–4 *fe.* P. den)Minen d. lieben *fe.* E. 4 *Das ich jne verlorn han S Ouwe der grossen note d. gebarn E. 5 das S *fe.* d. ich můs doch d. sin)stan P.
357 1 durch d) Vnd auch S Vnd P Dorch E. durch-vil)Ich han ouch verloren myn d. 3 hude Ed. an *fe.* E. ergen E)ergeben SPd. 4 *fe.* P. 4f. Ouwe du liebster brůder myn / Wie kan ich mich din verwegen d. 5 Den ich nach P. nach-bruder *fe.* E. we)han P.
358 1 (P *Initiale*). Also es)Do der furste P Da das E Also d. ersach) das ersach P fin vbel gehalten ersach d. 2 da mit) mit ganczen P dorch E mit d. geschach E do beschach d. 3 er sprach)Do sprach er czu dem küng P Er sprach künig froͤlich du wesen solt d. ich bin es PEd. morolff selber d. 4 das wißest *fe.* E. kunig edele)fur war küng rich vnd edele P Wyser konig salomon E. 4f. Durch din bitters clagen wil ich dir yemer wesen holt d. 5 und)Ich P Jn E. in)mit P. gantzen *fe.* E.
359 1 dir auch *fe.* E. 2 sie)sy nu P. haben d. 3 ritter) ritter lobesan P stoltzer ritter d. 4 da)Das E. beschach salmon d. leit) dar zů leid P. 5 von)der P. mynneclichen P menniglicher E ynneclichen d. 6 kust P. er den)ene der E. wol)so E.

360 Er sprach: ‚so wil ich alles truren lan,
sit das ich dich gesunt funden han.‘
er ging in ein kamenaten balde von im,
viel wunderlichen schier
er zaugte ime me der liste sin.

361 Da leite ane der tegen schier
under sin cleider ein vil gut pantzer,
die ring warent wiß und klug,
man mochte ir nit wol gekiesen,
wann er sie an dem libe trug.

362 Da satzte er uff ein isen hut,
daruber einen grawen viltz hut,
einen kotzen leit er an,
einen balmen uff de*n* rucken.
er ging wider vor den keiser stan.

363 Ein kamerer dort her fur sprang,
er gap im einen slag mit der hant.
er sprach: ‚das habe dir, grosser bettelman,
wie getarest du mit dinem gehutze (f. 317 va)
vor einen richen keiser stan.‘

364 Da sprach der listige man:
‚here, ir hant gar ubel gethan.
ich enwart nie me geslagen
vor einem fursten lobesam.
ir hettent des slages umer sunde,
ir mußent mir zu buße stan.‘

365 Morolff der listige man
da die fuste betzwingen began.
er gap dem kemerer einen slag

mit also gantzen krefften,
  das er dem kunig vor den fußen lag.

---

360 1 Er sprach *fe.* so)Nu. 2 das *fe.* 4 schiere. 5 im.
361 2 wat. vil *fe.* panzier. 3 ringe. 4 wol *fe.*
362
363 3 er sprach *fe.* 4 getarst.
364 1 *fe.* 2 Nu hast du gar. 3 geslan. 5f. hette ichs nit umer sunde / ez můst dir an din leben gan.
365 2 da *fe.* fust. twingen. 5 vor des kuniges fůzen.

---

360 1 Er sprach *fe.* E. so)Nu E nůn d. alles)alles myn P. 2 Sint ich E. gesunt *fe.* P. 3 *fe.* E. er)Morolff P. eine d. balde *fe.* P. 4 *Morolff mit synen hüpschen synnen d. Do vil P. wunderlich P. schier)balde PE. 5 erzougte P. Czeuget er eme die E Erzo̊gete er salomon die d.
361 1 (d *Initiale*). An leitte der P An sich leite der E. schiere PE herr d. 2 watt E. vil *fe.* PEd. gutz S. 3 ringe Ed küng P. 4 man)Sie E. mocht P en mochte E kunde d. ir nit)nymant E. wolgeprüffen P gesehen E enkiesen d. 5 wann er)Dan der E. dem)sinem P.
362 1 Er saste vff E. einen Pd. stahel E. 2 hut)gůt d. 3 *fe.* E. einen)Ein growen d. 4 einen)Vnd ein P Die E. balmen)panczer P krucken E blunder d. dem S sinen P. uff-rucken)er vnder die fusse nam E. 5 er)vnd d. wider)gezogenliche E. den *fe.* d. küng P richen keiser E / künig salmon d.
363 1 dort *fe.* E. gesprang E. 2 im)morolff P eme Ed. 3 er sprach *fe.* E. hab P. 4 getarst PEd. dim P. horczen (?) P. 5 einen) den E. künig d. gan P.
364 1 *fe.* E. der)morolff der Pd. 2 Nu hastu gar E. 3 wart Pd. me *fe.* E. 4 ein PE. keyser d. 5 hant d. 5f. Hette ich sin nit vmmer sonde / Eß must dir an dyn leben gan E. 6 ir)vnd d. sollent P. mir)mir es P.
365 1 der)der vil d. listig P. 2 da *fe.* PEd. die)Sine d. fust PE hant d. czwingen PE. do began P. 4 *fe.* P so grossen E. 5 vor des koniges fussen E. den)sinen d. gelag P.

366 Uff sprungent des kunigs Salmons man,
Morolff hup sich gein des sales ture dan.
er sprach: ‚die kruck habe ich gefurt uber see,
wene ich da mit gewihe,
der gedenckt min hin für imer me.‘

367 Salmon von dem gestule uff sprang,
er winckte sine*n* helden mit der hant.
er drat hin fur und sach im under sinen hut.
allererst erkante er Morolff
den stoltzen tegen gut.

368 Der kamerer muste den slag vertragen,
den im der gut walbruder
in die zene hat geslagen.
er sprach: ‚es ist Morolff, czeiget uns die liste sin,
wie das wir sollent gewinnen
die vil edele kunigin.‘

369 Er sprach: ‚here, das kan ich wol gesagen.‘
abe zoch er sin gewant (f. 317 vb)
und gehieß es dem kamerer gehalten tragen.
er sprach: ‚der tuffel muße uwer pflegen,
das mir so großen oren slag
von uwerm waffen ist gegeben.‘

370 Da sprach kunig Salmon:
‚nu rate, Morolff, dugenthaffter man,
wie wir wider gewinent das schone wip?‘
er sprach: ‚here, das kan ich wol geratten,
oder ich verliere minen lip.‘

366 1 des kunigs *fe.* 2 tur. 3 er sprach *fe.* ich han die krucken dri stunt gefurt. 4 wen. 5 gedenket. hin fûr *fe.*.

367 2 mit)wider mit. 4 er)er rechte.

368 2f. der waller hete geslagen. 4 er sprach *fe.* 5 sollent)wider.

369 1 Er sprach here *fe.* 2 er das gewafen. 3 hiez im es. dem kamerer *fe.* 4 er sprach *fe.*

370 2 nu *fe.* rat. 4 er sprach here *fe.*

---

366 1 des kunigs *fe.*E. 2 gegen d. tores sal P. hin dan Pd. 3 Jch S. er sprach *fe.*E. diesse kruczen gut P dise krucke d. Jch han die krucken E. gefurt)dry werb gefuret P Dry stunt gefurt E gefůret drü stont d. sehe S. 4 Wen PE Welchen d. gewichte P wyhen E ye gewihet d. 5 gedencket PEd. hin für *fe.*E hinan fur P sin hin für d. niemer Pd.

367 1 dem)sime d. stül P. 2 winckette Pd. sinem Sd. mit)Wieder mit Ed. 3 hin)her E. drat-sach)lügte P. im under *fe.*E. sinen)den ysin PE sinen ysen d. 4 allererst)Da E. bekante P. er)er rechte P er czu rechte E. 5 stoltzen *fe.*E.

368 1 den)des fürsten P den fuste E. 2 ime PEd. gut *fe.*E. wallende brůder P weller E. 3 in die zene)jn das antlüt P an das ore E in sine zene d. hatte E. 4 er sprach *fe.*E Der künig sprach d. es ist)ist das P. czeiget)Vnd erzouget P er czeuget E der zoͤiget d. 5 wie das)Vnd wie d. sollent)wieder E wider sollent d. 6 die) Wyder die P vnser d. vil *fe.*PEd.

369 1 Er sprach *fe.*E. here *fe.*PE. ich)ich üch Pd. 2 er)morolff d. den koczen sin P das gewaffen E. 3 ließ P hieß Ed. den P. es dem kamerer)eß E yme es d. behalten Pd. 4 er sprach *fe.*E Der kamerer sprach d. uwern S üwer hůtte P. 5 mir)ir mir Sd. so)ein so Pd so eyn E. großer P harten d. orschlag PE. 6 *Vnder myn antlit hant gegeben d. uwern wegen P uwern gewaffen E.

370 1 (P *Initiale*). der küng Pd. 2 Nü *fe.*E. rat PE. 3 wie)Wie das P Das d. das)Salome das P. wonder schöne PE. 4 Morolff sprach d *fe.*PE. here *fe.*PEd. ich)ich uch so P ich dir E. gesagen PE. 5 *Wiltu mir folgen in dirre czijt E. ich wil dar vmb verlieren P. den mynen d.

371 Er sprach: ‚kunig, gebut einen tornei,
so koment der helden ein michel teil.
dar uß welen ich zehen tusent man
und war ich den vanen kere,
da enkan es mir nimmer missegan.‘

372 Salmon der wart der rede fro,
einen tornei gebott er da.
Morolff er bi der hende nam,
er furte ine gezogentlich
vor die heren uber al.

373 Da wart der listige man
wol enphangen von manigem ritter lobesam.
die ine hettent gesehen in sieben jaren nit me,
sie fragtent ine alle glich,
obe er hette funden die kunigin her.

374 Da sprach der listige man:
‚sie ist jenhalp des wilden meres tran (f. 318 ra)
uff der burg zu Wendelse.
wir mußent sie mit heres crafft
gewinnen die edel kunigin her.‘

375 Da sprachen die besten under in:
‚Morolff, wir wollent mit dir nach der kunigin.‘
Morolff wart der rede fro.
da welte er uß ine allen
zehen tusent manne da.

376 Er sprach: ‚kunig, nu folge der lere min,
heiß uff sließen die kamenaten din
und gip den helden din silber und din golt so rot.
war ich dan den fanen leite,
dar volgent sie mir in die not.‘

---

371 1 Er sprach *fe.* 2 dir helde. 3 und *fe.* 5 uns.

372 1 der wart)wart. 4 in tugentliche.

373 2f. von manigem ritter wol enphan / die in siben jar nit heten gesen. 4 in. gliche. 5 ob. funden hette.

374 2 jenhalp)uber. wilden *fe.* 4 sie *fe.* kreften. 5 edel *fe.*

375 2 Morolff *fe.* 4 ine allen)der reise.

376 1 Er sprach *fe.* 3 und *fe.* din silber und *fe.* 4 kere.

---

371 1 (S *Initiale*). Er sprach *fe.*E. gebute d nü gebüt P. ein Pd. 2 knmet d. der heyden P dir hilde E diner heilde d. dar)Dannen E. welen)so wele d. 4 unde *fe.*E. denne varen iagen P die vanen leiden E. 5 da)So Pd*fe.*E. enkan es)kann mir P Jß kan vns E. niemant misse sagen P.

372 (d *Holzschnitt:* Hie gebot der künig salmon ein turney vnd morolff wellete darus zehen dusent man die mit yme faren soltent uber mere). .. 1 Küng salomon P. der wart)wz P wart Ed. 2 Ein d. 3 Morolffen d. 4f. *fe.*P. in d. dogentliche E *fe.*d. 5 uber al) alle samt E alle d. ale S.

373 1 *fe.*P. morolff der d. lustige S. 2 wol)Wol wart er P *fe.*E. ritter lobesam)dinst man E. lobesan / Sie gewunnen alle freide do sie sohen den werden man d. 3 *Den hatten sie in sieben iaren gesehen E. nit *fe.*P. 4 ine) in do P yn d. gelich P. 5 Ob Pd. fonden hette E. die)die edele d. here SE.

374 1 morolff der Pd. listig P. 2 ginhalbs d uber E. des meres draüm E. 3 Vber S. der)der gutten P. 4 Man můs PE. sie *fe.*E. heiles E. krefften PEd. 5 edele P *fe.* E vil edele d. her SE.

375 1 jne SEd. 2 Morolff *fe.*E. konigin here E. 3 fro)vil fro P. 4 erwelte Pd welt E. ine allen)der reiße E der reysen d. 5 Czwey tüsent P. man E.

376 (E *Überschrift:* Hie fur konig salomon vnd morolff uber mere noch der konigin). 1 Er sprach *fe.*E. küng salomon P. nu *fe.* E. folge)fol P. 3 (P *Platz für Bild*). und *fe.*E. den)mir den P. herren E. din-din)das E. so *fe.*P. 4 war)Wo d. denne P *fe.*E danne d. den)die E. keren E hien kere d. 5 dar)Dar nach P Da E. in)nach in P. den tot Pd.

377 Salmon wart der rede fro.
er hieß uff sliessen die kamenaten do,
er hieß herfur tragen daz silber und den schatz
und das edele gesteine,
das man den heren allen gab.

378 Da sprach der listige man:
‚sich, kunig, nu hast du recht gethan.
din silber und din golt so rot,
das wiset manigen künen recken
in den ferch grimen dot.‘

379 Die kiele stundent bereit an den staden,
die Morolff und die reise
uber das wasser *solten* tragen.
dar inne gahetten die helde lobesan.
da furte er zehen tusent (f. 318 rb)
uber des wilden meres tran.

380 Da sie uber kament an den staden,
Morolff hieß sie stille haben.
roß und lüte hieß er abe den kielen stan.
da sprach gezogenclich
Morolff der listige man:

381 ‚Kunig, ich horen sagen ie,
du pflegest guter sinne,
der wart dir nie als not als hie.‘
Er sprach: ‚Morolff, ich wart dir zu Jherusalem undertan,
ich gibe dir mine truwe,
ich wil an dinem rate stan.‘

382 Das baner er in die hant nam,
er leite das here zu tal
in einen smalen stig,

den hette er dicke gewallet
nach dem wonder schonen wip,

---

377 3 herfur)dar. daz-den) sinen.
378 2 rechte.
379 4 in. gahten.
380 3 hieß er *fe.* 4 gezogentliche.
381 1 horte. 2 wieltest. witze. 3 dir also not nie.
382 1 genam.

---

377 2 Vff hieß er E. 3 er)Vnd Pd. herfur)yme dar E. daz *fe.*P. daz-den)sinen E. den schatz)das golt d. 4 das)ouch P ouch das d. edel PE. 5 *Do gab er den herren rychen solt d. hilden E. allen *fe.*E.
378 1–5 *fe.*E. 1 morolff der Pd. listig P. 4 manigen)vil mengen P. 5 ferch *fe.*P.
379 1 *fe.*P. stundent)worden E. 2 Morolff und *fe.*E. 3 das)die d. solten *fe.*S. 2–4 Morolff vnd die riessen mit ein ander / Sassent in die kyele dan P. 4 darzů d. gingen E. 5 er)morolff P. tusent)tusent man P dusent helden d. 6 draüm E stran d.
380 1 Da)Vnd do P. uber *fe.*d. qwamen her ober czu dem E. 2 Do hieß morolff sy alle stille P. bat E. 3 hieß er)must man E. abe)vs P in E. die kele E. glan P lan E gōn d. 4 sprach) reit er E. vil gezogenlich P dogentliche E *fe.*d. 5 Morolff der) Der vil E. listig P.
381 1 Er sprach kunig SPd. horte PE. ie *fe.*P. 2 enpflegest P wildest E pflegetest d. sinne)wicze vnd synne P wytze E. 3 der) Die d. wart)yn det E wurdent d. dir *fe.*PE. als)so PE. als hie)me E. 5 ich-mine)Jch gib dir des min Pd Vff myn E. truwe du listiger man d. 6 an)mich an E. din rat E. bestan Pd lan E.
382 (E *Bild: Salomon, Morolf und Ritter auf zwei Schiffen*). 1 Morolff der listig man / Do das panner in P Morolff der degen lobesam / Das banner yn E Morolff das baner in d. genam Ed. 2 geleyte d. here *fe.*d. tal *fe.*P. 3 *fe.*S(*nach* E). in einen *fe.*P den d. smalen)famel P. 4 dick P. gewandelt d. 5 dem)des d. vngetruwen E künigs salomons d. wibe SPd.

383 verre gein dem vinstern dan.
da gap er herberge manigem hochgebornen man.
Morolff sprach: ‚kunig, ich weiß es wol,
warumb du bist uß komen.
ich gibe dir des mine truwe,
ich han die mere wol vernomen.

384 Wir mogent der *burg* vil nahe sin.
Salmon, vil lieber here min,
sich, da solt du selber uff gan.
uff mine rechte truwe,
das duncket mich vil gut gethan. (f. 318 va)

385 Du solt dar ine wagen dinen lip,
so siehest du Salome din schones wip.
die ist hubsche und gemeit,
die minnet dir ein heiden.
sich, kunig, das las dir werden leit.‘

386 Da sprach der kunig Salmon:
‚Morolff, was han ich dir gethan,
das du mich wilt senden uff min leben?
han ich den zorn umb dich verdient,
das laß farn, ußerwelter tegen.‘

387 Da sprach der vil listige man:
‚kunig, nu muß es also ergan,
Salome die ist dir also liep,
und ging es dir an din heupt,
du enliessest sie bliben nit.‘

388 ‚Die liebe ist gar verlorn,
sie hat den heiden zu einem andern liebe erkorn.‘
und sprach: ‚hette ich es gewisset zu Jherusalem,

ich gibe dir des min truwe,
ich were mit dir nie komen uber se.‘

---

383 2 wegemůden. 3 Er sprach es *fe.* 4 min.
384 1 vil)wol. 2 vil *fe.* brůder.
385 1 in. 2 Salome *fe.* 3 hubesch. 5 sich *fe.*
386 4 verdienet.
387 2 nu *fe.* ez můz. 4 houbet. 5 beliben. niet.
388 3 und sprach *fe.* het. gewist. 5 wer. mit dir *fe.*

---

383 1 verre)vor E Ferre hien d. gegen Pd *fe.*E. dem)des P eyme E. vinstern)fürsten P. 2 vil manigem d. hochgebornen)muden Ed. 3 Morolff)Er Ed. kunig *fe.*d. du weist wol E. es *fe.*d. 4 *Vff myne rechte druwe E. gib P. min P. 5 die)der P. wol *fe.*E.
384 1 herberge S burge Pd. vil)wol PEd. 2 vil *fe.* Ed. here)bruder ED brůder vnd herre d. 3 sich)Disen stege dD. da *fe.* PE den d. du solt PE. selber)hin E *fe.*dD. 4 rechte *fe.*Ed. 5 vil *fe.*d Gar vnd E. gut)wol PEd. mich reht vnd (?) D.
385 1 dar in Pd *fe.*E. drin wegen D. 2 gesichest PD. Salmone S *fe.*E. din)das E din vil dD. wonder schone E. 3 hubsch PEd. gemeit)woll gemüt E. 4 die)Sie E. nam P bůlet d. ein)ein ubel d. 5 sich *fe.*Ed. wesen Ed.
386 1–5 *fe.*d. 2 Morolff *fe.*E. 3 schicken P. uff)vmb PE. 4 verdienet P. 5 das)So P Den E. farn)in varen vil P faren E.
387 1–5 *fe.*d. 1 *fe.*E. lustige S listig P. 2 nu *fe.*E. eß muß E. 3 die *fe.*PE. also)woll so E. 4 und *fe.*E. Ginge E. heupte E. 4 *Jch ließ dich doit verliebe nit E. sie)sin P. beliben P.
388 1f. *fe.*d. ist)die ist P. 2 eynen andern heiden / Czu eyme liebe E. (d *Holzschnitt:* Hie gět Salomon vnd morolff miteinander einen berg vffen vnd morolff zeigete salomon den rechten stige vff zů gǒn zů der burge wendelse do die künigin vff was etc). 3 und)Er P *fe.*E Salmon d. sprach *fe.*E. vnd het ich es geheissen czu P. het d. 4 ich-des) Vff mynen rechte E By myner d. 5 wer Pd. mit dir *fe.*d. niemer Pd. sehe S. kommen her / Vber see were ich nit E.

389 Er sprach: ‚kunig, du solt ane angst farn,
ich wil dich mit dem liechten stahel wol bewarn.
und werest du vermeldet zu hant,
so griff zu der krucken din
und gebar recht als ein kuner wigant.‘

390 An leit *im* der kune degen schier
under sin cleider ein gut pantzer.
er gabe im ein vil gut stabe swert, (f. 318 vb)
des was der riche keiser
zu sinen handen vil wol *ge*wert.

391 Er satze im uff ein slavenige gut,
dar inne was verwircket mit listen ein stahel hut.
der halff dem kunig lobesam,
das er vo*n* manigem heiden
sin ende nie gewan.

392 Er stieß im in den kotzen sin
bi dem ort ein cleines hornelin.
er sprach: ‚wan du das blaßest, kunig lobesam,
so kome ich dir zu helffe
wol mit zehen tusent man.‘

393 Morolff der listige man,
der wisette den kunig vor den dan.
da sach er ein burg, die waß wunnesam.
er sprach: ‚dar uff ist konig Fore
und manig heidenscher man.‘

394 Er sprach: ‚wise mich der stege gein der burge baß.‘
Morolff der gefing der rede haß.
er sprach: ‚war hast du din sinne gethan?
ich lag uff der selben burge gefangen,
wie kume ich den wechtern entran.‘

389 1 Er sprach *fe.* an angest. 3 und *fe.* wurdest. 4 din *fe.* 5 gebare. recht *fe.*

390 1 kune *fe.* 2 wat. panzier. 3 gap. vil *fe.* 5 vil *fe.*

391 1 scheuben hut. 2 in. 3 kunige. 5 da sin. niet.

392 2 orte. 3 er sprach *fe.*

393 2 wiste. 3 die *fe.* 4 er sprach *fe.* 5 heidenischer.

394 1 Er sprach *fe.* 2 Morolf geving. 3 er sprach *fe.* dine. 4 gefangen *fe.* 5 den wechtern)da von.

---

389 1 Morolff sprach d *fe.*E. magst E. ane)on PE. faren d. 2 dem)mynen E. liechten *fe.* PE. stahel)listen E. bewaren d. 3 und *fe.*E. wirstu P Wordestu E wurdest du d. zu hant)stan P dan E. 4 din *fe.*E. 5 gebar)were dich E gbore d. recht *fe.* Ed. ein frömder (frommer E) man PE.

390 1–5 *fe.*P. 1 im *fe.*Sd yme E. degen kune S. kune *fe.* E. degen küne vnd schier d. schiere S. 2 gewant E cleydt d. 3 jm in sine handt ein gutes stabes d. vil *fe.*E. stabe *fe.*E. 4 künig salomon d. 5 zu-vil *fe.*d. vil *fe.*E. wert Sd.

391 1 ein)eynen E. ein)ein gut S eynen E. scheuben hut E schlaff hüben gut P slauoniger gůt d. 2 in PE. mit listen / Gewürcket PE. ein stehelin hut P Von stahel eyn hut E. 3 der)Do P. lobesam)salomon d. 4 das er *fe.*E. vor S. 5 sin)Do sin P Das er sin E do sines d. endes d. nie)nüt P nicht E. ennam PE genam d.

392 1 in)vnder E. holczen P. 2 bi)Vnden an E. orte Pd. 3 Morolff sprach d *fe.*E. fürst PE. 4 kum P. 5 wol *fe.* PEd. man) diner man Pd.

393 1 der)der vil d. degen labesam E. 1f. Do geleitte morolff der vil listig man / Den küng salomon da fur den tan P. 2 der wisette) furte E. vor den)von E. 3 ein)die E. die *fe.*E. 4 er sprach *fe.*E. dar-konig)da ist vff der burg PE. ist)ist der d. 5 heydensch P.

394 1 Salmon sprach dD*fe.*E. gegen P do gegen d. burg P. 2 der *fe.*PEd. fing E wart dD. der)die E. reden PD. baß E gehaß dD. 3 er sprach *fe.*E. war)künig war d. dine PE. gethan *fe.*D (?). 4 lag)was E. burge)muren P. gefangen *fe.*E. 5 den wechtern)do P da von E.

394a Er sprach: ‚obe nu din helten furent uber se,
so keme uns niemant zu helffe,
es must uns beiden an das leben *gen.* ‘
Do begunde Salman fur sich gan,
ie doch so sach er sich dicke umb,
ob in Morolff icht hisse stille stan.

394b *Do sprach Morolff der listige man:*
‚du must allein hin in die burg gan.
dar in soltu dich vil wol bekennen.
ich hatt durch dine schöne frouwen
vil nach min lip verlorn. ‘

395 *Do begunde heisse weinen kunig Salmon.*
er sprach: ‚Morolff, dugenthaffter man,
verlure ich uff der burge das leben min, (f. 319 ra)
so thue es durch bruderliche truwe
und las dir die sele enpholhen sin.‘

396 Er sprach: ‚kunig, dir mag gewerren nit,
uber dich von den heiden kein urteil beschicht.
du must das urteil uber dich selber geben.
da mit sollen wir in ane gewinnen
beide lip und auch das leben.

397 Verurteile dich vor den finstern dan,
dan kume ich dir zu helffe
mit zehen tusent diner man.
din ere muß da vor sich gan.
konig Fore und alle die sinen
mussent die libe verlorn han.‘

398 Morolff lieffent uber die augen sin.
er sprach: ‚Salmon, lieber bruder min,
din schone kan sich verbergen niht.

nu leucke du ir nit lang,
obe dir din ere wurde liep.‘

---

395 1 Salman begunde furbaz gan. 2 er sprach *fe.* 4 tů. 5 und *fe.* befohlen.
396 1 Er sprach *fe.* 2 von den)git der. beschicht)daz ist mir liep. 3 das *fe.* 4 soln. im. 5 unde leben.
397 1 Urteil. 5 konig *fe.* al. 5 den lip.
398 3 niet. 4 du *fe.* lange.

394a 1–3 *fe.*E. 1 ob P. nu *fe.*P. din)die P. 2 hilffe me P. 3 beiden fe.d. gan SP. 4-395,1 *fe.*S. 4 Do fe.E. Salman begunde Ed. fur sich)vorbaß E. 5-395,1 *fe.*d. 5 *Da stunt er dicke stille E.
394b 1 Morolff *fe.*E. list P. 2 hin-burg)czu hirburge E. 3 *Vnd salt das woll horen E. 4 hatte E. schöne *fe.*E. 5 *Den lypp nahe verlorn E.
395 1 *fe.*Sd. Salmon weynen da began E. 2 er sprach *fe.*E. 3 Verlier P Verliesen E. uff)in PE. leben)heubt E. 4 tů PE. erzöige brůdliche d. truwe)liebe vnd truwe P. 5 und *fe.* PEd. die)min Pd. befalen Ed.
396 1 Morolff sprach d *fe.*E. kan PE. gewerden P bescheen d. nicht PEd. 2 *Dir gyt der heiden eyn (Der heyde git vber dich kein d) verteil das ist mir liepp Ed. geschicht P. 3 das *fe.*d selber E. selber über dich P. 4 in)im S ene E yme d. ane)ab P. 5 beide *fe.*P. auch das *fe.* PEd.
397 1 Vrtel PEd. dich)dich selber d. finsteren d. 2 dan)Dar so P Da E So d. kommen dir E. 3 mit *fe.*E. man)dinst man E. 4 ere)vrteil d. müssent d. da)so P *fe.* Ed. 5 konig *fe.*E. 6 die liebe SP den lypp E das leben d.
398 1 *fe.*E. gingent d. 2 *Richer konig salomon / Sprach der listige man E. sprach *fe.*P. Salmon *fe.*d. bruder)herre P. min) vnd herre myn d. 3 Din)die P dine d. schone)schone farbe S. schöne frouwe P. kan sich)machtu d. 4 nu)Vnd E. locke P leucken E enloucke d. du *fe.* PE. ir *fe.*d ir ouch P. lange PEd. 5 *Vnd habe sunst keiner sorgen nicht d. din)ye E. ere ye P.

399 Morolff ging da wider in den walt.
Salmons gedenck wurden manigfalt.
nu stat er uff dem witen plan
und ist in großen sorgen
der edele kunig Salmon.

400 Salmon in die burg gegangen kam,
da wart er wol enphangen
von des heiden swester der meide wol getan.
sie sprach: ‚siest wilkum, wallender man, (f. 319 rb)
wannen komest du der lande
her in dieße heidenschafft gefarn?

401 Din antlit ist so wonesam,
woltest du bi mir hie gestan,
ich gebe dir willenclich win und brott,
das dich da von nieman scheide,
es thue dan unser eins tot.‘

402 Er sprach: ‚junckfrauwe, ich bin ein sundig man,
ich mag an einer stat die lenge nit bestan.
es ist mir czu einer busse gegeben,
ich muß es umer triben,
die wile und ich han daz leben.‘

403 Da sprach die maget lobesam:
‚walle bruder, wie sere ich daz dinem libe vergan.
dir gezeme vil baß ein schones wip,
dann das du solt verderben
dinen stoltzen lip.‘

404 Die maget hup sich von dannen zu hant
in die burg, da sie die kunigin fant.
sie sprach: ‚vil edele kunigin,
es ist uff den hoff komen
der aller schonste bilgerin.

405 Es ist der aller schonste man,
den ie kein frauwe ie gewan.
ja es burnent im die augen sin
vil schone in sinem heubte
als einem wilden felckelin.

---

399 1 da *fe.* 2 gedenke.
400 4 wis. 6 her *fe.*
401 2 hie *fe.* bestan. 3 unde. 5 tů. eines.
402 1 junckfrauwe *fe.*
403 2 waller. ichs. 5 wetlichen.
404 1 von dannen *fe.* 3 sie sprach *fe.* owe frouwe min. 4 es) uns. bekomen.
405 3 es *fe.*

---

399 1 (Sd *Initiale*). da *fe.* Ed. 2 warent E wurdent do P. 3 Da stunt E. er)Morolff d. 4f. Vnd getar in die burg nit gan P Vnd zwyffelt also sere / Obe er hin weder wolde gan E. 5 der edele d *fe.* S.

400 1 (P *Initiale*). kam gegangen d. 2 wol)gar wol d. 3 heiden) künigs foren d. des heidensche swester man / Vnd auch von der meyde labesam E. 4 biß P wiß E. wallender)eyn elender E du wallender d. 5 Von wannen P. komest du)bistu E. 6 her *fe.* E. dieße)die PdD. gegangen P gegan dD.

401 1 Din)Sie sprach din P. 2 Vnd woltest Pd. hie *fe.* E. hie by mir Pd. bestan E. 3 williglichen E gewilliclichen d. 4 schiede P. 5 tů P in dede E. denne Pd. eines PEd. dode E.

402 1 jungfrouw P *fe.* E. sündiger Pd. 2 gedar E enmag d. stede E. die-bestan)nit woll gestan E. 3 einer *fe.* E. bůß P. 4 *Das ich das an muß driben E. umer)yemer me P. 5 und *fe.* Ed das P. myn leben / War vmb mustu dan solichs thun / Da erslug ich den bruder myn / Edele konigin / Das muß ich vmmer drurig sin E.

403 1 wünnesam PE. 2 Wallender brüder P Weller E. wie sere *fe.* E. ser Pd. daz)eß E. verban P. 3 vil)wol PE. baß *fe.* E. 4 Denne Pd. das du)du alsust P. solt)also wilt d. verlieren P vnder binden E. 5 schonen E edelen wol gezierten d.

404 1 von dannen *fe.* E. 2 die)yr E die edele d. frauwe E. 3 Sie sprach *fe.* E. Owe liebe frauwe myn E. künigine d. 4 es)Vns E. hoffe E. bekomen d. 5 schoneste Ed. bilgerine d.

405 1 (P *Initiale*). aller *fe.* E. schöneste d. 2 ie *fe.* Pd. keine d. ie) noch ye E. 3 es *fe.* PE. yme Ed. 4 vil schone)Recht E. hou-bete d. 5 eim P. valken P felcklin E.

406 Es mag vil wol sin der kunig von Jherusalem. (f. 319 va)
vil edele kunigin,
   er ist nach dir komen uber se.
sin augen sint im nit zu gra,
hoffelich stent im sin brahen an.'
   das erlachte die kunigin ie sa.

407 Da sprach die frauwe wol gethan:
,so we dir, Morolff, Salmons man.
hast dü ine nach mir gesendet uber see,
ich gibe dir des mine truwe,
   du gesiehst ine lebendig nimerme.'

408 Da sprach die maget lobesam:
,so sol im doch nit schaden,
   daz ich ine vermeldet han.
so wil ich selber botte nach im sin,
daz er balde rume dinen hoff
   als liep im das heubt si.'

409 Da daz die kunigin ersach,
das der jungfrauwen umb ine was so ungemach,
sie sprach: ,nu heiß ine stille stan,
wann ich will selber schauwen
   den vil ellenden man.'

410 Vier cappelan winckte sie balde dar.
sie sprach: ,balde brengent mir den ellenden man.'
da sie ine ferest ane sach,
nu mogent ir gerne horen,
   wie die kunigin sprach:

411 ,Wiß wilkum, Salmon, min man.
mir ist leit, das Morolff jungst entran, (f. 319 vb)
das ich den tegen nit gefing,
das wissest an zwifel,
   und in hoch an einen galgen hing.'

412 Er sprach: ‚das sint die untruwe din.
Morolff warent liep die eren min.
du must wider werden min wip,
ich gibe dir des min truwe,
oder Morolff nimet dir dinen lip.‘

---

406 1 vil *fe.* 2 kuniginne. 5 sine bra. an *fe.* 6 *fe.*
407 3 in. nach mir *fe.* 4 min. 5 in.
408 2 doch *fe.* 3 in. 4 nach)zů. 5 dinen)den. 6 leben.
409 2 der megede was. 3 in. 4 wann *fe.*
410 1 balde dar)san. 3 in. 5 kuniginne.
411 3 ich)man. 5 hoch *fe.*
412 1 Er sprach *fe.* 2 ere.

---

406 1 vil *fe.* PEd. 2 vil)Nün berat dich P. vil edele)Berade dich E. 3 uber se)her E. 4 *Syn münt syne nase sint wol geton d. 5f. *fe.* E. im an sin brauwen P. 6 *Es ist ye ein hochgeborner man d.
407 1 künigin d. 2 kunig salmons d. 2–5 Jß hat gedan morolffs salmons man / Der hat ene gesent uber se / Jch nemen iß uff myn truwe / Eß muß yme an syne heubt gen E. 3 in Pd. sehe S. 4 gib P. min P. 5 gesichest in Pd. nit me d.
408 1 woll gedan Ed. 2 Eß sal yme nit E. im)es yme d. 3 ich eß gesaget E. in Pd. 4 *Jch will selber czu eme bade sin E. nach)czu Pd. 5 balde *fe.* E. dißen P den E. hoffe E. 6 Also Ed. yme E als yme d. sin leben E das leben d. hoübte moge sin P.
409 1 (P *Initiale*). Da)Also balde d. daz *fe.* E. 2 mede E. was vmb in so gach P was vngemach E. 3 in Pd. 4 wann *fe.* E So d. wil in P wil ich in d. 5 *Den bilgeryn wol gethan d. vil *fe.* E. edelen P.
410 1f. *fe.* E. winckte)sant P. dar)hin dan d. 2 balde *fe.* P. ellenden fe.P. 3 erst P ferre E. an sache E. 4 Gerne moget yr Ed. 5 die kunigin)sie E daz vngetruwe wip d. czü im sprach P.
411 1 Sie sprach wiß S. Biß gode wilkom E. 2 das)das mir Pd das vns E. cze jüngst P Nu czu leste hinan E zü hinderst d. 3 ich)man E. enfing PE. 4 rüwet mich P wisse Ed. 5 und) Das man E. hoch)nit hoch P nit E *fe.* d. einen)einen hohen d.
412 1 Er)Salomon Pd. Er sprach *fe.* E. das)frouwe das PE. 2 was d. lieber P ye lieb E. ere Ed. din P. 4 *fe.* P dirs E. myne d. 5 oder *fe.* E. den d.

413 Sie sprach: ‚diner minne enger ich nit,
kunig Fore ist mir dristunt als liep.
bi dem wil ich imer sin.
ich getruwe im wol der gnaden,
er richte mir uber das heubet din.‘

414 Er sprach: ‚frauwe, laß mich gesunt hinnen farn,
so getruwe ich Morolff wol vor dir bewarn,
das ẹr nimer komet nach dir uber see,
des gibe ich dir min truwe,
und gleube mir es, edele kunigin her.‘

415 Sie sprach: ‚es duchte dich vil gut gethan,
ließ ich dich gesunt von hinnen gan.
du must mir buwen einen ast.
ich gibe dir des mine truwe,
ich wene, das ir es sit vil wol gebrast.‘

416 Er sprach: ‚edele kunigin her,
ir warent bi mir czu Jherusalem,
lant und lute warent uch under than.
edele kunigin,
das sollent ir mich geniessen lan.‘ (f. 320 ra)

417 Da furte man den tugenthafftigen man
in ein schone kamenaten hin dan
*hi*nder einen spehen umb hang.
da stunt der riche keiser,
die wile duchte ine alle zu lang.

418 Salmon *hi*nder dem umb hang waß,
bitz der heiden uber dische gesaß.
da der konig Fore uff de*n* hoff gereit,
da beschach der edelen kunigin
beide liep und leit.

413 1 Sie sprach *fe.* niet. 2 also.

414 1 Er sprach *fe.* 3 nach dir *fe.* 5 und-es *fe.* kuniginne.

415 1 Sie sprach *fe.* es)Daz. 4 min. 5 irs.

416 2 *do du were ze Jerusale. 3 dir. 4 kuniginne. 5 des solt du.

417 1 Man fůrte. tugenthaften. 2 schone *fe.* 3 umbe. 5 in. alle *fe.*

418 2 disch. 3 Fore *fe.* 4 edelen *fe.* kuniginne. 5 unde.

---

413 1 *fe.*d. Sie sprach *fe.*E. beger P ger E. 2 kunit S. also PE. 3 dem)dem so P dem künig foreen d. 4 im wol der)siner E. yme d. genoden d. 5 Das er mir riche P.

414 1 Er sprach *fe.*E. frouw P. lant Pd. Von hinnon Pd. 2 Jch getruwen morolffs E. ich dich vor morolff wol d. vor dir wol P. cze bewaren PE. 3 niemer me (me *fe.*d) nach dir komet Pd. nach dir *fe.*E. sehe S. 4 Jch geben dirs E. ich-min)mir din P. 5 und-es *fe.*d vnd glob mirs P Ich gleuben dir E. edele *fe.*P. here Sd.

415 1 (P *Platz für Bild,* d *Initiale*). Sie sprach *fe.* es)das PEd. duncket PE. vil gut)woll E vil güter d. 2 Las P. ich)man E. von *fe.*E. 3 du)Nein du P. mir buwen)konig pharo / Hie czeren E. 4 dirs E. min PE. 4f. Morolff vnd alles syn gsinde die müssent werden dir ein gast d. 5 weis P. ir es)dirs P. ir-wol)dir sin nie E.

416 1 edele)vil edele P. here SEd. 2 Da du were czu E. 3 Vns warent ouch land vnd lut P. lute)burge E. dir E. 4 *Ach edele küngin wol geton P. 5 Wöllent ir mich des nit Pd Des saltu mich E.

417 1 Do wiste sy den P Man furte den Ed. dogenthaffte E. den künig lobesann d. 2 in)Dorch E. schone *fe.*E. 3 hin vnder S Vnder d. schonen Ed. vmbe d. 4 sas d. der wise man E. 5 duchte)was P. ine)im P in d. alle *fe.*P nit E gar d.

418 1 vnder S. den E. saß E. 2 Vncz P. der)das d. konig pharo Ed. uber den E. tisch Pd. saß E. 3 Fore *fe.*E. dem S. reit PEd. 4 geschach PE. edelen *fe.*E. künigine edele Pd. 5 beide *fe.*SE. und)vnd ouch P.

419 Wie balde sie im engen ging,
m*i*t wißen armen sie den heiden umbe fing.
sie sprach: ‚edeler furste lobesam,
wann dich min augen nit sehent,
so mag ich kein freude gehan.‘

420 Das sach Salmon durch den umb hang,
die wile was im zu lang.
er sprach: ‚got, durch die beste dugende din,
was mag falscher untruwe
in der kunigin sin.

421 Susser got, du solt mich wissen lan,
sol ich mins dinsts nit baß genossen han?
mir wil das mort grim ubel wip
an dissen stunden
verratten minen lip.‘

422 Die dische *r*ichte man vor Fore dem heidenschen man,
als sinem adel wol gezam. (f. 320 rb)
uber die taffel saß der kunig rich,
czu ime gezogencliche
die frauwe minneclich.

423 Da der heiden uber dische gesaß,
die kunigin Salmons nit vergaß.
sie sprach: ‚lieber here min,
es ist uff de*n* hoff bekomen
der aller schonste bilgerin.

424 Es ist der aller schonste man
den ie kein frauwe ie gewan.
es mag wol sin der kunig von Jherusalem.
nu rate, lieber here min,
wie sol es im an dem libe erg*e*n?‘

425 Da sprach Fore der heidensche man:
‚Salmon mag nit wol in dießem lande gan.
ist es aber der kunig von Jherusalem,
git er mir schone antwurt,
ich sende ine wider uber see.‘

---

419 1 engegen. 3 sie sprach *fe.* 4 gesehent. 5 keīne. han.
420 1 umbehang. 4 grozer untruwen. 5 an. kuniginne.
421 3 ubel *fe.* 5 lip)weltlichen lip.
422 1 vor - man *als 2. Zeile.* 5 im.
423 1 disch. 3 sie sprach)owe. 4 es)uns.
424 4 rat. min *fe.*
425 1 heidenische. 2 nit wol *fe.* nit bestan. 3 aber *fe.* 5 in.

---

419 1 engegen PEd. 2 Mt S. schnewyssen d. den heiden)jn P. vmb PEd. 3 sie sprach *fe.*E. edeler)fil lieber P. 4 *So wenne dich nit sechent die ougen myn P Wan ich dich nit sehen mit den augen myn E. gesehent d. 5 enkan d. keyne d. han PEd.
420 2 im)im uil P eme nit E. 3 got-beste)dorch got vnd die E. tugent PE. 4 grosser vntruwen Ed. 5 An der edeln E. dem falschen wibe gsin d.
421 1 Richer E. 2 *Jch han dir vil gedienet / Des saltu mich geniessen lan E. miner truw P. 3 grym mort S mort grime Pd vngedruwe E. ubel *fe.*E. 4 an)Czu E Hie an d. 5 mir minen S. lip)weidelichen lypp E werden lip d.
422 1 rachte S. Fore *fe.*d. dem)den P. 1–3 Da die mere vernam der heidinsche man / Er ging czu yme als eme geczame E. 2 sinem adel)eim richen fürsten P yme von adel d. 4 gezogentliche *fe.*P ging czuchtigliche E. 4f. Zů yme sas die künigyn gezoͤgenlich d. 5 die)die schöne P.
423 1 konig uber die dafel E. sas d. 2 (d *vertauscht* 2 + 1). kunigin) froume d. 3 sie sprach *fe.*E. lieber)vil lieber P wie lieber E ach lieber d. 4 Vns ist kommen uff E. uff)har vff P vns vff d. dem S üwern P. komen P her komen d.
424 1 (P *Initiale*). Er Pd. 2 den ie)Den Pd. keine d *fe.*E. ie)czu der welt ye E. 3 Er d. 4 rate)rat an vil P radt E. min *fe.*Ed. 5 *Eß muß eme an sine leben gan E. ergan SPd.
425 2 wol *fe.*P. nit wol *fe.*E. gan)nit bestan E. 3 Jß ist E. aber)dan d. 4 Vnd gitt P Gebe E. 5 sende ine)los in faren d. los in faren d.

426 Da sprach die kunigin her:
,laßest du ine faren uber se,
sine liste kennest du nit,
er rattet dir an das heubet din.
here, nu sume dich auch nit.

427 Nu sich, wo er *hin*der dem umb hang stat,
es enmag sin keiner hande rat,
er muß jetz fur dich gan.
nu begang du dich mit ime wie du wollest, (f. 320 va)
dines willes ich ie gefolget han.'

427a *Nůn ist verratten der künig Salmon,*
das het sin elich wip getan.
sol er behalten nu sin leben,
des künigs Fore schwester
di müs man im ze helffe geben.

428 Uff stunt die maget edele
vil balde von irem gesidele.
sie sprach: ,bruder, wie sol es dir ergen?
in hat verratten *sin* elich wip
nach der *ist er* komen uber see.'

429 Sie sprach: ,bruder, wilt du behalten dinen lip,
so gip Salmon wider sin schones wip.
du solt dich des benügen lan,
das du ime ane alle schulde
so vil zu leide hast gedan.'

430 Da sprach Fore der heidensche man:
,ich enhan im czu leide nit gedan,
ich wil mir selber haben die kunigin
alle die wile ich han das leben,
des gibe ich dir die truwe min.'

431 Die maget die hup *uff* ir wat,
sie ging uber hoff in ein schone kamanat.
ein drinckfaß sie dar uß genam
mit edelm lutern getranck,
sie brachte es dem kunig Salmon.

---

426 1 kuniginne. 2 last. in. 3 enkennest. 5 kunig. auch *fe.*
427 1 Nu *fe.* 2 hande)slachte. 3 iezů. 4 du *fe.* im. 5 dins willen.
428 4 in)dich. din. 5 du bist.
429 1 Sie-bruder *fe.* 2 schones *fe.* 4 im. alle *fe.*
430 1 heidenische. 3 selber *fe.* 4 al.
431 1 die *fe.* 4 lutertranke.

---

426 1 here SPEd. 2 Vnd lastu Pd lestu E. in Pd. 3 *Du erkennest sine große liste nicht P. Siner d. enkennestu E erkenestu d. 4 redet E. 5 *Du solt gesehen es geschicht d. küng PE. nu)dar vmb P. in sume E. auch *fe.* PE.
427 1 Nu *fe.* E Sy sprach d. Systu Ed. wo er)das (wo d) er dort Ed. vnder Sd. 2 mag PEd. hande)slachte E hande slachte werden d. 3 ietz)ingenot P itzunt E yetzen d. fur dich)her fure PE. 4 nu *fe.* E. du *fe.* PEd. ime *fe.* P. 5 willen Pd. Jch dime willen E. ye *fe.* E dir d.
427a 1–5 *fe.* Sd. 1 der *fe.* E. 3–5 Der usserwelte degen / Muste mit grossen listen / Fristen sin junges leben E.
428 1 (SPd *Initiale*). sprang E. 2 balde)snelle E. irem)dem E. 3 sie sprach *fe.* E. bruder)zů künig fore dem heydenschen man / Ach lieber brůder d. ergan SPEd. 4 in)dich SE den küng Salomon P. sin)din SE. elich *fe.* P. 5 *fe.* d. du bist S bistu E.
429 1 (d *vertauscht mit* 2). Sie-bruder *fe.* PEd. wiltü nu P. 2 sinen wypp E. *Du solt sy yme wider geben d. 3 dich)ene E. benügen)geniessen E. 3f. dich-du *fe.* P. 4 alle *fe.* PEd. 5 so *fe.* d. zu *fe.* P. hast czu leide E. hast zů leyde vil getan d.
430 1f. *fe.* E. Fore *fe.* P. heydenische P. 2 han Pd. 3 mir selber *fe.* E. han PE. 4 alle *fe.* E. ich)das ich P. ich mag geleben E.
431 1 die *fe.* PEd. uff *fe.* S. 2 sie)Vnd P. uber)uber den Ed. schone *fe.* E. 3 dar uß *fe.* E her vs P. nam P gewan d. 4 mit)Mit gar P. luterem trancke Pd luter drang E. 5 dem)dem edelen d.

432 Sie sprach: ,nü drincke, ein edeler furste her,
dich hat verratten din elich wip,
    nach der du bist komen uber see.'
da Salmon der kunig da getrang, (f. 320 vb)
er gap ir gezogenclich
    das trinckvas wider in die hant.

433 Da sprach der kunig Salmon:
,vil schone maget wolgethan,
hette ich dich zu Jherusalem,
uff mine rechte truwe,
    den tauff mustent ir bi mir best*en*.'

434 Da sprach die maget lobesam:
,kunig, were das mime libe gethan,
das ich mit dir muste uber see,
du dunckest mich ein tugenthaffter man,
    ich wolt mich mit dir wol beg*en*.'

435 Sie sprach: ,nu forchte ich, das ich dir schade.
man nimet unser beide gut war*e*.
du solt mit mir vor minen bruder gan
und gip im schone antwort,
    so sendet er dich wider uber see hin dan.'

436 Da sprach der kunig Salmon:
,wie solt ich schone antwort han?
mir nam doch der bruder din
Salme min vil schones wip.
    sin heubt solt wesen min.'

437 Sie sprach: ,so solt du hie gedencken dar an,
das du nieman mogest han,
der dir friste din werdes leben.

dar umb solt du im durch alle not
ein vil schone antwort geben.‘

---

432 1 Sie sprach *fe.* drinc. 4 da-da)do der kunig Salman. 5 das trinck vas *fe.*
433 5 du m$\mathring{u}$stest den touf bi.
434 2 das)ez. 4 mich so tugenhaft.
435 1 Sie sprach *fe.* 2 gut *fe.* 3 gen. 5 er sendet. hin dan *fe.*
436 2 mochte. 4 min schone frouwe. 5 houbet solte.
437 1 Sie sprach *fe.* Du solt. dran. 2 maht gehan. 3 werdes *fe.* 4 umbe. alle *fe.*

---

432 1 Sie sprach *fe.*E. trinck PE. ein)du E *fe.*d. fürst edel vnd her P. here SEd 2 dich)Vnd wissest dich P. 3 har kommen P. 4 der kunig *fe.*E der küng sallomon Pd. da *fe.*Ed. 5 ir)ir das trinckfas P es ir vil d. gezogentlich)schone antwort czu hant E. 6 *fe.*E. das trinkvas *fe.*Sd. wider)schöne wider P.
433 1f. Er sprach edele konigin here E. 2 vil)Ach P. 3 üch P. 4 *fe.*E. uff)Ich sprich es vff d. rechte *fe.*Pd. 5 ir müsten den touff by Pd Du mustest des dauffes by E. bestan SEd enpfan P.
434 2f. *fe.*d. 2 kunig)Vnd P. das)eß mit E. mynem P dyme E. liebe S libe nit übel P. 3 ich ich S. solde E. müste mit dir hin über P. 4 ein)als ein P so d. tugenthafftiger P dogenthafft E. man fe.E. 5 *fe.*d *Das ich mich mit dir wol wölt began P. woll mit dir E. began SEd.
435 1 *Ach mich duncket sicher wie / Das ich dir schaden bringe hie d. Sie sprach *fe.*E. schade gar E. 2 gut *fe.*E genote d. 4 und)Jch P Dem E. im)du E. antwurte gar d. 5 Er sendet dich Ed. hin dan fe.Ed.
436 1 Salmon sprach edele iungfrouwe herre d. 2 mochte E mag d. ich)ich yme d. han)geben P geben / Er het mir vor iherusalem gerne genomen min leben d. 3 Ja nam mir E. doch)doch faron P *fe.*E ouch fore d. 4 min-wip)die schone frauwe myn E myn schone frouwe d. 5 *Des muß ich vmmer drurig syn E. houbet d. solt)solt billich Pd.
437 1 Sie sprach *fe.*E Die iungfrow sprach d. so *fe.*Ed. Du salt Ed. hie)aber P *fe.*d. dran d. 2 macht gehan Pd kanst gehan E. 3 gefryste P. werdes *fe.*E vil werdes P. 4 mustu E. im *fe.*E. alle *fe.*PE. 5 ein vil *fe.*E.

438 Salmon gewan eins lewen muht, (f. 321 ra)
vor den kunig Fore er sich hup.
er sprach: ‚Fore, du ungetruwer man,
was hast du zu Jherusalem
der großen hertze leide mir gethan?

439 Du neme mir Salome min vil schones wip,
ich solt dir han genomen dinen lip.‘
das was dem heiden gar ein spot.
er sprach: ‚richer kunig Salmon,
die rede vergebe dir got.

440 Du weist wol, kunig Salmon,
das ich durch die schone frauwe
manigen stoltzen helten verlorn han,
und das mich din hant gefing,
das ich zu Jherusalem
drú jar in dinen banden ging.

441 Da loste mich Salme din schones wip.
durch die wilt du verlieren dinen lip,
das ist mir inneclichen leit.
vil richer künig Salmon,
was woltest du uber den see breit?‘

442 Da sprach der kunig Salmon:
‚kunig Fore, was hette ich dir gethan,
daz du mit mir fechte eine*n* herten folg wig
umb die edele kunigin?
ich solte dir han genomen dinen lip.

443 Diner geburt wolt ich dich geniessen lan, (f. 321 rb)
nu hast du untruwe an mir gethan,
und sol ich keine wile leben,
so getruwe ich got siner gnaden,
du must mir din heubt geben.‘

444 Da sprach Fore der heidensche man:
,vil richer kunig Salmon,
hettest du mich zu Jherusalem, als ich dich han,
uff dine truwe,
mocht ich gesunt von dannen gan

---

438 3 er sprach *fe.* 5 hertze *fe.*
439 1 vil *fe.*
440 2 schone *fe.* 3 stoltzen *fe.* helt. verloren. 5 das)und.
441 1 schones *fe.* 4 owe kunig. 5 se so breit.
442 2 kunig *fe.* 3 herten *fe.* folg wig)strit.
443 4 siner)der. 5 houbet.
444 1 heidenische. 3 han)hie han. 4 cristentruwe.

---

438 1 ein P. 3 er sprach *fe.*E. künig fore d. 4 zu)mir czü P. 5 hercz P *fe.*Ed. mir *fe.*P mir vil d.
439 1 nempt P namest d. vil *fe.*PEd. 2 dir)dir billich P. genommen han E. den P. 3 der heiden spot E. 4 *fe.*E.
440 1 wol)vil wol P. 2 schone *fe.*E. diner frouwen willen d. 3 Vil mengen P. stoltzen *fe.*E. helt PEd. verloren Pd. 4 fingk E. 5 das)Vnd PEd. zu)by dir zů d. 6 Wol drü d. yare PEd. den d.
441 1 erlost P. din)dz wunder P. schöne P *fe.*E. 2 lip)werden lip d. 4 vil richer)Vwe E. 5 des wilden sewes P die heide E. so breit d.
442 2 kunig *fe.*E. hett P. 3 mit *fe.*P. einem S. herten *fe.*Ed starkken P. folg wig)strit PEd. 4 *Dorch diese konigin edele E. kunigin)schöne küngin P. 5 Solde ich dir E. dir)dir billich P. genomen han PE. (Sd ***wiederholen*** 439,3–440,1)
443 1 wolde Ed. 2 nu)Deß E. untruwe)große vntrůwe P. 2f. Du antwurtest mir vß grymem zorn / Dar vmb so soltu wissen / Das du din leben hast verloren / Salmon sprach sol ich dan ein zyt noch leben d. 3 und *fe.*E. 4 Jch getruwe PE. got-gnaden) myme gode E. siner)der Pd. 5 müssest P. houbet d.
444 1 Fore *fe.*P künig fore d. 2 vil richer)Nu sage mir E. 3 hie han PEd. 4 Sa mir vff P So sage mir by d. diner d. cristen druwe E. 5 *Wie solde mir iß ergan E. Ließest du mich P. dannen) dir P.

444a uß der stat von Jherusalem
in das riche lant gein Wendelsee?
das sage mir kunig Salmon,
uff din cristiliche truwe,
mocht ich gescheiden gesunt von dan?‘

445 Salman sprach: ‚das wil ich dir sagen.
ich hieß dich wol behalten,
bitz das es morn begünde tagen
und hieß dan alle mine man
bereiten einen galgen
so schon *und so wunnesam*

445a zwuschen dem walde und der burge min.
das solt du vil sicher sin,
das kunde nieman understan,
ich gibe dir mine truwe,
da wolte ich dich selber hencken an.‘

446 Da sprach Fore der heidensche man: (f. 321 va)
‚nu hast du urteil uber dich selber gethan.
nu nement sin war alle min man
und lant ine ungebunden
vil schone in miner burge gan,

447 bitz das es morne beginne tagen,
vernement recht, was ich uch sagen,
so bereiten einen galgen wonnesam,
da man den richen keiser
ane hencke vor den vinstern dan.

448 Verluret er hie das leben sin,
so belibet auch mir die kunigin
hinnen fur iemer me,

so enhan ich keine sorge,
    das Morolff nach ir kome uber se.‘

449 Da sprach die frauwe wol gethan:
,so wol dir Fore, du heidenscher man,
wilt du ime hie nemen das leben *sin*,
ich gibe dir mine truwe,
    so wil ich gern bi dir sin.‘

---

445 2 hieze. wol *ge.* 4 hieze. dan *fe.* 6 *da wolte ich dich henken an.
446 1 Fore *fe.* heidenische. 2 nü *fe.* du hast. 3 al mine. 4 in.
447 2 recht *fe.* 5 an. dem.
448 2 auch *fe.*
449 2 heidenischer. 3 im. 5 gerne.

444a 1–5 *fe.* Ed. 1 der)der gutten P. 2 gein)ze P. 3 *Sag mir tugenthaffter man P. 5 gescheiden *fe.* P. dan)dannen gan P.
445 1 sprach das *fe.* E. das *fe.* E. ich wil E. dir)dir recht E dir gar eben d. 2 wol *fe.* Ed. 3 Vncz P. das *fe.* PE. morn *fe.* E. begünde)wirde d. 4 und)Jch E. dan *fe.* E dich denne P. 5 hochen galgen P nüwen galgen d. 6–445a,4 *fe.* E. so *fe.* S Gar d. undwunnesam *fe.* S. und so)vnd gar d.
445a 1–4 *fe.* E. 2 Des P Künyg fore des d. vil *fe.* d. 4 Das wisse vff myne P. 5 selber *fe.* E.
446 1 Fore *fe.* PE. 2 nü-du)Du hast das E. du)du das P. selber über dich gegeben P. 3 Er sprach nu P. nü *fe.* E. sin)iß E. alle war myne lieben dienst man d. 4 und *fe.* E. lasent d. in Pd. 5 vil schone *fe.* E. miner)vnßer P der E.
447 1 Vnd wan iß morn E. begynnet PEd. 2 recht *fe.* E vil recht P. uch *fe.* P. 3 so)Vnd d. einen)dan ein P. 4 do)Das E. man-richen)můs salomon der riche P. 5 ane-vor) Gehenck in E Gehenkket werden fur P.
448 1 Da verluset er das E. 2 auch *fe.* PE. die)die schone P. 2f. So blicket mir immer me die künigin d. 3 fur)vort E. mere E. 4 Jch han sin keyn E. sorge me P. 5 sehe S.
449 1–5 Die künigin sprach sprach fore wiltu jm nem das leben / So will ich iemer by dir bliben / Des wil ich dir myne truwe geben d. 2 so-dir *fe.* E. dü *fe.* P. 3 Vnd wiltu P. sin *fe.* S. 4 *fe.* E. dir des myn P. 5 Jch wil yemer gernerne by P gern)vmmer E.

450 Salmon *sprach:* ,frauwe, das ist nit zu vil,
wie gerne ich das durch dich liden wil,
vil edele kunigin her,
ich getruwe got der gnaden,
   es sol mir also nit ergen.'

451 *Kunig Fore hieß her fur tragen,*
das wil ich üch nemlich sagen,
zwo starcke kettin, die warent isin.
do hieß er zorneclichen
   den richen keiser schlissen in.

451a ***Nu will man den kunig Salmon***
slissen in czwo fessern freisam.
da inne muß er verliesen
sin werdes leben,
   man wolde dan dem leser drincken geben.

452 *Do das die jungfrouwe ersach,*
es was ir leit und ungemach,
das man im wolt nemen das leben sin,
das begunde sere erbarmen
   das vil schöne megetin.

453 *Vil bald si fur iren brůder trat.*
sie sprach: ,wir hant mit fröuden gelept mangen tag,
das ich dich ernstlich nie gebatt.
nu gib mir Salmon den richen keiser
   nit den diße einige nacht,

454 *das er one isin bant hie bi uns ge,*
wan mir tut das jamer we,
und las ich inne denne faren über se,
ach, lieber brůder,
   so getruwe mir niemer me.'

450 1 Salmon sprach *fe.* 3 vil *fe.* kuniginne.
451 1 Kunig *fe.* 2 ich wilz uch werlichen. 3 zwo verzzern. die *fe.* iserin.
452 3 wolte. 4 sere *fe.*
453 1 Wie balde. ir. 2 sie sprach *fe.* gelebet manigen. 4 nu *fe.* Salmon *fe.* 5 nit)nit me.
454 1 er in den isern banden icht beste. 2 wan *fe.* also we. 3 und *fe.* laze. in. denne faren *fe.* 4 ach)neina. 5 du mir.

---

450 1 Do salomon P. sprach *fe.* SP Salmon sprach *fe.* E. 1–4 Salomon sprach ich getruwe got wol siner gnoden schon / Das sage ich dir edele künigin d. 2 gerne *fe.* P. 3 vil *fe.* E Wil P. 4 der)wol den P. 5 sölte P soͤlle d. mir *fe.* E. nicht also Ed. ergan SPEd.
451 (*In* S *Rest der Spalte und Spalte* 321vb *leer, folgendes Bild herausgeschnitten, dadurch Verlust von* 451–461,4. *In* d *Holzschnitt:* Hie brachte der heidensche künig fore zwo ketten vnd wolte den künig Salomon dar yn thůn verschmyden Do batt yn künig foren schwester abe etc.). 1 (d *vertauscht mit* 2). Küng *fe.* E Der künig d. her)eme her E. 2 Das *fe.* E Nůn so. Jch wil E. werlich E for wore d. 3 starcke *fe.* Ed. kettin die)fessern E. ysern E iseryn d. 4 wolde E. zoͤrneclichen d *fe.* PE. 5 den)sliessen / Den E. künig d. schlissen in)yn E.
451a (*nur in* E).
452 1 jung *fe.* P iunge künigin d. 2 es)Das d. vngemacht P. 3 eme wolde Ed. nemen sin leben P. 4 sere *fe.* E gar sere d. erkennen P. 5 *die junge konigin E.
453 1 Wie balde Ed. sprang E. 2 sie sprach *fe.* E. gelebet E. 3 ernschlicher ding d. nie)nye nicht E. 4 (P *Initiale*). nu *fe.* E. Salmon *fe.* Ed. 5 nit den *fe.* E Nit me danne d. dißen eynigen nacht: <tag> P.
454 1 er in den ysern banden icht bestee E. bi uns ge)koͤste d. 2 wan *fe.* Ed. we)also wee Ed. 3 und *fe.* Ed. lassen E. denne faren *fe.* E. 4 ach)Neyna E Das sage ich dir d. brůder myn d. 5 mir)du mir d.

455 *Er sprach: ,wie woltest du in denne behaben?*
uns entran Morolff, do es begunde tagen,
do fůr er uber den wilden se.
entrinnet uns Salmon von hinnen,
wir über winden es niemer me.'

456 *Sie sprach: ,unser beder künigrich*
und dar czů min houbt seczen ich
dir cze pfand sicherlich,
und las ich in varen über se,
so heis mir min houbt abschlan,
ich bitte dich frides niemer me.'

457 *Er sprach: ,so beger ich pfandes von dir nit mer,*
und ließest du in faren über se
und werest du von tusent sippen die schwester min,
din houbt ließ ich dir ab schlan,
des gib ich dir die truwe min.'

458 *Die maget wolt von dannen gan,*
künig Fore hieß si stille stan.
er sprach: ,schwester edel und rich,
nu enpflieg sin wol nach eren,
wan er ist ein fürste löbelich

459 *uber die gůtten stat ze Jherusalem.*
mich růwet sicher sin tugenthaffter lip,
sol im dar an missegen,
und getörst ich vor Salome der frouwen wol getan,
ich ließ in wol gesunt
wider im ze lande gan.'

460 *Do sprach die junge künigin:*
,brůder, dar umb las dich gebetten sin.'
die maget hub sich von dannen cze hant,

czwo isine kettin wurdent her fur getragen,
die warff si vast an die want.

---

455 1 Er sprach *fe.* denne *fe.* 3 und fůr uber. 4 und entrunne er uns von. 5 verwunden.

456 1 Sie sprach)Brůder.. 2 dar czů *fe.* houbet. 3 pfande. 4 laze. varen *fe.* 5 *ich gibe dirs min truwe.

457 1 Er sprach *fe.* enger. me. 2 und *fe.* last. 3 sippen)liben. 4 din)daz. heiz. abe slahen.

458 1 wolte. von *fe.* 3 er sprach *fe.* swester ich bite dich. 4 pflig. 5 wan *fe.*

459 1 uz der stat. 2 sicher *fe.* stolzer. 4 und *fe.* gedorste. Salome *fe.* 5 in gesunt von hinnen. im ze lande)heim gein Jerusalem.

460 2 dar an solt du gemanet sin. 3 dan. 4 zwo vezzern waren. 5 verre an ein.

---

455 1 Er sprach *fe.*E Künig fore sprach d. wie-in)kist yn d. denne *fe.*E nit d. behalten P bhalten dz wil ich dir sagen d. 2 do)dz wil ich dir sagen do d. 3 Vnd fur uber E. 4 Vnd in dronne er vns von Ed. 5 verwonden E.

456 1 Sie sprach *fe.*E. Bruder vnser Ed. 2 dar czů *fe.*Ed. 3 dir *fe.* E. phande Ed. 4 und *fe.*d. lassen E. varen *fe.*E. 5 *Jch geben dirs myn druwe E.

457 1 Er sprach *fe.*E. in ger E. nit me von dir E von dir nit me pfandes d. 2 und *fe.*Ed. se hindan P. 3 und *fe.* E. sippen)libe E lyben d. myn swester E. 4 Das heubt (houbet d) heissen (heiß d) ich Ed. abe slahen Ed. 5 geben E. dir *fe.*P.

458 1 wolde Ed. von *fe.*E. 3 (P *Initiale*). er sprach *fe.*E. schwester-rich)Du edele konigrich E. edel-rich)ich bitte dich d. 4 plig Ed. sin-eren)salomon von nazare P. 5 wan *fe.*Ed. löbelich: <lobesan> P.

459 1 Vß der stat (stat von d) Jherusalim Ed. 2 Sicher mich ruwet d. sicher *fe.*E. stoltzer d. 3 Solte d. im dar an)eß dem E. mißlingen P. 4 und *fe.*d So E. gedorste Ed. Salome *fe.*Ed. 5 wol *fe.*Ed. gesunt)gesundt von hinnen d. 6 wider-lande)hinan E. im-lande)heime goͤn jherusalem d.

460 2 dar an saltu gemant sin E. las dich)woͤllest d. 3 von dannen) von dan E vff d. 4 isine *fe.*Ed. fessern E. waren Ed. 5 vast an)ferne by E balde an d. die)ein d.

461 *Sie sprach: ,wol uff, künig Salmon,*
min houbt ich fur dich geseczet han,
biß das es morne beginne tagen.
ich getrüw dir wol der gnaden, (f. 322 ra)
du helffest mir es vil wol gehaben.'

462 Da sprach der kunig Salmon:
,vil schone maget wol gethan,
ee dann ich dich liesse an dirre not,
uff mine rechte truwe,
ee wolt ich bi dir bliben dot.'

463 Die jungfrauwe Salmon bi der hende genam,
si furte ine uber hoffe
in ein schone kamenaten hin dann.
da was vil wunders inne geschriben.
da inne wart dem richen keiser
die lange nacht wol vertriben.

464 Sie bracht im einen schonen spielman,
ein tutsche harpff er in die hant nam,
einen vehen mantel sie im gap.
sie sprach: ,nu diene wol dem richen keiser
nit me dan diese einige nacht.

465 So wil ich selber bi uch sin,'
sprach da die junge kunigin.
uff das gestule sie zu im saß,
sie troste ine wol mit fliße,
untz er siner sorgen gar vergaß.

466 Ein drincken wart da her fur getragen,
ich wil es uch werlich sagen,
daz brachte die junge kunigin *her*

mit also schonen zuchten
dem edelen fursten von Jherusalem.

---

461 1 Sie sprach *fe.* 3 das *fe.* beginnet. 4 getruwe. wol *fe.* 5 vil *fe.*
462 3 dann *fe.*
463 1 Die-Salmon *fe.* genam)si in genam. 2 in. uber)uber den. 3 schone *fe.* 5 inne *fe.* 6 wol)vil schone.
464 1 brachte. schonen *fe.* 2 harpfe. 3 im)dem. 4 sie sprach *fe.*
465 2 da *fe.* 3 ein matten.
466 1 da *fe.* 5 edelen *fe.*

---

461 1 Sie sprach *fe.* E. uff)vff edeler d. 2 ich)zů einem pfande / Myne brüder d. 3 das *fe.* E. morne)me P. beginnet Ed. 4 gedruwen Ed. dir wol der)diner E. 5 Du behelffest P Jch helffen E. mirs P dirs E. vil *fe.* Ed. behalten Pd bestaden E.
462 1 (PE *Initiale*). 2 vil *fe.* E. 3 dann)das Pd *fe.* E. an)in PE. der E. 4 *Bi myner küniglichen kronen d. uff)Jch nymes vff P. rechte *fe.* PE. trüwe myn P. 5 Jch wolt e P Jch gelege e E. bliben *fe.* E.
463 1 Die-Salmon *fe.* E. Salmon)den küng P. hant P. genam)nam Pd sie ene genam E. 2 in Pd. uber)uber den Ed. 3 schön d *fe.* PE. 4 *fe.* d. in PE. 5 inne *fe.* E. keiser)künige salomon d. 6 lange *fe.* E. wol *fe.* P schone E vil schone d.
464 1 Sie)Die edel jungfrouwe d. Dar czu bracht sy im P. brachte Ed. ein d. schonen *fe.* PEd. 2 ein)Die E. tütsch P. harpfen PEd. 3 ein P. schonen E. im)dem Ed. 4 sie sprach *fe.* E. nü *fe.* P. künige d. 5 me *fe.* PE. einigosten P.
465 1 ich)ich ouch d. uch)uch beyden P. 2 srach S Also sprach Pd. da *fe.* PEd. 3 vff eyn matten E. ime PEd. 4 trost PE. ine) salmon P. wol *fe.* d. flis PEd. 5 Bis das P Bit E das d. sorge P. gar *fe.* d.
466 1 Ein-da)Eme wart drincken E. da)jm d. her fur) dar Pd. 2 Das wil ich üch Pd. es *fe.* E. nemlich P für wore d. 3 her *fe.* S. 4 also *fe.* d hartten E. grossen PE. 5 edelen *fe.* Ed. künige d. von)do von P.

467 Salmon bi der jungfrauwen saß,
bitz er siner sorgen da vergaß. (f. 322 rb)
sie was so rechte minneclich,
das der riche keiser
war freidenrich.

468 Dem spielman er die harp uß der hende nam,
er leit die uff sine beine,
vil schone streich er dar an.
er gedácht an kunig Davit den vatter sin,
der vor der alten Troige
herdacht das erste seiten spiel.

469 Der waz ein edeler furste her
uß der guten stat von Jherusalem.
dannen was auch der kunig Salmon.
vil wol kunde er der engel griff,
der done der was wunnesam.

470 Die finger gingent im vil schone *gar,*
des name die jungfrauwe genot war.
sie sprach: ‚du bist ein cluger spielman,
ich nime es uff mine truwe,
ich wolte mich mit dir wol began.‘

471 Zu ime saß das megetin,
sie rumet im in das ore sin.
sie sprach: ‚richer kunig Salmon,
uff din truwe,
wilt du nit von hinnen gan

472 und wilt nit faren uber se?
min helte sint sere mude,
ich heiß sie alle slaffen gen.
ich bin minem bruder also liep,

ich gibe dir des mine truwe, (f. 322 va)
er dut mir an dem libe niht.‘

---

467 1 junge *fe.* 5 war)wart so.
468 1 harpe. 2 leite sie. bein. 3 slůg.
469 5 don. was)was so.
470 1 vil-gar)gezal. 2 nam. genote. 3 sie sprach *fe.* 4 min.
471 1 in. 3 sie sprach *fe.* 4 din)din rechte.
472 1 nit)du. 2 sere *fe.* 3 heize. 5 min. 6 niet.

---

467 (d *Holzschnitt:* Hie sas die jungekünigin vnd der künig salomon by eyander jn einer kemenate vnd ein spielman stundt vor in mit einer harpffen zů kurtzwilen etc). 1 bi)do by Pd. jung *fe.*E. 2 bitz)Bit das Ed. er)er do d. sorg P. da)gar P *fe.*E ein teil d. 3 Wan sy P. 4 riche *fe.*d. 5 schir wart P. wart)wart so PEd. riche Ed.

468 1 Den d. harpfen PEd. den henden d. 2 *fe.*P *Er stalte sy an sinen arme d. die)sie E. das bein E. 3 vil-streich)Ein frölich strich streich P So lise slug E. streich)spilte d. 4 dauid den konig / Den lieben vatter E. 5 vor troy P. 6 erste *fe.*E. das harpfen spil so vin d.

469 1 Der)Des P. Der waz)Das E. here SEd. 2 Vber die P. von) cze P czu E *fe.*d. 3 auch *fe.*E. 4 Er konde woll E. 5 der done *fe.*E. der was)was so P der was so rechte E der was so d.

470 1 vil schone)gezal E hofelichen d. gar d *fe.* SPĖ 2 nam Pd. genote d gut PE. 3 sie sprach *fe.*E. ein)als gar ein d. cluger) also gut P also hubscher E. (P *Platz für Bild*). 4 *Vnd solte ich yemer by dir syn d. ich-es *fe.*E. uff die truwe myn P. 5 woll mit dir E.

471 1 ruckte E. das)die schöne P die d. iungfrouwe schon vnd fin d. 2 sie)Vnd d. rünete P. 3 sie sprach)Sage mir E. richer *fe.*E ach richer d. 4 uff)Sag mir vff P. din)din rechte E myne d. 5 vnd woltestu d. nit *fe.*Ed. von *fe.*d.

472 1 und *fe.*E. wilt du PE woltest d. nit *fe.*E wider d. 2 sint) die sint d. sere *fe.*PEd. 3 heissen Ed. alle *fe.*E. gan SPd. 5 ich-des)Vff E. myn PE. Ich weis wol d. 6 an-libe *fe.*E.

473 Er sprache: ‚jungfrauwe, was solt mir dan das leben,
solte ich min sele umb dich geben?
ich wil bi dir in sorgen stan
die nacht bitz an de*n* morgen,
wie es mir danach sol ergan.‘

474 Sie sprach: ‚so enkan ich dir gehelffen niht.
morn fruge so komet die heidensche diet,
czwey tusent oder me,
sie clagent uff das heubet din.
mir tut das jamer also we,

475 daz ich dir nit gehelffen kan.
vil richer kunig Salmon,
sie verteilent dir din leben.
du muhst mich ummer ruwen,
du bist ein ußerwelter tegen.‘

476 Da sprach *der* konig Salmon:
‚ich getruwe vil minen engeln
in dem walde, das sie mich nit enlan.
nu swig, mir tunt din trehen we,
und kume ich umer uß dirre noit,
ich danck dirs, edele kunigin her.‘

477 *Do die rede ein ende nam,*
von dem tage es liechten began.
do erwachte fore der künig her.
da furte man vor gerichte
den edelen furste von Jherusalem.

478 Er hette besendet mage und dinstman.
sie kament uff den hoff geritten und gan
zwey tusent oder me.

sie clagent alle glich
uber den fursten von Jherusalem. (f. 322 vb)

---

473 1 sprach. solte. dan *fe.*
474 1 niet. 2 frů.
475
476 2 vil *fe.* 3 lan. 5 danke.
477 4 vor)ze. 5 kunig.
478 2 gegan. 4 clageten. gliche. 5 kunig.

---

473 1 Er)Salmon d. sprach PEd. jungfrauwe *fe.*d. Solde Ed. dan fe.Ed. das)myn P. 2 solt P Jungfrouwe schone solte d. 3 bestan: <bestanden> in den sorgen P. in)in den S. 4 die) Diße P. dem S. 5 wie-sol)Wie sal mir es E. darvmb Pd. sol *fe.*P. erge P.
474 1 so *fe.*P. kan PEd. 2 Morne Ed. die)vil der d. heydenschen d. 4 sie)vnd P. 5 *Das dut mir vmmer wee E.
475 1 dir)dir leyder d. gehelffen nit en kan E. 2 vil *fe.*E Ach P. richer)edeler d. 3 din)das P. 4 du)Ach du d. 5 *Jch wolte gerne mynen lip für dich geben d. du)Wan du P. ein)ein also P. ein ußerwelter)so schone eyn E.
476 1 der *fe.*S. 2 vil)wol PE *fe.*d. minen)den E. 3 *Die ich in dem walde han gelan E. enlan)lond Pd. 4 nu *fe.*E Er sprach maget nůn d. swig *fe.*P. 5 und *fe.*E. umer *fe.*E. 6 gedencken P dancken Ed. dir S. edele *fe.*P vil edele d. here SEd.
477 1–3 *fe.*S, 1–5 *fe.*d 3 (P *Zwischen* 3 *und* 4 *Überschrift:* Hie fůret man für gerich / Den küng salomon; *folgt Initiale.*) 4 vor) czu E. 5 edelen fursten)küng PE. Jherusalem vor gerichte S.
478 1 Er)Ffaron P Künig fore d. hette besendet)besante d. mage und) fründe vnd P manchen Ed. 2 *Die alle uff den hoffe quamen E. den *fe.*P. riten d. gegangen P gegan E. 3 mere E aber me d. 4 clagetent d. alle)vff in alle P. gelich P gliche d. 5 fursten) ellenden fursten P konig Ed. zů d.

479 Sie sprachent: ‚Fore, vil usserwelter tegen,
richte uns uber Salmons leben,
sit er uns ist komen in diß lant.‘
‚daz thun ich vil gerne,‘
sprach der kunig zu hant.

480 Das urteil daz wart schiere gethan
uber den kunig Salmon,
das man den keiser lobesam
solte hencken vor der burge
vil ferre vor den finstern dan.

481 Uß der burge folgten frauwen und man
de*m* richen künig Salmon
vil verre vor den vinstern tan,
do man dem richen keiser (f. 323 va)
sin leben sölte genomen han.

482 Die jungfrauwe nebent im reit,
mitt irem fehen mantel
sie im den sweiß abe reip.
sie sprach: ‚du bist ein furste lobelich,
din farbe ist noch unverblichen,
wann du bist den rosen glich.‘

483 Morolff hette ine uß der hute nit gelan.
er reit vor den walt
und warte gein der burge hin dan,
und da er sie von ferren komen sach,
er reit wider zu den sinen.
gern mögent ir horen, wie er sprach:

---

479 1 Sie sprachent *fe.* vil *fe.* 5 Fore der.
480 1 was. 4 da erhenken. vor der burge *fe.* 5 vil *fe.* dem.

481 1f. Im volgten frouwen unde man / nach uz der burge dem kunige Salman. 3 vil *fe.* vor)in. 5 gewinnen an.

482 4 sie sprach *fe.* 5 noch *fe.* 6 wann *fe.* gelich.

483 1 uß der hute *fe.* 2 vor)aleine fur. 3 burg. 4 und *fe.* von *fe.* 6 gerne.

---

479 1 Sie sprachent *fe.*E. künig fore d. vil *fe.*Ed. 2 Nůn richte PE Du sot vns richten d. 3 sit)Sit das P. uns *fe.*E. kommen ist E. in)har in P. das Pd. 5 der kunig)faro P pharo der konig E der künig fore d. zu)alze P.

480 1 Das)Die P. daz *fe.*PE. wurdent P was E. schier Ed sicher P. 2 den)den edeln Pd. 3 (P *Initiale*). das)Do P. keiser)hochgebornen fürsten P degen E. lobesam *fe.*P. 4 hencken)da erhenkken E. vor der burge *fe.*Ed. der)die P. 4f. vil ferre vor den finstern dan / Den richen kunig salmon / Solte hencken vor der burge vor den finstern dan S *vgl.* 481,2–3 5 vil *fe.*Ed. vil ferre *fe.*P. vor)Jn PE. den)eyn E.

481 1 Do volgenten vs der burge P Eme fulgten E. 1–4 Do die edele jungfrouwe das ersach / Gar groß was ir vngemach / Sie sprach we dir fore brůder myn / Das du wilt das vnschuldige blůt erdoͤten / Durch der valschen vngetruwen künigin / Jch schrige den roch über uch heiden / Ach edeler keiser das ich můß von uch scheiden / Das müsse nůn gott erbarmen / Sie küste yn an sinen roten mundt / Vnd vmb fing yn mit iren wißen armen / Do fůrtent sie salmon von der bürge für den dan / Bitze zů dem galgen do sie yn wolten hencken an / Do man dem wysen salomon vnd dem frummen d. 2 Den S. Noch uß der burg dem konige E. 3 vil *fe.*E. vor)in PE. 3 (S ***Rest der Spalte leer, folgt Bild: Salmon unterm Galgen***). 4 keyser fromen S. 5 wolte d. han genomen Sd gewinnen an PE.

482 1 Die)Die edele d. nebent)alles neben E. 2 irem fehen)eyme guden E irem vehen vnd zabelen d. 3 im)salomon d. treip S reit E. 4 sie sprach *fe.*E. künig du bist noch wunneclich d. lobelichen S. 5 noch *fe.*P dir nit E. verblichen E. 5f. Dine frouwe ist den roten rosen glich d. 6 wann *fe.*E. den)eyner E. vil glich P.

483 1 ine-hute)sinen herren E. verlan P. 2 vor)alleine für d. vorwalt)von dem folcke E. 3 wart PE. gegent Pd. 4 (P *Initiale*). und *fe.*PEd. sie)yne E. von ferren)erste P ferre Ed. komen) ane PE gegen jm kumen d. sach komen S. 5 reit do P ylte E. 6 Gerne PE. gern-er)in den walt vnd d.

484 ‚Wol uff, ir helten lobesam,
koment zu helffe uwerm heren Salmon!‘
also sprach Morolff der vil listige man:
‚uff mine truwe,
ich sach in *in grossen* noten farn.

485 Wer noch hut waget sinen lip
durch sinen rechten heren,
was got dem grosses lones git!
ir helden, ir sollent nit verzagen,
komen wir umer gein Jherusalem,
vil riche m*ie*te sollent ir haben.

486 Die furte sint gar dieff,
wir mogent das mere nit beritten,‘
also Morolff zu ine allen rieff,
‚und gedenckent nit an uwer schone wip
und an uwer kinde da heim, (f. 323 vb)
das uns nit blode werde der stritt.‘

487 Da sprachen die besten under in:
‚Morolff, woltent wir verzaget sin,
so werent wir nit komen uber see,
das solt du wißen stoltzer tegen gut.
nu begang dich mit ime wie du macht,
wir entwichent dir nit einen einigen fuß
und soltent wir sterben in unserem blut.‘

488 Also Morolff die rede da vernam,
er was ein freidenricher man.
er hat gefuret uber see
zwen tempel herren,
die nam der tegen her.

484 2 uwerm here)kunig. 3 also *fe.* sprach der listige man. 4 mine rechte. 5 grossen)den.
485 1 noch *fe.* hute. 6 vil riche)groze. solt.
486 1 Uns sint die. gar)gar zů. 3 in. allen *fe.* 4 und *fe.* 5 und) noch. kint. 6 uns nit)icht.
487 2 *wir wollen alle bereit sin. 3–5 *fe.* 6 einigen *fe.* 7 ertrinken. but)eigenen blůt.
488 1 da *fe.* 2 wart. 3 hete. 4 zwene. 5 der stoltze.

---

484 1 herren E edlen helden d. 2 Helffent d. uwerm heren)konig E uwerm edelen herren / Dem werden künige d. 3–5 *fe.* d. also *fe.* E. Morolff *fe.* E. vil *fe.* PE. lustige S. barn P. (P *wiederholg anschließend* 482,3–484,3) 4 uff)Jch sag uch vff P. mine)myn / rechte E. 5 gesach E. in *fe.* SP Nye me in E. grossen)den Sd so grossen E.
485 1 noch *fe.* E do noch d. hütte PEd. 2 rechten)eignen d. 3 *Gott der herre jm grossen lone dar vmb git d. 5 Vnd koment P. Kommet yr E. gein)wider gen P czu E. 5f. Wanne wir gön jherusalem komen ir sollen grossen lon haben d. 6 vil riche)Grosse E. richen mute S.
486 1 Vns ist die fuchte E. sint)die schnidet d. gar)gar cze PEd. 2 wir)Sie E. des meres E. geritten PE. 3 *Das ist mir liepp E. zů ynen lieff d. 4 und *fe.* Ed. Er sprach nitt d. 5 *fe.* d. und) Nach E. 6 *Das wir iu dem strite nit blöd werden / Vnd darzů verlierent vnser lybe d. uns nit)icht E. strit vnd der lipp P.
487 1 jne S. 2 woltent wir)wir wollen nit E. 3 *fe.* PE *Wir werent nitt mit dir kummen har d. 4 *Das wisse sicherliche E *Was du vns wysest vnd heyssest d. 5 *Wir wollen alle bereit sin E *Das wellent wir dir folgen alle gar d. begange P. im wie du wöllest P. 6 wichen P wellent d. dir nit)von dirre nit P vmb E dir nit entwichen d. einigen *fe.* E. einen – fuß) edeler degen gůt d. 7 *fe.* E. sterben)alle ertrincken d. blut)eigen blůt d.
488 (S *Initiale,* d *Holzschnitt:* Also morolff hielt vor dem walde vnd teilte syn volck vnd befal sie zweyen tempel herren die er mit jm fůrte über mer). 1 Also)Da E. da *fe.* E. 2 wart PEd. 3 hat)dar P hatte E hette ouch mit jm d. gefuret hat P. 5 der)der stolcze PE. here Ed.

489 Er befalch ine ein here schar
und sprach: ,nu leitent sie vor den walt
    und nement vil gnote war,
obe got mir den sig under dem galgen wolle geben,
alle die gegen der burge fliehent,
    der sollent ir keinen lassen leben.'

490 Er sprach: ,edeler here, hertzog Friederich,
durch din tugent bit ich dich,
ach, hochgelobter tegen lobesam,
nu fure du durch dinen heren
    ein schare mit dir vor den dan.'

491 Da rittent sie alle furbaß.
Morolff hieß sie erbeissen uff das graß.
er sprach: ,nu bindent uff die helme liecht, (f. 324 ra)
ich sage uch uff mine truwe,
    wir gewinnent sie ane arbeit nit.'

492 Da erbeißtent sie nider uff das lant,
ir helme bundent sie uff zu hant.
sie sprachent: ,Morolff, du dugenthaffter man,
nu ensume dich nit lange,
    kume zu helffe dem kunige Salmon.'

493 Da sprach der listige man:
,nu las uns warten, wellichen tuffel
    wollent sie mit ime an vahen.
sie mussent es halber under wegen lan.
kunig *Fore* und alle die sinen
    mussent die libe verloren han.'

494 Die heidensche diet under dem galgen lag,
Salmon mit der kunigin reden pflag.
er sprach: ,frauwe, durch die beste tugent din,

nu helffe mir, das ich geblase
dristunt min cleines hornelin.

---

489 1 in eine. 2 *fe.* 3 und)nu. genote. 4 mir got. wolle geben)gegebe. 5 alle *fe.* 6 solt.

490 1 Er-here)Neina. 2 dine. 3 ach hochgelobter)edeler. 4 nu *fe.* du *fe.* 5 schar.

491 3 er sprach *fe.* 4 min. 5 nieht.

492 1 Sie erbeizten. 3 sie sprachent *fe.* 5 kum.

493 2 nu *fe.* lant sehen. welchen. 3 im. ane van. 4 halber *fe.* 5 al. 6 den lip.

494 1 heidenschaft. 3 er sprach *fe.* 4 nu *fe.* hilf.

---

489 1 here)gude E herliche d. 2 *fe.*E. und)Er d. nu)zu im nu P *fe.*d. gleyden d. 3 *Die namen yrs herren gude ware E. gnote) gutte P. 4 mir got PEd. sig)syg wolte d. wolle *fe.* Ed wil P. gegebe E. 5 alle die)Welche E Alle die do d. gein E. 6 *Der laßent keinen nit genesen P. der)Die E. keiner sellen ir d. keinen *fe.*E.

490 1 Er sprach *fe.*PEd. edeler here)Ach edeler P Neyna E. here *fe.*d. fröiden rich P. 2 so bit Pd. 2f. *fe.*E. 3 *Du bist doch ein fürste lobesan d. ach *fe.*P. 4 du *fe.*d. durch)fur P. dins herren willen d. 4f. Fur dorch dinen willen / Das here mit krafft von dan E. 5 mit dir)mit helden P volcks d.

491 1 rittent-alle)foren eyn wenig E. 1f. Morolff sprach sicher ich rote das / Jr söllent erbeissen jn das gras d. 2 hieß sie)bat E. 3 er sprach *fe.*Ed. nu *fe.*P vnd d. liechte d *fe.*P 4 ich-uch *fe.*PE. mine)myn rechte E. 5 wir gewinnent)Jß gat hyn E. an PE.

492 1 Sie ir beisten E. 2 ir)Die E. daden E. 3 sie sprachent *fe.*E. du *fe.*PEd. tugenthafftiger P. 4 nu *fe.*E. Süme E synne d. 5 dem)dinem S *fe.*P

493 1 *Morolff sprach swigent ir söllent nit gohen d. morolff der P. 2 laßent P. warten)varen P. nu-warten) Lant sehen E Wir wellent rechte besehen d. 3 sie mit jm wellent d. mit ime)dan E. an gan PE. 4 halber *fe.*E me danne halb d. 5 Der kunig SP. kunig *fe.*E. Fore *fe.*SP. 6 Die mußent P. das leben Pd den lypp E.

494 (E *Überschrift:* Hie hebet sich der stryt an vnder dem galgen mit konig Salomon vnd dem Heyden. *Daneben Bild: Salmon stößt ins Horn*). 1 heidenschafft E. 2 czů (*fe.*E) reden mit der küngin PE. zů reden d. 3 er sprach *fe.*E. 4 nu *fe.*PE. hilff PE erloube d. 4f. ich hie dry stunt / Blase myn hornelin E. 5 min)das P. cleyne P.

495 Es sol min urkunde sin,
das Sant Michel entphae die sele min.
es vernimet die engelsche diet,
sie nement der selen war
und lant sie verderben niht.

496 Du weist wol, frauwe *wol gethan*,
daz kein furst verdirbet, (f. 324 rb)
man solle ine dri stunt in sin hornelin blasen lan.'
der frauwen wart der reden zorn.
sie sprach: ,richer kunig Salmon,
den rat hat dir Morolff ußerkorn.

497 Wer in hie lat blasen sin horn,
so mussent wir alle unser leben han verlorn.
heiß wartten gein dem *walde* hin dan,
wie das der kunig gefugett,
ime k*o*ment zu helffe sine man.'

498 Konig Fore wart der rede zorn.
er sprach: ,Salmon, nim du din horn
und setze es an dinen munt,
unt thuest du es gern,
so blase es me dan zehen stunt,

499 und kement dir zu helffe alle dine man,
so bist du doch der aller erste,
der den lip muß verlorn han.'
Salmon wart der rede fro, (f. 325 ra)
er suchte in sinem kotzen
sin cleines hornelin da.

500 Er satzte das hornelin an sinen munt
und bliese es mit krefften,
das vernament sin helden zu stunt.

die slevenie stieß er in das graß,
die krucke nam er in die hant,
daz er ir uff dem rucken nit vergaß.

---

495 1 Das. 3 engelische. 4 der)miner. 5 niet.
496 3 sol in sin hornelin dristunt. 4 rede.
497 4 das)ez. 5 im.
498 4 gerne. 5 blas.
499 1 al. 2 aller *fe.* 3 verloren.
500 1 das hornelin)ez. 2 blies. 3 sine. 4 venie sucht er an das. 6 der er uf.

---

495 1 Das PEd. 2 die)Von mir die E. 3 (3–5 ***in*** E ***nach*** 496,3). es)Das E. vernymmetz d. 4 der)myner d. 5 lassent E. vnderwegen P.
496 1 wol *fe.*E doch wol d. wol gethan)schone Sd. 2 kein)kein edeler d. also verdirbet PE. 3 sin hornelin dristunt Ed. lan / Vor war ich uch das sagen kan S. 3–6 Also sprach ku der kung salomon / Ffür war ich uch gesagen kan P. 4 *Da sprach die frauwe woll gedan E. 5 sie-kunig)Swig E. richer-Salmon *fe.* d. 6 ußerkorn)gedan E.
497 1 (1–5 *fe.* P). Lossent wir yn blosen d. 2 Wir mussen das leben E. unser)das d. 3 Hieß E. gegen d. wilden see Sd. 4 das)iß Ed. zů füget d. 5 kament S.
498 1 *Die rede wart pharo czorn E. Der frouwen was die P. 2 küng salomon P konig E. du *fe.* PE do d. 3 und *fe.*E Důstu es gern d. 4 *fe.* d. unt)Er sprach P *fe.*E. es)es vil P. gerne E. 5 so *fe.*E Vnd d. blas P. me dan) obe du wilt d.
499 1 und *fe.*E. 2 so *fe.*E. Du bist E. aller *fe.* PEd. erste vnder ynen d. 3 (S ***Rest der Spalte frei, Bild: Salmon stößt ins Horn;*** d ***Holzschnitt:*** Also küng salomon mitten vnder dem galgen stunt vnd bliese sin hörnelin vnd stunt des künigs foren swester bi jm). 4 Küng salomon P Salomon der künig d. 5 Do sucht er vs dem PE. kotzen sin E. 6 sin)Ein vil P Eyn E.
500 1 Das hornelin sast er E. das hornlin P es d. sinen)den E. 2 und)Er E. blies PE. mit)mit gantzen d. 3 vernoment Pd. zu stunt)jung E. 4 die)Sine d. venungen sturczete P venie sucht E. in)vff P an E. 5 die)der d. crucken PEd. czu der hende E. 5f. nam-ir *fe.* d. 6 daz er ir)Der er E. nit)er nit d.

501 Da das die kunigin ersach,
gerne mogent ir horen, wie sie sprach:
,nu sage du mir, kunig Salmon,
waß sol dir die krucke in der hende?
    du hast es durch ein falscheit gethan.'

502 Da sprach der kunig Salmon:
,schone frauwe wol gethan,
ich han sie mit mir gefuret uber se,
man sol sie czu mir hencken,
    sie kumet uber see nimer me.'

503 Morolff hette gemacht dri schar,
ein was swartz gefar,
die ander *wis* als dann der sne,
so was die dritte bleich gefar,
    die furte Morolff selber der stoltze degen her.

504 Die junckfrauwe wartette gein dem walde hin dan.
sie sprach: ,ein here, dugenthaffter man, (f. 325 rb)
der fert mit einer swartzen slevenie
wan ine der wint ein wenig under wieget,
    so ist sin harnasch wiß als ein hermelin.'

505 Die junckfrauwe balde vor Salmon drat,
die rechte mere sie ir sagen batt.
sie sprach: ,nu sage, kunig Salmon,
uff dine truwe,
    wie ist din Michel gethan?

506 Das solt du mir rechte sagen,
wan ich siehe einen heren dugentlichen haben
und *v*aren under einer swartzen slevenie,

wann ine der wint under wieget,
so ist sin lip wiß als ein hermelin.‘

---

501 3 nu-mir)saga. 5 durch valsch.
502 5 uber see)hinwider.
503 2 der was eine. 3 alsam. 5 stoltze *fe.*
504 4 ein wenig *fe.* underwet.
505 2 rechte *fe.* 3 sie-sage)saga. 4 dine rechte.
506 2 wan *fe.* 3 und varen *fe.* 4 in. underweṫ.

---

501 3 mir *fe.*P mir du d. nu-mir)Saga E. 4 dir die)dine d. in)czů PE. der)den P die d. henden P. 5 es)das P. ein falscheit) valsch PE.

502 2 Ach schone d. labesam E. 3 *fe.*E. hergefurt P. sehe S. 4 sal mit mir hencken sie E. 5 uber see)hin (her E) wider PE hien über d.

503 1 hat gemachet P. scharen volckes d. 2 Der was eins PE Die eine die was d. gefar)gar PE far d. 3 andern P. wis)was S. wis als dann)alle sam de wiß als P wyß als E was wyß wie d. 4 Die dritte was Ed. far E *fe.*d. 5 fur P. selber *fe.*E. stoltze *fe.*Ed. here SE.

504 1 ging E. gegen Pd. 2 sie sprach)Sie sach P Da sach sie E. ein here)ein herren P eren herren E salomon d. dugentricher d engelich P dogentlichen E. man)an PE. 3 der fert)Do fur P Faren E Ein herre fert do her d. mit einer)vnder eyme E mit d. schwarcz wete Pd swartzen scheffelin E. 4 wan)Also P. ine *fe.*E. ein wenig *fe.*PEd. under wieget)erwegete P vnder wehet sin hare E engegen weget d. 5 so ist *fe.*P. so-wiß)Jß ist yme wiß E. wiß)was wiß P. wiß-hermelin)von silber wiß vnd von golde rot d.

505 1 Wie balde sy fur (czu E) den (dem E) küng salomon (*fe.*E.) trat PE. 1–4 Die jungfrowe sprach nů sage mir edeler künig salomon d. 2 rechten P *fe.*E. mer P. 3 sie-sage)Saga E. nu sage)sag mir P. 4 *fe.*P. truwe)rechte druwe E. 5 Michel)engel sancte michahel d.

506 1 ·recht E. rechte für worheit sagen d. 2 wanne d *fe.*E. siehe *fe.*P ein Pd. dugentlichen haben)do her traben d. 3–5 *fe.*d. 3 und *fe.*E. warten S. einem schwarcz greyen fin P. slevenie) schare E. 4 wann)Also P. weiet P wehet E. 5 Sin lypp ist wiß E. wiß-ein)als ein wißes P.

507 Er sprach: ‚jungfrauwe, siehest du *eine* swartze schar,
daz sint die tuffel und nement miner selen war.
siestu eine bleiche schar,
das sint unsers herren mage
und sint komen uß der hellen dar.

508 *Sehestu du ein wisse schar.*
das sint alles engel und nement miner selen war,
wan ich bin ein sundig man.
den strit macht du gerne schauwen,
den sie umb die selen werdent han.‘

509 Da sprach die junge kunigin:
‚Salmon, das mag gar wol sin.
du hast din engel her
mit dir her gefuret
uß der guten stat zu Jherusalem.

510 Das sint din dinstman, (f. 325 va)
sie wellent dich in noten nit lan.
sie komen dir czu helffe *vor dem walt,*
da von saltu dich woll gehaben,
Salmon, kuner degen balt.

511 Ach richer kunig Salmon,
wilt du mich allein in den noten lan?
nu slahe vast mins bruder man,
uff mine truwe,
du must minen willen han.‘

512 Salmon ir des sine truwe gap.
er sprach: ‚nu wichent uß den rossen uff der stat,
vil edele kunigin her,

und ist es, daz ich gesige,
ich fure uch mit mir gein Jherusalem.‘

---

507 2 die)allez. 4 das)die.
508 1 eine. 5 sollent.
509 2 gar *fe.* gesin. 3 dine.
510 1 dine. 2 nit in noten.
511 1 Ach *fe.* 3 nü *fe.* slach vaste mines.
512 1 sin. 3 kuniginne. 5 mit mir *fe.*

---

507 1 gesecht P. eine E)die Sd ye P. 2 die)alles E. tüfelen d. 3(5–508,3 *fe.*Sd Text *nach* E). *Gesecht du die bleichen varwe schar P. 4 das)die E. unsers)dines P. 5 vs der helle komen P.

508 1 du)du denne P. die wißen schar P. 2 alles)die P. war P. 3 vil sündiger d. 4 möchtent ir gern P. 5 wollent P sollint E.

509 2 gar *fe.*PEd. gesin d. 3 habest P. dinen S din PEd. here Sd *fe.*E schon har P. 4 her *fe.*PE. gefüret her d. 5 uß)Das wisse sicherlich / Von E. zu *fe.*PE von d.

510 1 Das)Jß E. dine Ed. lieben dienstman d. 2 sie)Die E. sollent P. in)in dinen P in den E. nit jn nöten d. 3 sie)Vnd d. komen)wollent SPd. vor-walt)komen SPd. 4 (*fe.*S *nach* E). *Vs dem walde als ich han vernomen / Durch den walt P Das mag mich leider nit gefrummen d. 5 *fe.*d. Salomon)Morolff S. kuner)du stolczer P der S.

511 1 Salman dogenthaffter man E. 2 den *fe.*E. 3 nü)So E. schlag PE. faste Ed. 4 min rechte trüwe P. 5 *da dustu mir liebe ane E. muste d můst wol P.

512 1 ir des)der junffrauwen E sie des d. sine)ire d. 2 *fe.*E. nü)jungfrouwen nůn d. uff)an P. 3 *fe.*d. vil *fe.*E. here SPE. 4 und *fe.*E. es *fe.*PE. ich)ich hie P. 5 uch)dich PEd. mit mir *fe.*E. jherusalem / Do müssent jr iemer bi mir sin / Vnd vervntruwet mich danne myne frouwe me / So müssent ir zů jherusalem ein gewaltige künigin sin d.

513 Salmon bließ zu dem andern male sin *horn*,
da kam vor den walt manig ritter *hochgeborn*.
da *daz Salome die* kunig*in* ersach,
sie begunde heiße weinen.
gerne mögent ir hören, wie si sprach:

514 ,Sehent ir daz zeichen, das dort her weget der wint?
das furet Morolff selber, es ist des ubeln tuffels kint.'
sie sprach: ,wirt er mich siechtig an,
uff mine rechte truwe,
den lip muß ich verloren han.'

515 Da sprach Fore der kunig rich:
,nu gehalte dich wol, schone frauwe minneclich,
und kement im zu helffe alle sin man,
so ist er doch der erste,
der den lip muß verlorn han.'

516 Da Salmon die rede vernam,
die krucke er fassen da began. (f. 325 va)
dar uß zoch er ein gut stabe swert,
des was der riche keiser
zu sinen henden vil wol *ge*wert.

517 Das sahent kunig Fore*n* man,
ane lieffent sie den tegen lobesam.
da wart ein herter strit erhaben,
von dem kunig Salmon
wart vil manig heiden erslagen.

518 Salmon stunt in großer not,
er slug funffthalp hundert dot,
ee das dem tegen lobesam
kame zu helffe
dekeiner siner dinstman.

519 Salmon der tegen kune
der was strites worden mude.
das sach *der* heidensche man,
selbe czwelffte siner helde
lieff er den keiser an.

---

513 1 zem. 3 die kunigin Salme daz.
514 1 Sehent her ein zeichen wet. 2 Morolf des tuvels kint. 3 sie sprach)und. 4 rechte *fe.*
515 2 nu *fe.* gehabe. schone *fe.* 3 al sine. 5 verloren.
516 2 da *fe.* 5 vil *fe.*
517 1 ersahen. 2 an. 5 vil *fe.* do erslagen.
518 5 keiner.
519 2 der *fe.* 3 ersach. heidenische. 5 den richen kunig.

---

513 1 (d *Initiale*). in sin P. sin hornelin zu dem andern male SPd. czům P des d. mols d. 2 manig)manger stolczer P manger werder d. hochgeborn)stoltz Sd *fe.*P. ritter durch den walt gefarn P. 3 da daz)da S Vnd do d. Salome *fe.*E. salmon den kunig S die künigin salome d. 4 *fe.*E. heiße)gar heisse P heiß zů d. 5 gerne *fe.*d. gerne-si)vnd S.
514 1 *Sehent her eyn czeichen wehet E. her *fe.*P. Sehent ir *fe.*d. 2 selber-ist *fe.*PEd. ubeln *fe.*E. 3 sie sprach)Vnd E Sie sprach vnd d. wirt)wort E. mich)myn d. ane S. 4 rechte *fe.*PEd. 5 Jch muß den lypp E.
515 1f. Künig fore sprach frouwe du solt dich wol gehaben d. 2 *Wol vff du můst sterben sicherlich P. nu *fe.*E. Gehabe E. schone *fe.*E. 3–5 *fe.*P. 3 und *fe.*E. sine Ed. 5 haben d.
516 1 Da)Also P. 2 die)Ein P. krücken PE. do vassen Pd. da *fe.*E. 3 dar)Dan E. gůten d. stabe *fe.*E. 4 künig d. 5 vil *fe.*PEd. wol *fe.*E. wert SPd.
517 1 Das)Do P. ersahen Ed. kunig *fe.*E des künėges P. fore S pharos E. 2 *Do lieff sy der tegen an P. An Ed. den konig salomon E. 3 ein)sich eyn E. hart P starcker E. 4 dem)dem edelen Pd. 5 *Als wir dis buche horen sagen E. vil *fe.*d. do erslagen d.
518 2 slug)schlůg wol P. funff hundert E. dot)heyden tot PEd. 3 das)jm P dan E. dem)der P. 4 jeman kame SPd. 5 dekeiner *fe.*Sd keiner E. siner)werder P siner werden d.
519 1 kune)vnferzagt P. 2 *Was müde wurden von strittes arbeit P. der *fe.*E. stridens E. 3 (3-520,2 *fe.*P). das)Da E. ersach Ed. der)ein Sd der E. heidenscher Sd. 4 siner helde *fe.*E. 5 konig E richen künig d.

520 Salmon stunt in großer not,
er slug die eilffe heiden dot.
das sach Fore der heidensche man,
mit sinem scharpffen swert
lieff er den kunig Salmon an.

521 Er gab im einen slag uber das heubet so groß,
das im das blut zu beiden oren uß schoß
und daz er viel uff das lant.
were Morolff *nit komen schier,* (f. 326 r)
so hett er den tot gehabt an der hant. (P f. 46 r)

522 *Morolff der schuff im ungȩmach,*
biß er das her dristunt durchbrach.
er kam geritten do ze hant,
do er den künig Salmon
in grossen unkrefften vant.

523 *Er erbeiste nider uff das lant,*
er hub Salmon uff mit der hant.
er sprach: ‚nun wol uff, kunig Salmon,
künig Fore und die sinen
müssent den lip verloren han.‘

524 *Das sach Fore der heidenisch man,*
do lieff er an den tegen lobesan.
er gab im mit krefften einen schlag,
das Morolff der tegen edel
vor im uff den knüwen gelag.

525 *Morolff wider uff gesprang,*
sin swert im in den henden erclang.
er sprach: ‚nü wer dich, heiden, an der zit,

ich wil dich noch hüt erhencken,
umb das du Salmon neme das schöne wip.'

---

520 3 heidenische. 4 swerte. 5 Salmon)selber.
521 2 ·beiden)den. 4 im nit balde ze helfe komen. 5 so *fe.* er hete. gehabt *fe.*
522 1 der *fe.* in.
523 2 er half im uf. 3 er sprach nůn *fe.* 4 künig *fe.* die)al die.
524 1 sach)erhorte. Fore *fe.* heidenische. 2 do-an)anlief er Morolf. 4 edele. 5 lag.
525 2 an der hende. 3 er sprach *fe.* 4 hute henken. 5 umb *fe.* Salmon neme)stele.

---

520 2 der heyden eilffe zů todt d. 3 ersach P. künig fore d. 4 sinem)eyme E. 5 den richen keyser P. Salmon)selber E. an *fe.*P. 3 man / Ane lieff er den tegen lobesam / <Er gap jm mit krefften einen slag>S.
521 1 (Sd *Initiale*). sin houbt P. 2 beiden)den E sinen beiden d. abfloß P vß floß Ed. 3 und *fe.*PE. viel)vil nider P nyeder fiel E. lant: <gras>P. 4 (S f.326r: ***Illustration der Galgenszene. Textlücke bis*** 547,5). *Man gebe dem leser drincken E. nitschier)yme nit balde zů hilffe kummen d. 5 Er hait Ed. gehebt P *fe.*Ed. der)siner d.
522 1 (PE *Initiale*). der *fe.*Ed. geschuffe E. yme E yn allin d. 2 Bitze das er d. here Ed. drümole d. 3 do *fe.*E. 5 in-unkrefften *fe.*P.
523 2 er)Vnd d. hub-uff)halff yme uff Ed. der)siner d. 3 er sprach *fe.*E. nůn *fe.*Ed. werder künig d. 4 künig *fe.*E. die)alle die Ed. 5 daz leben d.
524 1 Do das d. erhorte E. Fore *fe.*E 2 do-an)An lieff er Ed. den)morolff den d. 4 tegen edel)kune E. edele d. 5 eme Ed. uff der erden E. lag Ed.
525 1 wider)do wider d. sprang P. 2 sin)Sin gut P Das E. in)an d. der hende Ed. clang E. 3 er sprach *fe.*E. heiden)iß E. an-zit) Es gat dir an din lip P. 4 noch *fe.*P. hude hencken Ed. 5 umb *fe.*E. Salome P *fe.*E. neme *fe.*P stele E. das schöne)sin d.

526 *Do der heiden das vernam,* (P f.46v)
do wolt er flichen von dan.
Morolff im do nach gesprang.
er gap im kreffteclich einen schlag,
das er můst vallen über sinen danck.

527 *Er sprach: ‚wo nu, heidenscher man?*
ich wil dir nu alles gelten,
das du uns ze leide hast getan.
ich wil dich verderben an dine zit
und wil ouch zu dir hencken
Salome das ungetruwe wip.'

528 *Do das die kunigin vernam,*
sie floch hinder kunig Salmon.
sie sprach: ‚Salmon, ußerwelter tegen,
durch aller frouwen ere,
friste mir min werdes leben.

529 *Was ich dir zů leide han getan,*
ach richer künig Salmon,
das wil ich dir getůn niemer mer,
des gib ich dir min truwe,
ich wil mit dir varen uber se.'

530 *Morolff der fing den heidenschen man,*
das was ein richer fürste lobesan,
und furte in zu kunig Salmon.
do brach er im von den henden
Salome die schöne frouwen wolgetan.

531 *Er sprach: ‚wie nu, ungetrüwes wip?*
nu mustu verlieren din lip.' (P f. 47 r)
bi der hende er si do gefieng,
anderthalp der künig Fore.
mit in beiden er under den galgen ging.

---

526 1 Do daz der. 2 wolte. 4 mit kreften. 5 můste. sunder sin.

527 1 Er sprach *fe.* wo)wie. du heidenischer. 2 *du můst mir nu gelten. 4 *ich will dir nemen dinen lip. 5 ouch *fe.*

528 2 sprang. 3 sie sprach *fe.*

529 1 Was)Daz. 2 ach *fe.* 3 *ich entůn ez niemer me. 4 ich gibe dir des.

530 1f. Morolf der furste lobesan / der ving den heidenischen man. 3 und)er. zu)fur den. 4 do *fe.* er brach. der hende. 5 Salome *fe.*

531 1 er sprach *fe.* nu)nu du. 2 Nu *fe.* du můst. dinen. 3 do *fe.*

---

526 1 *Künig fore sach ein her kumen nohe vor jm hien dan d. Da das der E. vernam)verman / Vnd er das sach komen P. 2 wolte geflohen sin der heydensche man d. 3 eme Ed. do *fe.*E. sprang P. 4 gar P. eme Ed. mit krefften d *fe.*E. 5 muste Ed. uber) sonder Ed. syn d.

527 1 Er sprach *fe.*E. wo nü)Wie nü E wie nůn du d. 2 *Du můst mir gelten d. alles *fe.*E. 3 das)was d. uns)mir E. 4 *Ich wil dir nemmen dinen lyb d. an dine)in der E. 5 ouch *fe.*E. 6 Salme *fe.*E. wunder schone P.

528 2 sprang E. den künig d. 3 sie sprach *fe.*E. 4 Nü tü es durch P. 5 Vnd friste P Nu frist E. werdes *fe.*E.

529 1 Was)Das Ed. 2 ach *fe.*E. 3 Das gethun ich E ich entůn es dir d. 4 Ich gibe dir des d. geben E. 5 *fe.*E. Vnd ich mit dir wil vareren P. se / Morolff sprach neyn es hilffet dich niht / Bitte ioch wie vast du wellest / Din vntruwe můß dir gelonet werden / Ich wil dich lernen fliegen / In dem luffte můstu hangen fünfftzehen schů von der erden / Du hast gefolget dem heydeschen man / Dar vmb můstu den lone mit jme han / Du were ein edele keyserin rych / Jn aller wirdikeit was niergent dinen glich / Dar zů hastu salomon vnd mich über geben / Vnd hast mit eim heyden vereiniget din leben / Darumb so můstu mir zů bůsse stan / An foren eigen galgen do wil ich dich hencken an d.

530 1 (P *Initiale*). der *fe.*E. 1f. Morolff der fürste lobesan / Der fing künig foren den heydeschen man d. 2 *fe.*E. richen P. 3 und) Er Ed. zu)vor den Ed. 4 Er brache yme E. der hende Ed. henden sin P. Salome *fe.*Ed. die)Sine d. wolgetan)fin P.

531 1 Er sprach *fe.*E. nu)nu yr E nůn du d. 2 Du must E. dynen Ed. (P *Platz für Bild*). 3 hant E. do *fe.*Ed. 4f. *fe.*P (*nach* d). 5 er *fe.*E. ging)er ging E.

532 Do sprach die frouwe wolgeton:
,war umb helffent ir mir nicht, künig Salmon?
künig Fore ist der schuldig man,
dar umb sollent ir in hencken.
sin zouber hett mir vil ze leit geton.'

533 Do sprach Fore der heidensch man:
,war umb schwigent ir nit, fröw wolgetan?
ja du ungetruwes wip,
und komest du gesunt von hinnan,
du verrattest noch Salmon sin werden lip.'

534 Do sprach die frouwe wunnesam:
,Salmon, ich sölt dir sagen ein troum.
mir ist getröimet in dirre nacht,
das ich an dinem arme schlieff
und mir so liebe nie geschach.

535 Czwen valken schwungen mir uff min hant.
der troum ist mir wol bekant. (P f. 47 v)
das sol sin ein sun löbelich.
herre, der sol noch besiczen
din vil werdes künigrich.'

536 Do sprach Morolff der ußerwelte tegen:
,den troum wil ich dir widerwegen.
es ist ein wite eichin,
dar czü ein hocher galge,
der zweier soltu sicher sin.'

537 Salmon lachen do began.
er sprach: ,Morolff, hab dir den heideschen man
und las mir das wunder schone wip.
das wil ich, tegen edele,
iemer verdienen umb dinen lip.

538 Sie hat mir des ir truwe gegeben,

si wolle stette iemer pflegen
und wil es ouch getůn iemer mer.
ich wil sie bas versůchen,
ich wil si mit mir furen uber se.'

---

532 2 hilfest du nit. 3 künig *fe.* schuldige. 4 solt du. 5 vil cze *fe.* leide.
533 1 Fore *fe.* heidenische. 2 swigest du. 3 verchungetruwez. 5 sinen. werden *fe.*
534 1 wolgetan. 2 wil. einen. 3 mir toumte hint in. 4 entslief. 5 beschach.
535 1 flugen. min)die. 2 erkant. 3 sol sin)ist. sune. 4 herre *fe.* noch)nach dir. 5 witez.
536 1 ußerwelte *fe.*
537 2 er sprach *fe.* habe. 3 und *fe.* 4 edeler degen her. 5 iemer *fe.* umbe.
538 3 *hinnen fur iemer me. 5 *sie endůt ez niemer me.

---

532 (d *Holzschnitt:* Also morolff den heydenschen künig foren an den galgen hinge an des künigs salomons stat vnd wie die künigyn salome vnnd das volck zů sach vnd wie morolff die künigyn Salome ouch wolt gehenckt haben vnd do bat der künig Salomon morolff für sy etc). 2 hilffestu d. mir *fe.*E. 3 künig *fe.*E. schuldige Ed. 4 saltu Ed. erhencken d. 5 vil ze *fe.*E.
533 1 Fore *fe.*E künig fore d. heidinsche Ed. 2 swigestu d. frauwe Ed. 3 (3-534,1 *fe.*E). du)du frech d. 5 sinen d. werden *fe.*d.
534 1 wolgeton d. 2 wil d. einen Ed. 3 Mir dreümte hint in E. ist *fe.*d. in)sicher in d. 4 Wie das d. an)in E. entslieff d lag vnd slieff E. 5 so liebe)liebers E. beschach d.
535 1 flogen E swingent d. min)die Ed. 2 *fe.*E. trou P troume der d. erkant d. 3 sol sin)ist Ed. ein)ein scho̊ner d. mynneclich d. 4 *Der sol herre noch dir besiczen d. herre *fe.*E. 5 vil *fe.*E. werdes *fe.*E wites d.
536 1 ußerwelte *fe.*E edele d. 3 Das eine ist ein d. wyte eichin d)eych hoch vnd vnd wip P wyde E. 4 dar czü)vnd eyn E. 5 *Zweyer ir vil schirer sint P.
537 1 do *fe.*E. begunde d. 2 er sprach *fe.*E. habe E halte d. 3 und *fe.*E. wunder *fe.*d. 4 edeler degen herre d.*fe.*E. 5 iemer *fe.*E.
538 1 des *fe.*E. geben Ed. 3 *das sy mit mir stette yemer wolle wesen P. stette)stete liebe d. 3 *Hinan furt vmmer me E Fürbas hien füre iemerme d. 4 ich)Vnd ich P. fürbas d. 5 *Sie gedut (endůt d) iß nummer me Ed. ich)Vnd ich P.

539 *Morolff sprach: ,kunig, das ist under czwein*
und ist der wandel nu das ein.
fürestu si mit dir uber se,
so gib ich dir des min truwe,
sie schendet und schedigot uns noch me.'

540 *Morolff hing Fore den heidenschen man,*
der was ein fürste lobesan.
er brach im die burg und brant das lant.
also gesigoten nach grossen eren
die stolczen ritter alle sant.

541 *Do der künig Salmon*
den sig an Fore gewan,
er sprach: ,suche mir die junge künigin her.
die het mir schöne gedienet,
ich wil si mit mir furen gen Jherusalem.'

542 *Morolff hub sich von dannen zu hant*
uber hoff, da er die jungfrouwen vant. (P f. 48 r)
er sprach: ,nu wol uff, künigin her,
mich hat nach dir gesendet
Salmon der fürste von Jherusalem.'

543 *Sie sprach: ,Morolff, sag mir uff die truwe din,*
het min brůder Fore noch das leben sin
oder gesich ich in lebendig niemer me?'
er sprach gezögenlich:
,schwigent, lant die rede sten.

544 *Ich han im den brutlouff gegeben*
und erhencket an ein galgen,
das er in der luffte möge schweben.'
die maget sere weinen began.

sie sprach: ,was hett der keiser edele
an mir armen megtin dan getan!

---

539 1 künig *fe.* 2 nu)nument. 4 so *fe.* ich gibe. 5 geschendet. und schedigot *fe.*
540 1 Fore *fe.* 2 *und liez lebendig die frouwe wolgetȧn. 3 im *fe.* brante. 4 nach)mit.
541 1 Do)Als. 2 Fore an gewan. 4 die)sie. schöne)wol.
542 1 von *fe.* 2 uber)uber den. 3 nů *fe.* uff)uf du edele. 5 Salmon *fe.* kunig.
543 1 * Morolf uzerwelter degen. 2 Fore *fe.* sin *fe.* 4 gezögentlich)juncfrouwe edele. 5 nu swigent und lant.
544 1 den brutschatz im. 2 und-an *fe.* ein)einen hohen. 3 möge *fe.* swebet. 4 sere *fe.* weinen do. 5 sie sprach *fe.* 6 meide. dan *fe.*

---

539 1–5 *fe.*E. 1 Morolff)Er P. künig *fe.*d. 2 nu)numment d. 3 si)nü sy P. 4 so *fe.*d. Jch gibe d. myne d. 5 geschendet d. und schedigot *fe.*d.
540 1 der hing P erhing d. Fore *fe.*Ed. 2 *Vnd lies lebendig die frouwe wol geton d. der)Er E. ein)ein rich P. 3 er)Man E. im *fe.*Ed. das)die d. 4 *fe.*d. nach)mit E. 5 kunen E.
541 1 Do)Als nůn d. der *fe.*E. Salmon *fe.*P. 2 an)an den künig d *fe.*E. pharo an gewan E. 3 suche)nu schauwent P nůn suche d. here Ed *fe.*P. 4 die)Sie Ed. schöne)woll E so schone d. 5 mir) vns d.
542 1–5 *fe.*E. 1 von *fe.*d. 2 uber)Vber den d. 3 nů *fe.*d. uff)uff du edele d. here d. 4 gesandt d. 5 Salmon *fe.* künig d.
543 1 Sie sprach *fe.*E. sag-din)usserwelter degen Ed. 2 Fore *fe.* Ed. sin *fe.*Ed. 3 niemer)nit d. 4 er)Morolff d. vil dogentlich E edele jungfrouwe herre d. 5 schwigent *fe.*E Nů swigent vnd d. stan Ed sin P.
544 1 im)uwerm bruder E. brude schatze E. jm geben sinen lon d. 2 und-an *fe.*E Mir were leit das er noch lebet / An d. ein)Eynen hohen E einem hohen d. 3 in möge)in den lufften E do d. swebet Ed. 4 sere *fe.*Ed. weinen da began E begunde do zů weinen d. 5 sie sprach *fe.*E. edele keyser d. 6 an)Am P. armen megtin *fe.*E. dan *fe.*d.

545 *Ich bin nu verwisset iemer me.*
er solt es han geton sinem wibe,
die er mit im wil furen uber se.
doch Salome das ungetruwe wip
die hat verratten minen brůder
den sinen wetlichen lip.'

546 *Sie sprach: ,Morolff, ußerwelter tegen,*
du solt minen bruder wider von dem galgen nemen
und bestatten in den sarck, do min vatter inne lit,
so zög ich dir ein kemnaten
die dir vil rottes goldes git.'

547 *Morolff von dem galgen loste den heidenschen man,*
er was ein hocher fürste lobesan,
und bestatt in in das grab, do sin vatter inne lag,
mit hart grossen eren,
fur war ich das gesagen mag.

548 *D*ie jungfrauwe Morolff bi der hende nam, (f. 326 va)
sie furte ine uber hoffe
in ein schone kamenaten hin dan.
also sie die wite uff entsloß,
dar uß schein golt und edel gestein.
sin freude wart michel und groß.

549 Da sprach die maget wol getan:
,Morolff, dugenthaffter man,
din helde die du hast gefuret uber see,
den gip du kreffticlichen solt,
so entwichent sie dir nimer me.'

550 Morolff lachen da began,
er winckte sinen helden zu ime dan.
er gabe ine silber und richen schatz.

da sie den geteilten,
da hup sich ein tornei an der stat

---

545 1 nů. 2 solte ez tůn. 3 wil er mit. 4 doch *fe.* 5 die *fe.* minem. 6 den *fe.*

546 1 *Morolf daz mag dir wol gezemen. 2 wider *fe* 3 und *fe.* bestate in in. 4 zeige.

547 1f. Morolf sprach edele kunigin / waz du mich bitest daz sol sin. 3 und fe. den sarc. 4 nach harte. 5 *als man es kungen erbieten mag.

548 2 in. hof. 3 schone fe. 4 also)do. 6 unde.

550 2 sinen)den. dan)san. 3 *richen schatz er in do gap. 5 da *fe.* sich hůp.

---

545 1 nů *fe.*E. verschmehet d. 2 han geton)thůn d. solde iß sime wibe gedan han Ee E. 3 die)Das E. wil er mit jm d. 4 doch *fe.*Ed. 5 die *fe.*E. 5f. die hat dem edelen künig fore / Mine lieben brüder verroten ieren libp d. 6 denn P *fe.*E. weltlichen P weidelichen E.

546 1 *Morolff (Ach morolff d) das mag dir woll geczemen Ed. 2 wider *fe.*E. 3 und *fe.*E. Bestade yne in das grab E. do) Durch mynen willen do P. 4 so *fe.*E. Jch czeugen E. 5 dir *fe.*P. des goldes so vil E. hat P.

547 1 von-galgen *fe.*E. 1f. Morolff sprach edele künigin / Was du mich bittest das sol syn d. 2 hocher *fe.*E. 3 Er leit yn jn d. den sarg Ed. 4 mit hart)Mit vil E Zarte noch d. 5 *als man es küngen erbiete mag d. das)dir P.

548 (S *Platz für Initiale,* d *Holzschnitt:* Also morolff über künig foren schatze kam vnd syne helden do von besoldet die er mit jm gefüret hette über mere etc). 1 junge frouwen P. 2 ine)im P. uber)uber den E. hoff PEd. 3 schoͤn d.*fe.*PE. hin dan *fe.*d. 4 also)Do PEd. wyt E düre d. geschlos PE. 5 Do schein dar vs P Dannen vß schenen E. golt)die koppe E. edel)das E. 6 sin)Morolffs d. was E. michel und)vß der mossen d.

549 1 (E *Initiale*). die schöne maget wonnesam P. 2 Morolff du vil tugenthafftiger d. 3 du mit dir gefüret hast d. 4 du)du nu P. krefftigen Pd richen E. 5 Sie entwichent dir E.

550 1 da *fe.*E. do lachen begunde d. 2 heyden P. im P. dan) dar P sam E hien dan d. 3 *Richen schatze er ene da gab E. gab Pd. silber)golt Pd. 4 den)sich da E. 5 da *fe.*E. Sich hub E. turnieren P. ane P uff Ed. der stat) wider satz P.

551 uff einer heiden, die was breit.
da sprach manig ritter wol gemeit:
‚wolt got, Morolff, tugenthaffter man,
das du zu allen ziiten
groß reise soltest han.‘

552 Die kiele stunden bereit an den staden,
die Morolff und sin mane
uber das wasser soltent tragen.
dar ine iltent die helten vil gemeit.
dar an lagent sie untz an den zwelfften morgen.
aller erst kament sie zu großer arbeit.

553 Ein burg die was so wunnesam, (f. 326 vb)
die woltent sie zurbrochen han.
ee das die wile ein ende nam,
da wurdent schiere die mere
da hin gein Duscan kunt gethan

554 eime kunige, der *hieß* Ißolt.
der bot silber und golt
uber den kunig von Jherusalem.
er gewan der ubeln heiden
wol drissig dusent oder me.

555 Ein baner man ime ane ge*b*ant,
das nam ein hertzog in die hant,
das was rot und wiß.
dar inne lag gemalet
ein bantier und zwen wurme grimelich.

556 Die soltent bezeichen, das
es kunig Isoldes was.
ein hertzog es in die hant genam,
er furte die ubeln heiden
fast von dem lande hin dan

557 da hin gein Wendelse in das lant,
das was verherget und verbrant.
er brachte drißig tusent oder me,
die furte er mit *nide*
uber den fursten von Jherusalem.

---

551 5 groze.
552 1 dem. 2 Morolff-mane)si. 4 ine iltent)ruweten. vil)wol. 5 dar-sie *fe.* 6 kament-großer)hůp sich.
553
554 2 unde. 5 wol *fe.*
555 1 im. 3 unde.
556 1 soltent *fe.* bezeichenten. 5 vaste.
557 1 da hin *fe.* 3 er brachte *fe.*

---

551 2 maniger d der E. wol)vil E. 3 Wolde Ed. Morolff *fe.* P. 4 *Das du alle dage E. 4f. *fe.* P. 5 grosse reysen d Starcke her firte E.
552 1 den)dem E. vff dem stadel P. 2 morolff vnd das her P die reise E künig salomon vnd sin volck d. 3 *uber mer sölten haben P. 4 (P *Initiale*). ine *fe.* E zů d. gaheten P ruwete E. vil *fe.* P wol Ed. 5 dar-sie *fe.* E. daran)Do Pd. untz)byß PEd. 6 kament-großer)hub sich E. in Pd. groß P.
553 1 Wan ein P. die *fe.* P hieß funde die E. so *fe.* E. 2 czu storet E. 3 genam P. 4 schiere)sich PE. die meren gar schiere d. 5 da hin *fe.* Ed. duscant S thuskanien P dutschen E dustant d.
554 1 Ein richen kunge P. hieß *fe.* S. 3 Vff salomon von P. fursten E. von)zů d. 4 er)Da E. ubelen Pd ubel E. 5 wol *fe.* PEd.
555 1 man ime)er da E. im dar bot P. gewant S. 2 das)Die P. die)sine d. 3 wiß vnd rot E. wiß)wiß gar rich P was gar wunneclich d. 4 inne)ane E. lag)was PE. 4f. Ein bantier was dar yn gemolt / Darzů zwen d. 5 pantzer E.
556 1 soltent *fe.* E selben P. bezeichnotten PE. 1–4 Also für künig ysolt vnd alle sine man d. 2 es)Das es des P Jß des E. künges PE. 4f. Der furt iß mit gewalt / Vff die fyende hyn dan E. 5 Gar vaste vß sinem d. dem lande)der stat P.
557 1 *fe.* d. da-gein)Sie reden czu E. 2 verhert E. 3 er)Vnd P. er brachte *fe.* E. 4 furten sie E. mit)do mit P. nide P)jne S gewalt E hasse d. 5 uber)Vff E. salomon den küng von P.

558 Da sie Morolff ferest ane sach,
gerne mogent ir horen, wie er sprach:
,vil richer kunig Salmon,
aller erste sich ich uff der heiden
des richen kunig Isoldes fan.

559 Sin vatter wart vor Jherusalem erslagen. (f. 327 ra)
er hieß Berzian, ich wil es nemlich sagen,
kunig Fore was sin oheim.
wir sint mit *nide* bestanden, (f. 327 rb)
des han ich aller zwiffe*l* kei*n*.'

559a *Da wart bestanden konig Salomon,*
des will ene der konig Isolt nit erlan.
er will ime auch nemen sin wipp.
sie werten sich fromiglich
in dem selben strit.

560 Da sprach der listige man: (f. 327 va)
,richer kunig Salmon,
nu nim du zu den handen din
vier tußent sneller helden
und thu hut din elle*n* schin.

561 Ußerwelter tegen, hertzog Friederich,
durch din tugent bit ich dich,
nim du zu diner hant
dru tusent sneller helde,
die tempel heren allesant.'

562 Also sprach der tegen küne:
,so wil ich uber die heiden grün*e*
mit miner bleichfaren schar.

zu forderst in dem strit
sollent ir min nemen war.‘

---

558 4 sihe. 5 richen *fe.* kuniges.
559 5 aller *fe.* dekein.
560 3 du *fe.*
561 1 Neina herzog. 2 dine. bite.
562 1 kůn. 2 grůn. 4 strite.

---

558 1 Do)Als E. ferest)so ver rest P ferre Ed. 2 Nů mögent ir gerne P. 3 *Salomon dogenthaffter man E. 4 sehen Ed. dort vff einer P. der)giner d. heide sweben E. 5 richen *fe.*E.

559 1 sin)Das P. vor)czü P. erschlan P. 2 er)Der P. Betzian S porcian P verczigan E bertzyan d. ich-es)das wil ich uch d. es)dir E. nemlich)dir für war P werlich E nemlichen d. 3 kunig *fe.*E. was sin)der was der d was sin rechter P. oheym der konig labesam E oheym sin d. 4 nide)jne SE. 5 ich *fe.*P. allen P. zwiffen S. keinen S dekeinen P. *Dar an ich keyn czwyffel han E des gib ich vch die truwe min d. (S: ***Darstellung der Kampfszene***).

559a1–5 *fe.*SP (E ***Initiale***). Doch will hüte über jeglicher syn ein man / So wellent wir sy mit strit wol bestan / Jch wolte doch gerne wissen / Weller tüfel vns mit den heyden alle hette beschissen d. 1 Salomon: <labesam> E.

560 (SPEd ***Initiale, in*** S ***nicht ausgeführt.*** d ***Holzschnitt:*** Als sich ein grosser stryt erhub zwischen dem künige salomon vnd dem heydenschen künig ysolt von tuschan) 1 morolff der Pd. listig P. 2 Vil richer P Wölher rycher d. 3 nu *fe.*E. du *fe.*PEd. 4 *Dru dusent man E. 5 und)Den E. hut)nach hutte Pd. ellende SPEd.

561 1 Neyna herczaug E Wolher du hertzouge d. 2 din rechte tugent so bit P. 3 *Du hochgelopter helt lobesan / Nů fůre du durch dinen herren P. du *fe.*E. 4 vsserwelter man P man E. 5 *fe.*P. Vnd die Ed.

562 1 der tegen)morolff der P. 2 ich)ich selber P. heyde PEd. grün S. 3 bleichen varwe PE. scharen d. 4 zu)Warten cze P Zu aller d. den E. stryte d. 5 *Jr nement myn in dem stritte war P Nemet myn in dem storme ware E do nemen min genote war d.

563 Morolff der tegen unverzeit
zu forderst in den stritt reitt,
das er nie kein wort gesprach,
untz das er der he*i*den vaner
von dem roß zu der erden stach.

564 Da der sturmfane under wart gethan,
die heiden musten verlorn han
beide die libe und auch das gut.
so frometent die helde
nit dan angst und nott.

565 Morolff hette kreffte gnug.
wie sere und fast er stach und slug
mit siner ellenthaffter hant!
vierdehalp hundert heiden
fellte er uff das lant.

566 Und der hertzog Friederich (f. 327 vb)
der fachte auch unmessiclich
mit siner ellenthaffter hant!
dru dusent heiden
fellet er uff das lant.

567 Salmon der was schon bereit,
als uns die aventure seit,
er und auch sin helden gut,
sie fromten durch die ringe
das fliesende blut.

568 Isolt was ein kunig rich,
er trang gein im unmesiclich,
als einem edeln fursten wol gezam,
mit also gantzen krefften
uff den edeln kunig Salmon.

569 Da er ine ferest ane sach,
gern mogent ir horen, wie er sprach:
,ist das der kunig von Jherusalem,
so getruwe ich minem got der gnaden,
er muß mir sin heubt ge*n*.

---

563 5 rosse.
564 2 verloren. 3 *beide lip unde gůt. 4 so)in. 5 angest unde.
565 2 sere und *fe.* vaste. unde. 5 funfthalp. 5 er nider uf.
566 2 vacht. 4 vierdehalp hundert. 5 er nider uf.
567 2 schone. 5 das)von verhe daz.
568 3 edeln *fe.* 5 edeln *fe.*
569 1 an. 2 gerne. 5 houbet.

---

563 1 vnferzagt P vnerzyt d. 2 Cze aller vörderst an dem stritte P. dem strite d. 3 Jch wenen das E. kein *fe.*E. 4 untz das)Bis PE Bitz das d. der)den P das E. helden S heidinsche E. venre P folck E baner herr d. 5 *Dristunt dorch brache E. roße P. gestach P.

564 1 fane *fe.*E. wart vnder yne gedan E. 2 Do můsten die heiden P. verloren P. 3 die *fe.*Ed. auch *fe.*E. das *fe.*Ed. 4f. *fe.*d. so)Do P Jn E. die)in die P diese E. heyden P. 5 nit dan *fe.*SP.

565 1 Morolff der Pd. hette-gnug)wart hochgemůt / Er hette krefften vnd stercke genůg d. 2 wie)Ach wie P. sere und *fe.* PEd. 3 dogenthafften E. 4 Wol vierdhalb P Funffthalb E. 5 Die vellet Pd Falt E. er)er nyeder E er allein d.

566 1–5 *fe.*P. 1 der)der edele d. 2 der *fe.*E. vacht E. 3 mit mit S. dogenthaffter E. 4 Fierde halb hundert E. sneller heiden d. 5 Die fellete der degen d. er)er nyeder E.

567 1 der *fe.*E. schone Ed. 3 er *fe.*E. 4 sie fromten)Verwünten P Verwonten sie so sere / Das E. 5 das)Mit grossem grimme das P ranne das E von freche das d. fliesende *fe.*E sweissende P.

568 1 Ysolt der was P. 2 gegen Pd. geyn den herren vermessiglich E. 3 (3–5 *fe.*d). Als eß eym E. edeln *fe.*PE. 4f. *fe.*S. 5 edeln *fe.*E.

569 1 ine)künig salomon d. ferre E *fe.*d. 3 das)dis E. von)cze P. das von jherusalem salomon der tegen d. 4 *Vff myne druwe E. ich *fe.*P. got mynem S. der)wol der P. 5 Das er mir müsse P. Eß muß yme an syn E. houbet d. geben SPd.

570 Min vatter wart vor Jherusalem erslagen,
er hieß Berzian, ich wil es uch nemlich sagen,
kunig Fore was min oheim,
den hett er mir erhangen,
des kumet er niemer wider heim.

571 Er muß mir laßen daz schone wip,
oder ich wil verlieren minen lip.‘
sin swert er zu beiden orten nam,
das sluge er mit nide
uff den kunig Salmon.

572 Salmon lenger nit enbeit,
er zoch sin swert scharffe und breit,
er gap kunig Isolt einen slag,
das dem selben kunige
das houbt für den füßen gelag. (P f. 50 r)

573 *Do der heiden wardt erslagen,*
vil schiere wardt die flucht erhaben
gein Duscan hin wieder dan.
also gesigte mit grossen eren
der hochgelopte künig Salmon.

574 *Do liessent si sich nider uff den wal,* (P f. 50 v)
ir panner stiessent si hin czů tal.
do si niemant me wolt beston,
do zugent si mit großen fröiden
hin an deß wilden meres tran.

575 *Funfftzehen tusent heiden verloren iren lip,*
Salmon gewan wider sin schönes wip.
bi der hende er si do nam,
und Morolff die schönen jungfrouwen,
und czugent an die kiele hin dan

---

570 2 uch *fe.* 5 enkomet. wider *fe.*
571 1 lan. 2 wil *fe.* 4 slůg.

572 2 scharf unde. 5 houbet. lag.

573 4 gesigete nach. 5 edele.

574 1 Si erbeizten nider. den)daz. 2 hin *fe.* 3 wolte. 4 großen *fe.* 5 hin *fe*

575 1 heiden *fe.* ir. 3 do *fe.* 4 *Morolf und die juncfrowe. 5 und *fe.* zogeten.

---

570 2 er)Der P. princian P bierczigan E. ich-nemlich)das will ich E das wil ich dir d. nemlich)fur war P. 3 kunig *fe.*E. min)sin E. 4 (4f. *fe.*S). hastu d. 5 des *fe.*d. in kommet E. Du kummest d. wider *fe.*E.

571 1 mir)mir hie P. lan E. 2 ich verliesen E. 3 sin)Eyn E. beiden orten)beden henden P den henden E. 4 das)da E. schluͦg PE großem nide P krefften E.

572 1 lenger do nit P nit lenger E. 2 er-sin)Mit sinem d. zuckt P. sin)ein PE. scharffe)das was lang P lang E was faste d. und *fe.*d. bereit S. 3 ysolten Pd. einen)ein also großen P. 4 dem -kunige)dem heiden E jm d. selben)heydenschen P. 5 (5-587,5 *fe.*S). das)sin d. houbet d. lag Ed.

573 1 Do)Als E. helden d. 1f. (*nach* d). Vnd do der küng erschlagen wart / Vil schiere die sinen die flucht nit enspart P. 2 vil schiere) Czu hant E. 3 *Wider da hin gan thuskon P. Do hien goͦn dustant wider yn d. tuschan E. 4 gesigeten noch d. 5 *Salomon vnd alle die syn d. edele E.

574 1 Sie irbeisten nyeder E Sie liessent sich nider d. den)das Ed. 2 ir)Die E. steckten E. hin *fe.*Ed. 3 do)Als E. nymans E. wolden E wolte d. 4 foren E. großen *fe.*Ed. 5 hin an)Geyn E an d. draum E stran d.

575 1 heiden d herren P hatten E. 2 hett gewunen P der gewan. 3 *Die konigin er mit der hende nam E. sie genam d. 4 und *fe.*E. die)nam die d vnd die E. schönen *fe.*E. 5 und *fe.*E. sie d. zeigten d. an-kiele)gein dem mere E an den kiell P. hien dan / Die ritter vnd das volck alle / Die sungent mit froͦidenrichem schalle / An froͦiden worent sie nit erlegen / Morolff sprach wir wellen drincken sant johans segen / Vnd wellent vns scheyden von dem heydenschen lande / Wir sindt den heiden worden bekant / Wir handt sie die cristenheit erkennen geleret / Die koͦpffe hant wir yn zuͦ den ersen gekeret / Wir hant sy gedoͦifft in irem bluͦt / Wir hant sy gefirmet das es ir keime we duͦt / Wir hant sy gemartelt vnd zuͦ heiligen gemacht / Das moͦchte kein bischoff so balde han erdacht / Der tüfel sol jr herre syn / Der füre sie alle mit lybe vnd sele hien d.

576 *und fůren uber den wilden se*
in die gutte stat Jherusalem.
gar kume die künigin genaß,
umb das si von dem heiden
gein Jherusalem gescheiden was.

577 *So denne die frouwe wunnesam*
gedacht an den heidenschen man,
so mocht si kume fröude gehan,
biß das sie aber ein ander heiden
mit großem zouber ouch gewan.

578 *Da von so sol ein iglich bider man*
sin frouwe selber hutten lan.
wan es wart nie kein hut so gut,
wan die ein ieglich biderb wip
nun ir selber tut.

579 *Salmon gewan nie so wissen list,*
in betroge czem andern mal sin schönes wip.
nu laßen wir die rede beston,
von des künig fore schwester
söllen wir nu von dem töuff heben an. (P f. 51 r)

580 *Do gieng Morolff der listig man*
hin fur die jungfrouwen stan.
er sprach: ‚künigin her,
du solt dich lassen touffen,
so bist du genessen an der sel.‘

581 *Des antwurt im die maget lobesan:*
‚neina, Morolff, tugenthaffter man,
ich bin nüwelichen komen uber se,
mir tut der groß jamer
nach Fore minem lieben brůder we.

576 1 und)Sie. 4 umb *fe.* 5 gevaren.
577 1 Wan di. wolgetan. 2 gedachte. 3 enmochte sie kein. han. 4 aber *fe.* 5 ouch)aber.
578 1 so *fe.* bider) frumer. 2 sich selber. 3 wan *fe.* nie)noch. nie so. 4 ieglich *fe.* biderbe frouwe. 5 nůn *fe.* ane důt.
579 1f. Salman was nie so clůg / ze dem andern male in sin wip betrůg. 3 stan. 4 kuniges. 5 nu von dem)den.
580 1 Morolff *fe.* listige. 2 hin *fe.* 3 er sprach)du edele. küniginne.
581 1 Do sprach die. wolgetan. 2 neina *fe.* 3 nulich. 4 daz groze. 5 Fore *fe.*

---

576 (d *Holzschnitt:* Als künig salomon vnd sin volck zů schiffe gingen vnd über mere heim wider go̊n jherusalem fůren). 1 und)Sie E Also d. furten P fůrent sie d. 2 gutten P. stat cze P. 3 gar d)wie PE. salome die küngin P. do genaß d. 4 umb *fe.* Ed. varon dem heyden P. 5 Geyn E Von P *fe.* d. Jherusalem *fe.* d. gefarn E.
577 1 Wan die Ed. woll gedan Ed. 2 Gedachte Ed. an faron den P. 3 in mochte Ed. kume)kein E do keyn d. han Ed. 4 si aber *fe.* E. aber *fe.* d. andern Pd. 5 Sie mit E. mit dem zoubern d. ouch)wieder E aber d.
578 1 Dar vmb E. so *fe.* Ed. bider *fe.* E frummer d. 2 sich selber d. behüten d. 3 wan *fe.* Ed. nie *fe.* E noch nie d. so)nye so E. 4 wan)Danne d. ieglich *fe.* d. biderb *fe.* E. frouwe d. 5 nůn *fe.* Ed. selber an ir E. ane důt d.
579 1 wardt noch nie so wyse noch so beschyde d. 1f. Salomon was nye so clug / Czu dem andern male ene sin wipp bedrug E. 2 zu dem d. 3 stan E geston d. 4 (P *Platz für Bild*). 5 *Heben wir den dauff an E. nu-dem)den d. nu heben von dem töuff an P.
580 1 Morolff *fe.* E. listige Ed. 2 hin *fe.* Ed. junge künigyne d. (*folgt Überschrift in* P: Hie wil man küng varon schwester touffen). 3 er sprach)Du edele E. künigin her)jungfrowe du solt mir gehorsam wesen d. 5 bist du)saltu vnd bist E. an der sele genesen d.
581 1 Da sprach die maget woll gedan Ed. 2 Neyna *fe.* E Ach d. 3 nülich E müwelichen P. 4 das grosse Ed. 5 Fore *fe.* Ed. lieben *fe.* d. we)also we d.

582 *Das ich in leider verloren han,*
des můß ich iemer in truren stan.
lant und burge, sprach die künigin,
die sint mir fremde iemer me,
des mus ich iemer trurig sin.' (P f. 51 v)

583 *Do sprach Morolff der listig man:*
‚ach, schöne maget lobesam,
nu las dich touffen, kunigin here,
ich gibe dir min truwe,
ich wil dich sin ergetzen iemer mere.'

584 *Do sprach die maget wol getan:*
‚wie wiltu mich sin ergetzen, dugenthaffter man?
ich bin von geburt ein künigin her,
ich enwil mich nit laßen touffen,
dar so enbit mich es nit me.'

585 *Do sprach der tegen lobesan:*
‚vil schone maget wolgetan,
so wenne gestirbet die künigin her,
so soltu gewaltig werden
uber das rich lant czu Jherusalem.

586 *Ich gib dir czü manne den künig Salmon,'*
also sprach Morolff der ußerwelte man.
Do sprach die künigin wol getan:
‚so wil ich mich lan touffen,
Morolff, tugenthafftiger man.'

587 *Do gieng der listig man*
für den künig Salmon.
er sprach: ‚wie nü, keiser edele,

die jungfröuw wil sich lan touffen,
die uns gefolget uber se.‘ (f. 328 ra)

---

582 1 in leider)den. 3 die)die junge. 4 iemer mer *fe.*
583 2 ach *fe.* 3 dich touffen)da von. her. 5 dichs. mer.
584 2 michs. 3 von geburt *fe.* kuniginne. 4 wil. lan. 5 *dar umb so bite mich nit ser.
585 1 Morolf der listige man. 2 vil)ach. 3 so wenne *fe.* 5 riche.
586 1f. so gibe ich dir zeinem man / den richen kunig Salman. 3 maget. 4 lan)gern lan. 5 *wa sol ich zů dem doufe gan.
587 1 listige. 3 er sprach *fe.* edeler kunig her. 5 hat gevolget.

---

582 1 in leider d)also P den E. 2 *Also (*fe.*E) sprach die maget wol getan PE. ierner)jenner d. 3 (3-583,2 *fe.*E). die)die junge d. 4 iemere me P *fe.*d. 5 ich *fe.*P
583 2 ach *fe.*d. 3 nů *fe.*E. dich touffen)dar von d. edele künigin d here)edele P. 4 dirs E. (4-584,3 *fe.*P *nach* d). 5 sin)iß E. me E.
584 2 wie)Wo mit E. sin)iß E. du dogenthaffter E. 3 von geburt *fe.*E. 4 (4-585,3 *fe.*E). wil d. 5 *darumb so bitte mich nit sere d.
585 1 morolff der listige man d. 2 vil)Ach d. <lobesan>: wolgetan P. 3 *Wanne die künigin gestirbet vnd dot ist d. 4 so soltu)So můstu zů der selben frist d. 5 *über alles jherusalem lüte vnd man d. riche E.
586 1 *So (Zů der ee d) geben ich dir (dir den d) konig salomon Ed. 2 *fe.*Ed. 3 frauwe E maget d. 4 Jch will mich E. lan)gern lan E gern lossen d. touffen lan P. 5 *Wo sall ich czu dem dauffe gan E. Morolff *fe.*d.
587 1 morolff der d. listige Ed. 2 den)den edelen d. 3 er sprach *fe.*E. wie nü *fe.*d. edeler konig here E salomon lieber brůder myn d. 4 *Sich wil lossen deyffen die junge künigin d. sich) ich E. touffen lan P. 5 *fe.*d. gefolget hat P hat gefolget E.

588 Da sprach der kunig Salmon: (f. 328 rb)
,Morolff, das laß an dir stan.'
man furte si uff den thum hin dan.
ein vil gut siden hemde
leit man ir an.

589 Die der jungfrauwen meisterin was,
sie hieß ir dar tragen einen stul,
vor ware sage ich das,
bitz daz sie sie uff die schoß genam.
sie sprach: ,got, du bist mir zu swere,
ich mag dich nit zu dem dauff wol gehan.'

590 Zwo hertzogin gingent zu dem dauff hin dan,
anderhalp sahent sie den richen keiser stan.
sie sprachent: ,wir habent uwer hie guten rat,
wir durffent uwern zu dißen dingen nit,
wer weiß, wie es under uch zweien ergat.'

591 Da sie uß dem dauff wart gehaben.
sie wart geheissen Affer.
man furte sie zü dem heiligen grabe.
dar opffert sie ir heubt, das ist war.
da lerte sie den salter
vollecliche vierdehalp jar.

592 Da der dauff ein ende nam,
Morolff ging vor den keiser stan.
er sprach: ,kunig, missetut din wip iht me,
ich gibe dir des min truwe,
du muhst einen andern botten haben uber see.

593 Einen andern dan min,
daz solt du vil sicher sin, (f. 328 vb)
der nu waget sin leben.

ich hette min frihes heubt
durch dinen willen nach gegeben.‘

---

588 5 leite. ir)der meide.
589 1 meister. 2 ir *fe.* 5 sie sprach *fe.* gote. 6 doufe wol.
590 1 umb den touf. 3 sie sprachent *fe.* han. 5 zwein.
591 1 doufe. 4 da. 6 sieben.
592 3 er sprach *fe.* 4f. *du můst einen andern boten / senden nach ir uber se.
593 1 danne. 2 das. 4 houbet.

---

588 2 das laß)das wil ich lassen P. an)zů d. ston / Du solt dich des nit weren / Richte es zů mit grossen eren / Dan sie ist sin vil wol wert / were myne frouwe nit oder stürbe sie / Min hertz keiner andern dann sie zů einer frouwen begert d. (d ***Holzschnitt:*** Wie morolff die junge künigin des heyden künigs foren swester döiffen ließ etc. S ***Bild: Taufszene***). 3 sie *fe.* P. 4 vil gut)schones d. 5 leit)Das leitt P Der man E. ir)der jungfrouwen P der meyde woll gedan E.
589 1 czuchtmeister E. 2 Die PE. ir *fe.* E. ein stůl dar tragen d. 3 *Das dusche buche saget das E do die künigin vff sas d. ich) ich uch P. 4 (4–6 *fe.* d). bitz *fe.* E. die)den E. 5 sie sprach *fe.* E. göttele P Gode E. 6 enmag P. dich in dem dauffe nit E. dich-gehan)dich gen dem touffen / Nüt gar wol getragenn P. wol *fe.* PEd.
590 1 hertzogen S. zu dem)uber den P vmb Den Ed. 2 Sie sahen anderhalp dem E Dar nebent sach man den d. 3 Sü sprach P *fe.* E. uwer *fe.* d. han Ed. 4 bedörffent PE. uwern)uwer hie Pd. dißem dinge P. 5 *Wie iß her nach gat E.
591 1 (P ***Initiale***). Als uß dem dauffe sie E. erhaben PE. 2 offer P affre E. 3 *Vnd wart czum heilgen grabe gedragen E. 4 dar) Do PE. ware SE. 5 lert man sie PE. 6 sieben E.
592 1 genam P. 2 Morolff der P. den)dem P. künge PEd. stan) salomon d. 3 er sprach *fe.* E. frouw P. 4 *fe.* E. des *fe.* d. 5 *So mustu haben einen botten über se P. haben)senden / Nach ir E han d.
593 1 (1f. *fe.* d). andern)andern botten P baden E. denne mich P. 2 des P. vil)von mir E. vil-sin)sin gewert P. 3 nü *fe.* E denne P ouch durch dinen willen d. wage auch das leben sin E. 4 Wan ich P. min frihes)auch myn E. houbet d. 5 Gar nohe durch d. nach)vil nahe P *fe.* Ed. gegeben hin E geben d.

594 Da sprach der kunig Salmon:
'Morolff, dugenthaffter man,
sie geduht es nimmer me,
siit das wir sie von dem kunig Fore
bracht haben uber den wilden see.'

595 Da sprach der listige man:
'kunig, ich mane dich wol dar an.'
dannoch was sie zu Jherusalem,
das wissent ane zwiffel,
die edele kunigin her,

596 untz daz sie bi dem edelen kunig Salmon
einen schonen sune gewan.
die edele kunigin gut,
sie wolte da heim bliben,
des hette sie einen steten muht

597 imer untz an iren dot.
Salmon kam ußer großer not
volleclichen sieben jar.
nu horent fremde mere,
da begunde es aber anders ergan.

598 Da hin gein *Akers* koment mere,
das schoner frauwen nit enwere,
dann des kunig Salmon wip.
da sprach der kunig Princian:
'durch sie wil ich wagen minen lip.

599 Ich wil faren uber see (f. 329 ra)
in die gut stat gein Jherusalem.
da gewinne ich sie ime an,
oder man sieht mich zu *Akers*
nimer me under der cronen gan.'

600 Der edele kunig Princian
selbe zwelffte siner man
er wallette uber den wilden se.
an dem zwelfften abent
  kam er in die stat zu Jherusalem.

---

594 4 das *fe.* dem kunig *fe.* 5 han.
595 5 kuniginne.
596 1 dem-kunig *fe.* 3 kuniginne. 4 heime.
597 2 uz. 5 gan.
598 1 mer. 2 enwer. 3 kuniges Salmans. 5 durch die wage ich.
599 2 gein)zů. 3 im. 5 me *fe.*
600 5 *komen sie gein Jerusale.

---

594 2 Swig morolff d. 3 Du getůst P. es)es nůn d. 4 Sint E. das *fe.*Ed. dem kunig *fe.*PE. von dem kunig Fore *fe.*d. 5 bracht)sie bracht S. bracht haben)herwider hant (*fe.*P) bracht Pd Han bracht E. den wilden *fe.*PEd.
595- 1 morolff der d. 1f. Er sprach das ist vnder czwein / Vnd ist der wandel nů das ein P. 4 *fe.*d. 4f. *fe.*E. 5 edele)ede P schoͤne d.
596 1 untz)Biß PEd. das *fe.*E ' bi)von PE mit d. dem-kunig)kunigin P *fe.*E dem künige d. 3 küniginne d. 4 sie *fe.*E. heime PEd. beliben P verliben E.
597 1 Yemerme P. bit E bitze d. an iren)yn den E. ˙2 Des kam salomon P. kam *fe.*E. ußer)jn d. großer *fe.*P grosse d. 3 sieben) wol siben d. (E ***Bild: Salman u. Morolf im Gespräch***). 4 *fe.*d. 5 da)Das E. aber *fe.*PE. gan PE gon / Das sage ich vch für wor d.
598 1 (P ***Initiale***). abriß S abricz P abers E appris d. 2 das)Das keine P. frouwe were P. 3 des kunig)die küngin P des koniges E. salomons PEd. 5 sie)die PE. wil ich wagen)so wage ich P wagen ich E so wil ich wogen d.
599 (E ***Überschrift:*** Hie entforet konig princian Salomons Frauwe die woll gedan). 1 hin varen P. 2 gůtten P. gein *fe.*Ed czů P. 3 Jch gewynnen E. 4 gesicht P gsihet d. abriß Sd abricz P abers E. 5 me *fe.*PEd.
600 1 *Do wolde der konig princian E. 2 manne S dienstman PE. 3 er wallette)ffůrent do P Farn E Er wolte d. wilden *fe.*P. 4 Vnd an P. 5 kam er)Do kament sy P Quamen sie Ed. die)die gutte PE. zu *fe.*E. in-zu)goͤn d.

601 Da die frauwe wol gethan
solte zu der vesper gan,
mit ir ging der kunig Salmon.
da enphing der riche keiser
den selben wallende*n* man.

602 Da die vesper wart gethan,
Princian ging vor die burg stan.
er sprach: ‚edele kunigin her,
nu gip mir ein drincken,
so enbitte ich uch nit me.‘

603 Die vil edele kunigin
sie hieß ir einen kopff dar dragen rot guldin.
sie nam ine in ir sne wiße hant,
sie bot ine dem kunige Princian,
des muste sie rumen schiere das lant.

604 Also der heiden da getrang,
ein fingerlin er in den win swang.
dar nach trang die frauwe wol gethan, (f. 329 rb)
da begunde sie sich balde senen
nach dem heidenschen man.

605 Die hant er ir an das goltfaß zwang.
daz ersach Morolff, die wile was im nit lang.
er sprach: ‚kunig, das ich han gesehen,
des gewinnest du nimmer ere,
ich wil dir es werlich jehen.

606 Es sint nit recht bilgerin,
sie werbent umb die kunigin.
Salmon, din vil schones wip

sie wil aber wagen
iren wetlichen lip.‘

601
602 5 dich. mer.
603 2 sie *fe.* ir dar dragen einen. 3 ine)in. 4 in. 5 schiere *fe.*
604 5 heidenischen.
605 2 sach. im *fe.* 3 er sprach *fe.* 5 dirs werlichen.
606 1 rechte.

---

601 1 schöne frouwe P künigin d. 2 Czü der vesper wolte PE. zu der)vff den thuͦm zuͦ d. 3 der)der edele d. 4 der)woll der E. 5 den)Die P. selben *fe.*E. wallende S elenden E *fe.*d. man) künig princian d.

602 (d *Holzschnitt:* Als der heidensche künig princian mit sinen zwelff manen kam für die burg jherusalem vnd in salmon vnd ein schoͤn frow enpfing). 1 Vnd do P. wart gethan)eyn ende nam E. 3 er sprach *fe.*E. vil edele P. Edeler konig E. here SPEd. 4 nu *fe.* E. ein *fe.*E. drinken)drincken durch die gottes ere SP drincken̄ dorch gottes willen E. 5 dich PEd. mere P.

603 1 Die vil)Da sprach die E. 1f. Do hieß die küngin edele / Dar tragen ein kopff was rot güldin P. 2 *Heiß dar dragen eyn kopp rot guldin E. sie *fe.*d. jr tragen her ein kopf d. ine)in Pd. 4 sie)Vnd d. ine)im P iß E. princian <Selbe zwelffte siner manne / Er>S. 5 des)Dar vmb E. sie *fe.*P. schiere *fe.*Ed. schire rumen P. das)die PE.

604 1 *Vmb den heiden wart eyn michel drang E. 2 geschwang PE. 3 dar nach)Noch yme E. die)ouch die P. frouw künigin d. 4 da begunde)Czu hant wart E. balde)schiere P *fe.*E. sie-senen) sie holt zuͦ werden d. 5 nach *fe.*d.

605 1 er ir)sie E. trinckfas P. faß *fe.*E. trang P geswang E quang d. 2 Da sach E Das sach d. im *fe.*PE. wardt jm nit zuͦ lang d. 3 er sprach *fe.*E. kunigin Sd. ich han)han ich wol P ich von dir han d. 4 des-du)Du gewinnest syn d. nummer me ere E. 5 muß dirs E. werlich)wol P werlichen E für worheit d. veriehen P.

606 1 (1f. *in* d *nach* 5). ensint PE. rechte PEd. 2 umb)dir vmb d. kunigin)frouwe din d. 3 Salome P Er sprach o salomon d. vil *fe.*Ed. 4 sie)Here sie S Die P *fe.*E. 5 weltlichen S schonen P mynniglichen E *fe.*d.

607 Da sprach der kunig Salmon:
‚Morolff, du dugenthaffter man,
wes zihest du die kunigin gut?
sie wille doch hie *heime* bliben,
des hett sie einen steten muht.‘

608 Da sprach der listige man:
‚kunig, ich manen dich wol dar an,
miner helffe der wirt dir noch vil not,
obe ich sie dir dan leiste.‘
vonn dannen schiet der tegen gut.

609 Uber zwelff wochen gap
sie im wider einen tag,
das die frauwe wol gethan
stal sich uber den wilden se
mit dem kunig Princian.

610 Die schone frauwe wol gethan (f. 329 va)
sie kam wider in die heidenschafft,
uncz das Morolff sie wider gewan
mit also großer heres crafft.

611 Da ging der listige man
vor den kunig Salmon.
er sprach: ‚vil edeler keiser her,
nu must du selber wallen
nach der kunigin uber see.‘

612 Salmon weinen da begann.
er sprach: ‚Morolff, dugenthaffter man,
nu laß mich din straffen sin,
so wil ich selber suchen
die vil here kunigin.

613 Nu blip du hie zu Jherusalem,
lant und burge
laß in dinen handen sten,
so wil ich wagen minen lip
und wil auch nimmer erwinden,
ich finde dann das ungetruwe wip.‘

---

607 2 du *fe.* 4 doch *fe.*
608 3 vil *fe.*
609 5 kunige.
610 3 sie Morolf.
611
612 2 er sprach *fe.* 3 mich)du.
613 1 Nu *fe.* 2 unde lute.

---

607 2 *Ach morolff loß die rede beston d. du *fe.*PE. 3 Was Ed. 4 will PEd. doch *fe.*PE jnne S. beliben P. 5 ein P. stedigen E.

608 (P *Überschrift:* Wie die küngin wider uber se kam, *folgt Initiale*). 1 morolff der. listig P. 2 Herre ich ermanen P. wol)noch P. 3 der *fe.*PE die d. wirt)thůt d. vil *fe.*Ed. 4 Ob Pd. sie dir)dirs P dir eß E dir sie d. 5 *Des han ich noch nit gůten rot d. von *fe.*E. schiet)ging E.

609 1 Uber zwelff)Die botschafft vnlange (nit lange E)verborgen lag / Vber czwölff PE. 2 sie *fe.*P. im)dem heiden d. wider *fe.*E. ein P. 3f. Die frouwe stal sich mit dem heyden enweg / Vir wore ich das sagen mag / Vber den wilden se d. 4 Sich salt wider uber P. sehe S. 5 dem)den d. konige Ed.

610 2 *Vnd furte sie uber den wilden se E. 3 uncz)Bys Pd Ee E. das *fe.*PE. sy Morolff PEd. 4 *Dar vmb geschach yme gar we E. herre P.

611 1 Da)Die P. listige)edel listig P morolff der d. 3 er sprach *fe.*E. vil)wie nü PE. kung PE keiser salomon d. here SEd. 4 wallen) wagen den lypp E. 5 sehe S.

612 2 er sprach *fe.*E. Morolff *fe.*P. 3 nu *fe.*E. mich)du E gegen mir d. 4 so-ich)Laß mich E. 5 vil *fe.*d. here)edele PE falsche d.

613 1 Nu)Vnd P *fe.*Ed. du *fe.*E. hie)hie heym E. jherusalem getruwer man d. 2 burge)lude Ed. 3 laß in)las ich in P sal an E loß ich zů d. diner hant P. stan Pd. 5 auch)ich E. nyemer me erwinden d selber suchen PE. 6 ich-das)Salomee das P Das vil E.

614 Also das Morolff ersach,
das dem kunig also rechte leide bescheen was,
er sprach: ,kunig, woltest du mir din truwe geben,
obe ich sie herwider brechte,
daz ich ir hie neme das leben?'

615 Salmon im des sin truwe gap.
,so gehabe dich wol uff der stat,
du vil edeler keiser her, (f. 329 vb)
so enist sie niergent uff allem ert*r*ich,
sie muß wider gein Jherusalem.

616 So wil ich durch die kunigin
aller erste zeigen die liste min',
also sprach der tugenthaffte man,
,des gibe ich dir min truwe,
richer kunig Salmon.'

617 Das hare hieß er ime abe dem heubt *scheren*,
zwen ringe stieß er durch die oren.
nu horent aber wunder mere:
den dritten stieß er durch den nack.
die nott leit Morolff
durch die kunigin allen tag.

618 Ein wurtze leit er in den munt,
davon er sich zurblewet,
recht als wer er ungesunt.
man het ein hare in im ersehen.
er ging vor den kunig Salmon.
er must im meisterschafft verjehen.

619 Salmon lieffen uber die augen sin.
er sprach: ,blip da heim, du lieber bruder min.
kumest du also siech uff das mere,

ergriffent dich die winde,
alle die welt kundent dich nit ernern.‘

---

614 1 Do. 2 also rechte)so. beschach. 3 er sprach *fe.* 5 neme hie.
615 4 si enist.
617 1 dem heubt *fe.* sniden.
618 2 zurblate. 3 recht *fe.* er were. 6 muͦste. meisterschefte jehen.
619 2 er sprach *fe.* da *fe.* heime. du *fe.* 5 al. kan. erneren.

---

614 1 (P *Initiale*). Also)Do PEd. morolff das d. 2 also rechte) so PE so rechte d. gescheen was P geschach E beschach d. 3 er sprach *fe.*E. wiltu P. 4 sie)dir sie E. herwider *fe.*E. bring P. 5 hie *fe.*Ed. das)ir E.
615 1 des *fe.*E. 2 so)er sprach so S Do sprach P Morolff sprach so d *fe.*E so-stat)du dich wol gehaben P künig dich wol gehab d. 3 herre / So sollent mir alle wege nit sin czuͦ schwer P. 4 Sie enist PE Sie enist danne d. allem *fe.*d. ertlich S. 5 herwider Pd. iherusalem / Des enkan sy mir nit entwichen P.
616 1 So-ich)Aber sprach er ich wil P. 2 aller erste *fe.*P. Erzöugen Pd eygen E. 3 morolff der listige man d. 3–5 Vnd durch dich wissest salomon / Jch vinde die küngin edele / Oder es müs mir an myn leben gan P Das kan doling er gan / Der leser muß drincken han E. 5 Du richer d.
617 1 (S *Initiale*). Das)Sin P. abe)von PE. hieß-heupt)det er jm abe d. scheren d)schroden E snyden SP. 3 Jr hortent E. aber) große P grosser E. wunder mere)froͤmde mere d. mere)me P nye E. 5 der edele morolff d. 6 durch-kunigin *fe.*S. die)die edele d.
618 1 (P *Initiale*). wurczeln P. 2 blat er sich E. czerbleitte P zerblegete d. 3 recht *fe.*PEd. also d. er were PE. 4 hatte E. gesehen E. 6 er)Man E. yehen PE.
619 2 er sprach *fe.*E. da)hie Pd *fe.*E. heime P. du)Morolff Pd *fe.*E. lieber lieber P. 3 Vnd komest P. (E *Bild: Morolf mit Esel und Ausrüstung, am Ufer das Schiff*). 4 Vnd ergriffent P Begriffent E. die lunden E. 5 kan PE mag d. ewern P erneren Ed.

620 Da ruckte er uff die slevenige sin.
er sprach: ‚nu schauwe, du kunig,
was han ich wunders an dem libe min. (f. 330 ra)
here, das tun ich umb *den* willen *din*.‘
er sprach: ‚thue es durch bruderliche truwe,
und laß dir die maget enpholhen sin.

621 Obe ich *jen*halp des wilden meres bestan,
so solt du sie zü einer frauwen han.‘
einen artzet er gewan.
Morolff durch *s*ine truwe
leit ime große martel an.

622 Die fuße er an den lip czwang,
in eines schemelers wise
rumte er Jherüsalem das lant.
die zehen bant er hinder sich,
die augen in dem heubt
want er nebent sich.

623 Da reit der listige man
gein des wilden meres tran,
da er sin schiffelin da fant.
dar inne zoch er den esel sin.
da rumte er Jherusalem das lant.

624 Er wallette uff dem mere sehs und drißig tage,
da wurffent ine die winde zu *Akers* in die habe.
der vil listige man
da senckte er sin schiffelin
zu des wilden meres tran.

625 Er reit da er den kunig Princian
und die kunigin in einer closen vant.
sie truwete anderß niergent genesen (f. 330 rb)

uff dem gantzen ertrich,
wollt sie vor Morolff da verwircket wesen.

---

620 2 er sprach *fe.* warta kunig. 4 here *fe.* umb)durch. 5 er sprach *fe.* 6 und *fe.*
621 1 des wilden *fe.* 5 im
622 5 houbte. 6 er)er vaste.
623 4 in.
624 1 walte. 2 in. 5 zu)in.
625 4 uf allem ertriche. 5 sie wolde. da verwircket)dinne.

---

620 (d *Holzschnitt:* Als morolff im das hore lies ab scheren vnd ym ring in die oren machen vnd verstalt sich in eins krüpels wyß). 1 *fe.*E. hůb d. uff)vff die vff S. sleffene P. 2 er sprach *fe.*E. nü-du)Warta E. du *fe.*Pd. kung salomon P. 3 wunders *fe.*E. 4 here *fe.*PE. umb)alles durch Pd dorch E. den-din)dinen willen S. 5 er sprach *fe.*E Nun P Ach brůder d. durch mynen willen d. 6 und *fe.*E. dirs P. die maget)varons schwester P des heiden swester E die jungfrouwe d. befolchen PEd.
621 1 jnnehalp S genot P anders iensyt E ginhalb d. des *fe.*PE. wilden *fe.*PEd. bestan)dart beste E myn leben lon d bestan / So gedenck du myner selen P. 2 so)Vnd P Vff myn sele E. du *fe.*P. du salt E. sie)die maget P. künigin d. 3 meister artzet d. er)er do P. 4 dine S sine grosse Pd. 5 leit er yme E. im selber noch grösser Pd.
622 (E *Überschrift:* Hie stet morolff aber noch der konigin). 1 (P *Initiale*). bezwang PEd. 2 *Vnd eynen schelmen esel E. in)Jm d. 3 Vnd rumte P Mit dem rumte E. er *fe.*P. cze iherüsalem P *fe.*E. 5 die)Sin schöne P. dem)sinem P. houbte Pd. 6 Die want P. er)er vaste PEd.
623 1 morolff der. listig P. 2 gegen d. draum E. 3 Hin do P. da fant)vant PE. 4 in PE. sin eselin d. sin *fe.*E. 5 da)Vnd PEd. er)cze P *fe.*Ed.
624 1 Do wallete er P. walte E walet d. 2 slugen yne die lunden E. abriß SPd abers E. in)an E. 3 Morolff der d. 3f. Do versenkkete der listig man / Sin P. 4 Er senckete sin d. 5 zu)in PE. draum E.
625 1 Do reit er do P. da er)vor E. princion vant P. 1f. Er reit zů einer clusen hien dan / Do fandt er die künigin vnd den künig princian d. 2 und)Da das E. die)salome die P. 3 getruwe PE truweten d. czu genesen E. 4 dem gantzen)allem wittem P allem Ed. 5 Sie wolt PE. wollent S wollten d. vor)do vor d. da verwircket)dynne E sicher d.

626 A*l*so Morolff den kunig vernam,
da reit er gein der porten hin dan.
er beiste nider uff das lant.
er kroch uff allen vieren,
da er den dorwechter vant.

627 Da er ine ferest ane sach,
gerne mogent ir horen, wie er sprach:
‚nu sage, stoltzer tegen gut,
wie lange hast du an dinem libe getragen
die vil große armuht?‘

628 Da sprach der listige man:
‚here, ich des nit gesagen kan.
daz ich uch sage, das ist war,
ich bin ein schemeler gewesen
vollenclich zwentzig jar.‘

629 Er sprach: ‚du bist des libes arm.
wannen du der lande bist gefarn,
du bist also ein siecher man.
weist du utzit in mines heren burge,
das du zu spise wollest han?‘

630 Er sprach: ‚diner spise gere ich nit,
ein drincken were mir also liep,
das wolte ich gerne von dir haben.‘
‚nu beite‘, sprach der portener,
‚ich wil dir es vor die porte tragen.‘

631 Er ginge da er den keller vant. (f. 330 va)
er nam einen kopff in die hant,
der was von golde unmassen clüg,
mit edelm luter drang
er Morolffen vor die porten trug.

632 Also Morolff da getrang,
er saß zu im uff die bang.
er sprach: ‚durfftige, ich wil dir sagen me,
es ist ein tutsche frauwe
nuwelingen komen uber see

---

626 1 Als.
627 3 sage mir. 5 die vil)dise.
628 2 gerechen. 3 dir. 5 volleclichen.
629 3 ein also. 4 icht. burg.
630 1 Er sprach *fe.* enger. niet.
631 1 ging. 4 dranke.
632 3 Er sprach *fe.* 5 nulichen.

---

626 1 Aso S Als d Da E. den kunig)die rede E. do vernam P. 2 *Er reit gein dem konige hin dan E. gegen Pd. 3 Vnd erbeisset P Da irbeist er E. 5 den wechter E.
627 1 er-ferest)yn der torwechter d. ferre E. 3 Nu *fe.*E. sage)sag mir PEd. stoltzer tegen)hilt E du armer dürfftiger d. 4 getragen an dinem libe d. 5 die vil)Diesen E dise d. grossen PE.
628 1 der)der vil P morolff der d. 2 here *fe.*E. des)dirs E leider des d. gerechen Ed. 3 daz)Wan das P. dir E. ware SE. 5 volliglichen Pd. sieben E.
629 1 Er)Der portner d. arme SE. 2 Von wannen P. der lande *fe.*P. 3 ein also PE als gar ein d. 4 weist-utzit)Gelustet dich yt noch spisen d. ut P icht E. 5 *der du wilt han d. zu)zu einer P.
630 1 Morolff sprach d *fe.*E. ger P in ger E begere d. 2 *Vmb ein wir wol geschicht P. also)so E sicher d. 3 *Jch bitte dich das du mir es nit wellest versagen d. das *fe.*S. 4 nu *fe.*E. Beida Ed. dare wechter E. 4f. Do sprach der portener ich wil dir es bringen /Das du dich wol mögest gelaben P. 5 dir es)iß gerne E. burge E.
631 1 Er)Der portner d. gieng PEd. kelner E. 2 er)Vnd P. die)sin P. 3 vß der mossen d. 4 edelem P schonem E. trancke P. 5 er)er in P. morolff PE dem dürfftigen d. burg E.
632 1 Also)Da E. da *fe.*E. 2 er)Der portener Pd. saste sich vff E. uff die)nider vff den P. 3 er sprach *fe.*E. Dorstiger E durfft d. wolt d. 4 es)Hie E. 5 Har nüwelingen P Nulichen E. uber)her über d.

633 mit dem *kunig* Princian.
sie ist schone und da bi wol getan,
ir farwe ist luter und liecht.
ich gibe dir mine truwe,
sie enlat dich unbegabet nit.‘

634 Er sprach: ‚nu schauwe gegen der hende min,
in jennem wißen steine
da ist sie verwircket in
vor eime, der heißet Morolff.
der ist also ein listiger man,
der enwart ir nie mit truwen holt.‘

635 *Do sprach der listige man:*
‚was kurtze wile
mag sie in dem steine han
mit dem kunige Princian?
das sage mir durch dine tugent,
es muß mich imer wunder han.‘

636 Der *portener* sprach: ‚ich wil dir es sagen,
woltest du mit zuchten das vertragen.
durch mins heren kammenat
ein rore under der erden (f. 330 vb)
zu der edelen kunigin gat.

637 Durch die gat der kunig Princian
zu der frauwen wol gethan,
wan der in die close gat,
der roren huten zwelff graffen,
der er ir aller beste hat.‘

638 Da sprach der listige man:
‚nach solichen dingen
sol fragen kein armer man.

ich bit dich durch den got, den du gleubest an,
heiß mir ine *ein wile*
vor die porten gan.'

---

633 1 kunige. 2 da bi *fe.* 3 unde. 5 nieht.
634 1 Er sprach *fe.* gegen)nach. 3 *ist verwirkt die kunigin. 4 der *fe.* 5 also *fe.*
635 4 die tugent din.
636 1 dirz. 2 wilt. 3 uz mines.
637 4 Zwelfe. graffen *fe.* 5 *die allerbesten die er hat.
638 4 in.

---

633 1 kinde S konige E edelen künige d. 2 sie)Die E. ist)ist so P. da bi *fe.*Ed. 4 dir)dir des Pd. ich-dir)Vff E. 5 lat P lest E. dir PEd. vngeben P Vngegabet E vngegeben d. nicht PEd.
634 1 Er sprach *fe.*PE. schauwe)warte P far hin E siehe d. gegen) nach PEd. dem rade E. 2 jennem)yene P dem E. wißen steine)wise P. 3 da *fe.*PE. ist verwurket die (die edele E) küngin PE. sie)die künigin d. ine S *fe.*PEd. 4 der *fe.*E. 5 *fe.*E. der)vnd d. also *fe.*d. ein also listig P. 6 *fe.*Sd (*nach* E) *Das sich vor im niemant gehutten kan P.
635 1 *fe.*S *Der dürfftig sprach d. 2 gehan d. 4 *fe.*d. 5 das *fe.*E. die dogent dyn E. 6 es)Das PE.
636 1 kamerer S dare wechter E. dirs PE. 2 *Wiltu mirs mit czitten verdragen E. das)mir P mirs d. 3 Vß mynes E. 4f. Gat er ror vnder der erden zü der küngin P. 5 zu-kunigin *fe.*E.
637 1 Dar durch gat P. die so gůt d. 2 der)der schönen Pd. wol gethan)edel vnd fin P. 3 Vnd wanne P. clusen PE. 4 So hüttent der ror P. graffen)man E. 5 der-ir)So er sy PE Der d. aller)ycmer P. hat *fe.*P die er hat d.
638 1 (P *Initiale*).morolff der d. 2 dingen *fe.*P sachen E. 4 An den du geloubest P. 5 ine)den (den edelen d) konig princian Ed. ein wile *fe.*S. 5f. das du mir den küng princian / Ein wile fur die porten heissest gan P.

639 *Er ging da er den kunig fant:*
,here, mich hat ein durfftiger man zu dir gesant.
er bit dich durch den got, den du gleubest an,
das du ein wile
vor die burg zu ime wollest gan.'

640 Gein der porten ging der heidensche man,
nach ime manig ritter lobesam.
da ine Morolff ferest ane sach,
er wolde ime zu fusse fallen.
gerne mogent ir horen, wie er sprach:

641 ,Nu laß stan, es tut dir we.
bedarfft du cleider oder spise,
die wil ich dir geben,
die wile ich han das leben *min,*
des gibe ich dir min truwe,
und wilt du gerne bi mir sin.'

642 Da ruckte er uff die slevenge sin.
er sprach: ,nue schauwe, du künig,
was han ich wunders an dem libe min.
ein artzat mir geheissen hat,
hette ich ime zu geben,
er det mir rat.'

643 Da sprach *der künig Princian:*
,dri marck goldes soltu von mir han,
und wirdest du denne wol gesunt,
bedarfft du denne me,
so gib ich dir dennoch zehen pfunt.'

644 *Do er die gabe czü im genam,*
fur die porten trang menig ritter lobesam.
sie noment des dürfftigen alle war,

do nam sie michel wunder,
wie er moͤchte erkrümen also gar.

---

639 2 man *fe.* 3–5 durch den got den du gloubest an / er bitet dich ein wile / zuͦ im fur die porte gan.
640 1 *Fur die burg ging der kunig Princian. 2 im. 3 in. 4 im.
641 2f. darft du spise, die wil ich dir gen.
642 2 *Warta kunig. 5 gebenne. 6 mir)mir an dem libe.
643 3 und *fe.* wurdest du dan. 4 *gebrichet dir dan geldes. 5 so *fe.* ich gibe.
644 1 Do er)Morolf. nam.

---

639 1 (1–5 *fe.*S ***nach*** E). Er)Do P Der portener d. da)der portener do P. 2 herre)Er sprach P Er sprach herre d. ein)ein armer Pd. man *fe.*d herre P. har czuͦ üch Pd. 3 dich)üch Pd. den) An den P. ir vil geloubent P. du)ir d. 4 du)ir P. das du)Jr sollen d. ein)ein cleine Pd. 5 *Czuͦ im fur die porten wollent (*fe.*d) gan Pd.
640 1 Vor die burg E. der konig princian (princian ein herre d) Ed. 2 nach)Vnd mit E. vil menig (maniger d)Pd. 3 ferre PE von ferre d. 4 *fe.*SPd.
641 1 *Gnode mir edeler künig rych / Ein gobe die soltu mir geben / Dar vmbe bitte ich dich flisseclich / Do sprach der künig princian / Gehabe dich wol du armer man d. nu *fe.*E. 2 *Dorffestu doch icht spise E. oder)vnd P. 3 die)der E. dir)dir gerne P. 4 die) yemer die P. ich han)mir got verlihet d. min *fe.*SPd. 4 des)Das P. min)vff myn P. die truwe myn S. 4f. *fe.*d. 5 und *fe.*E.
642 1 *fe.*E. Morolff huͦb vff d. schleffene P cleider d. 2 er sprach *fe.*E. nu-du)Warta E. du *fe.*PE. ritter edele P edeler künig d. 3 wunders)siechtums d. min *fe.*P. myn / Vff reckte er die schemel sin E. 4 mich E. entheissen P verheissen d. 5 Vnd hette P. ime)jm yetzit guͦt d. cze gebende P. 6 dede Ed. mir) mir an dem libe PEd.
643 1 der-645,5 *fe.*S. 3 *fe.*d. und *fe.*E. Wordestu dan E. 4 *Gebrichet dir dan geldes E. me)me armer man d. 5 so *fe.*Ed. Jch geben Ed. dennoch)me dan E. pfundt / Des soltu myn truwe von mir han d.
644 1 *Da morolff die rede vernam E. Do er)Morolff d. nam d. 2 porten)burg E. 3 (***nach*** d) *Sie schauweten morolff über all (Alle gar E) PE. 4f. *fe.*P (***nach*** d). 5 *Wie er verkromet were so gar E. (P ***Platz für Bild***).

645 *Ein kemerer sprach zů der selben stunt:*
,herre, er ist von rechter armůt nit wol ungesunt.
erloubestu es mir, herre min,
ich mach in hutte wol gesunt,
des müß min truwe din pfant sin.'

646 Also da es Morolff ersach, (f. 331 ra)
ein wurtze er uß dem seckel brach.
er leit sie togen in den munt,
davon er sich zublate,
als wer er ungesunt.

647 Da sprach der listige man:
,here, ir hant mis*seh*en *dar* an,
und ruret mich irgent uwer hant,
ich gibe *uch* es mine truwe,
min siechtage wirt uch wol bekant.'

648 Der kamer*er* da zu im ging,
Morolff er bi dem bein gefing.
er wolte es im strecken von dem libe dan,
Morolff durch große list
sere fartzen began.

649 Da mitte erwerte *er* sich des heidensche*n* man.
er sprang ferre von im hin dan.
er sprach: ,durfftige, du hast war,
du bist an dem libe nit gesunt
als duer als umb ein cleines har.

650 Din hende, din fuß und auch der munt,
din augen in dem heubt sint dir ungesunt.
hoffelich stant dir din brawen an.'
er sprach: ,ir sullent ine wol beraten,
ir stoltzen ritter lobesam.'

645 1 selben *fe.* 2 ist nit also ungesunt. 3 *mochte ich ez gehan an den hulden din. 4 machte. in)in noch. wol *fe.* 5 *des gibe ich dir die truwe min.
646 1 da es)daz. 5 er were.
647 2 missesehen. 4 min. 5 wol *fe.*
648 1 kamerere. da *fe.* 2 beine. 4 große)sine. liste.
649 2 von im)dort. 3 er sprach *fe.*
650 1 fůze. der)din. 2 in dem)din. houbet. sint dir)ist dir allez. 3 jemerlich. 4 er sprach *fe.* ir solt. in.

---

645 1 heyden Pd. selben *fe.*E. 2 von-armůt *fe.*E. wol)also d. 2–5 Ganstu mirs herre ich machen ene / des geben ich dir die druwe myn / want er ist nit so vngesunt / des saltu von mir sicher sin E. 3–5 Mo͏ͤchte ich es gehan an den hulden dyn / jch mache yn noch hüte gesundt / des gibe ich dir die truwe myn d.
646 (SPE *Initiale,*d *Holzschnitt:* Also morolff vff einem esel sas vnnde zů einem krüppel wardt vnd syne füß krümpte vnd kam für die burg vnd do begegent jme der heydensche künig princian mit sinen dienern etc). 1 Also *fe.*E. da es)das Pd. es)ene E. ane sache E. 2 dem)syme d. seckel)monde E. 3 Die leitt er P. sie)die d. togen *fe.*d balde E. den)sinen d. 4 zerbleitte P blete E blegete d. 5 Recht als P recht ob d. er were Ed er wer vil P.
647 1 morolff der d. 2 Ach herre ich han P. missehen E)myns sytten Sd mißredet P. dar *fe.*Sd. 3 und *fe.*E. Geroret E. irgent)doling E. 4 uch es)dir es S üch des Pd iß uch E. min PEd. 5 Mine sucht E. wirt)der würt d. wol)selber P *fe.*Ed.
648 1 (P *Initiale*). kamer S. da-im)hin E. 2 Morolffen P. dem)eim P. bi-bein)mit der hende E. 3 es im)sie yme E. dan)hin dan PEd. dan / <Er sprach durfftig du hast war>S (*vgl.* 649,3). 4 durch durch P. große)sine grosse P sine Ed. lyste PEd. 5 sere)vil schiere P *fe.*d. begund d.
649 1 er *fe.*Sd. des)der Sd dem P. heidensche Sd. 2 von im)dart E. 3 er sprach *fe.*E. Du dorfftiger E. vil war P. 4 dem) dinem PEd. nit)nyenen P nirgent E. 5 So thüre P So vil d. cleines *fe.*E. hare SE.
650 1 vnd din fůße P. und *fe.*E. auch *fe.*PE. der)din PEd. 2 in dem)in dim P din Ed. houbet d. sint dir)es (*fe.*Ed) ist dir (*fe.*d) alles PEd. krump P. 3 *fe.*d *So jemerlichen stunt dir din augen an E. 4 er sprach *fe.*PE Do sprach der selbe heydensche man d. solt E. ine wol)uch vor P. 5 *Er ist eyn armer man E. ir *fe.*Pd. stolczer Pd. heilden d.

651 Ee er das wort ie vollen gesprach,
manig hant man in dem seckel sach.
an dem ringe was kein man, (f. 331 rb)
er gabe im einen gulden pfenig,
der *in* niergent mochte han.

652 Da sprach der heidensche man:
‚einen schilling solt du von mir han,'
also sprach der kamerer da zu hant:
‚vergip mir, das *d*ich
ie rurte *m*in hant.'

653 Da er die gabe zu im genam,
dannoch sach er dem kunig an der hant
ein rot gulden vingerlin,
da was mit starcken listen
groß heiltum verwircket in.

654 Morolff lieffent uber die augen dugentlich.
er sprach: ‚du hast mich wol beraten,
du vil edeler kunig rich.
ein geleit solt ich von dir haben,
obe mir uht wider fure,
das mich nit beraubten die knaben.'

655 Der kunig zoch abe ein brinige, was von golde liecht.
Morolff sprach: ‚ich *mag ir* gefuren nit,
dar zu ist sie mir ein teil zu her,
obe ich sie dan verlure,
here, din hulde gewinne ich nit me.

656 Ein anders sol ich vor dir haben,
ich gibe dir min truwe,
ich wil dir es wider tragen.'
er sprach: ‚durfftig, was gerest du von mir?

durch den got und du mich bittest,
so wil ich es gern geben dir.'

---

651 1 Bitz. vollesprach. 4 gebe. 5 in)ich.
652 1 heidenische. 4 *daz du mir vergebest. 5 gerůrte ie.
653 2 den kunig an der hende han.
654 2 er sprach *fe.* 3 du vil *fe.* 4 geleite solte. 5 *obe sie mir widergingen. 6 die)dine.
655 1 Abe zoch der kunig. 2 nieht. 3 ein teil *fe.* 5 here *fe.* ich niemer mer.
656 1 solte. 3 wolte dirz herwider. 4 durftige. 6 gerne.

---

651 1 Bis PE. volle sprach Pd. 2 secklin P budel E. 3 Da was in dem ringe E. dem)dem selben d. wart P enwas d. kein)niergent ein P nyrgent keyn Ed. 4 gebe E. im)yme ye E. 5 *fe.*d. in)ich S. niergent)yenan P mit node E. muste E.
652 1 *fe.*P. der)der selbe d. 2 Eyne schilling phenge E. ir E. 3 Alsus P Da E. da *fe.*PE. 4 *Das du mir wöllest vergeben P Das du mir vergebest Ed. mich S. 5 ie)hůt P *fe.*E. berurte P gerurte Ed. din S hude myn E.
653 1 er)morolff Ed. 2 dem)den Ed. an)in E. hant)hende han PEd. 3 Ein schön rot P. 4 starcken)wünderlichen P grossen E schōnen d. 5 groß)Vil E. schon gewurcket P gewircket E. jne S.
654 1 die augen uber E. 2 er sprach *fe.*E. nü hestu Pd. 3 du vil *fe.*PEd. edeler)Edeler furste vnd P. 4 geleitte PEd. solte Ed. von dir)nu P von eüch d. 5 uht)nü P. mir uht)sie mir Ed. wieder gingen E engegen kemen d. 6 nit)icht E. berouben P. die)dine E.
655 1 Do zůg ab der küng P Obe czoch der konig E. brünge P bronige E bryne d. die was PEd. von-liecht)kospar vnd licht P. 2 mag *fe.*S. ir)es S sy d. gefůret P. nicht Pd. 3 ist)so ist d. ein teil *fe.*E. here SPE. 4 denne P. 5 here *fe.*PEd. dyne E euwer d. nit)niemer PEd. me)mere P mer d.
656 1 solde Ed. soltü an mich wagen P. dir)vch d. 2 dir)dir des P dirß E euch des d. 3 wolde Ed. dir es)dirs PE dz d. her weder Ed. 4 er)Der künig d. dorffteger Ed. begerestu d. dü gerest an mich P. 5 got)richen got von hymmel E. und *fe.*Pd. und-bittest *fe.*E. mich)mich sin P. 6 so *fe.*E. gerne E.

657 Da zeigte er uff das vingerlin. (f. 331 va)
er sprach: ‚were es dusent marck wert,
so solt es sicher wesen din,'
alsus sprach der kunig Princian:
‚nu reiche von dir din hant,
woltest es gern von mir han.'

658 Den finger bot er im dar,
abe der hende zoch es der kunig Princian.
de*m* heiltum neigte er uff den fuß.
er sprach: ‚here, du hast mich wol beraten,
nu wirt mir der sorgen buß.'

659 Den esel zoch man ime dar,
dar uff halffe ime der kunig Princian.
urlaup er zu dem kunige nam
und zu den andern sinen mannen.
da schiet er frolichen von dan.

660 Morolff der dett ine sine liste schin,
er begunde kutzeln sin esellin.
es begunde hinden und forn uff slagen,
da viel er im uber das heubt
abe inn einen dieffen burg graben.

661 Der edele kunig Princian
der sprang ime nach selbe xij siner ma*n*.
er hup in wider uff den esel sin.
er truckte ine ein wenig an ein bein,
da ließ er großer furtze dri.

662 Da sprach der listige man:
‚here, ir hant mir we gethan,
das ich keine freude mag gehan.'

‚nu kere nach dime got befolhen‘,
sprach der kunig Princian. (f. 331 vb)

---

657 2 marke. 5 recke. 6 wilt du. gerne.
658 1 ime. 3 neig. 4 er-here *fe.*
659 2 half im selber der. 4 ze allen sinnen.
660 1 der *fe.* in sin. 4 houbet. 5 abe *fe.*
661 2 der *fe.* 3 trůg. 4 *do drukte er in an daz bein.
662 2 here *fe.* mir)mir also. 4 nu *fe.* nach *fe.*

---

657 1 Da-uff)Do zoch er ab P. er)er er S morolff d uff)an E. 2 wer P vnd wer d. marcke d. 3 solt)müst PE ist d. sicherlichen P doch E. wesen *fe.*d. 4 alsus)Da E. 5 nu *fe.*E. Recke E. din)her dine d. 6 Wöllest du Pd Wiltu E. gerne PE. von mir *fe.*Pd.

658 1 dar)hin dan PE zů stunt d. 2 abe)Von PE. brach PE. es)im P iß yme E. kunig princian S listig man PE künig d. 3 (*in* E *nach* 5) *Morolff neiget sich gegen dem heiltům drüstunt d. der S. neig PE. uff)dristunt vff P. 4 er sprach *fe.*E. here)Nu E herre nůn d. hastu Ed. beraten gar d. 5 nu)Freude E. der) nyemer P nummer E miner d. sorgen *fe.*E.

659 1 Dar)hin dan E. 2 Selber halffe yme dar uff der E. der)selber P selber der d. 3 zu)von d. 4 *fe.*P. zu)von d. den andern)allen Ed. man E. 5 da)Vnd PEd. schiffete P. er *fe.*PEd. frölich PEd.

660 1 der *fe.*Pd. Morolff-ine)Allererst det er E. im (yn d) siner Pd. kunt d. 2 sin)sin cleines P das cleyn E. sin eselin kritzelen an der selben stunt d. 3 Do begunde es hindenan d. vornen Pd. schlan P. 4 Er fiel yme E. er im)yme morolff d. houbte sin P houbet d. 5 abe *fe.*PE. dieffen *fe.*E.

661 1 (P *Initiale*). 2 der *fe.*PEd. nach)noch vil ferre E. xij)vierde Pd. manne S dinst man E. 3 trůg PEd. 4 *Da druckt er ene an das beyn E.

662 1 morolff der d. 2 here *fe.*E herre myn P. mir)mir also PE mir gar d. 3 han P. 3–5 Do sprach der künig pryncian / Nůn fare hien du armer man / Vnd bitte got ouch für mich / Jch hoffe er erhőre dich / Wanne du bist doch ein armer man / Dinen siechtům ich nit volle sagen kan d. 4 nu *fe.*E. kere)far P Rit E. nach)hin P *fe.*E. 5 *fe.*P.

663 Er kerte die strasse ferre in die heidenschafft,
das sie nit gedechten,
er *recte* uber des wilden meres crafft.
da die sunne under den gesiedel schiet,
da kerte er von der strassen
gein dem *sewe* breit.

664 Birtel und sattel barge er in das ror,
er ging uff die strassen
und wart unmesselichen fro.
ein wurtz er uß dem munde nam,
sehent, da was ein artzet komen,
da was ein gesunder man!

665 Morolff hette sich auch bedacht,
er hette mit im dar bracht
einen rock *also rot*
und zwene *ru*che berte
und ein harpff, halff Morolff ußer not.

666 Morolff bereite sich uff die fart.
uber das heubett bant er *einen* ruwen bart,
einen kotzen leit er an,
einen balmen uff den rucken,
er wart ein wallender man.

667 Uß dem rore sneit er ein stap an die hant,
dar uber lenet er sich zu hant.
er sprach: ‚nu gip mir urloup, wallender bruder her,
ich laß dich hie an guter weiden,
ich wil ane dich faren gein Jherusalem.‘

668 Da der kunig Princian (f. 332 ra)
zu der frauwen slaffen *solte* gan,
sie sprach: ‚edeler kunig Princian,
uff din truwe,
wo hast du das fingerlin gethan?

663 2 sie nit)nieman. 3 wilden *fe.* 4 sunne ze sedele ging. 5 von der)eine. 6 dem sewe er ane ving.
664 1 Birtel)Zoum. barg. 4 ein)sin. 5 da)und.
665 3 roc der was siden unde rot.
666 2 umb daz. ruwen *fe.*
667 2 leint. 3 wallender *fe.* 4 weide. 5 faren *fe.*
668 3 sie sprach *fe.* 4 dine. 5 war.

---

663 1 Er)Morolff d. Do kerte er P. die)eyn E. ferre *fe.* P Die ging E. 2 sie nit)do niemant mocht P nymans E nieman solt d. gedenkken Pd in dachte E. 3 das er wolde Ed. wilden *fe.* d. crafft)tron P. 4 (d *Initiale*). Vnd do P. . underschiet)an dem abent / Vnde ir gesigde schied: <gieng> P czu gnaden ging E an dem obende vnder geschiet d. 5 von)abe d. von der)eine E. strasse E. 6 gein)Czu E. dem)einem P. sewe) selben S. breit)der was breit P den er ane fing E er do reit d.
664 1 Bretter P Czaum Ed. ferbarg d. das)eyn E. rore SE ror do P. 2 Vnd gieng do vff P. strasse Ed. und)Er PE. vnmassen E vil d. 3 ein)Die P. wurtzel d. 4 *Syn artzet der was komen d. sehent *fe.* Pd sich E. 5 Wan er was worden P Vnd was E er wart d.
665 1 Morolff der P. auch)wol P. 2 er-dar)Jn syner deschen hat er E. hat P. gebracht d. 3 *Eyn dutsche harppe / Vnd eyn gesmelcze rot E. rock)koczen rock P. also rot)so gut S der was siden vnd rot d. 4 riche borte S ruwe bertte E. 5 und-harpff *fe.* E. harppffen Pd. halff)die halff Pd Die hulffen E. Morolff) jme d. vß d.
666 2 uber)Vff P Vmb E. das)syn d. houbt PE bant)hat E. einen *fe.* S ein P. ruwen)richen P *fe.* E. 3 einen)Er P. kotzen)ruchen hoczen P growen rock d. 4 einen)Vnd ein P Ein d. bettel sack d. den)sinen d. rock E. 5 er)Vnd Ed.
667 1 an)in PE *fe.* d. die)sin P *fe.* d. zůhant d. 2 leit E. zu hant) mit siner hant d. 3 nu *fe.* E. gent mir E. wallender *fe.* Ed. bruder her)esel myn d. 4 an)in PE. weyde PE weyden gan d. 5 Vnd wil ich varen an dich P Vnd fare one dich d. faren *fe.* E. iherusalem hin d.
668 1 Da)Vnd P Do nůn d. 2 zu)Des nachtes czu P. solte *fe.* S wolte d. solde slaffen E. 3 (d *Initiale*). Sie sprach *fe.* E Do sprach die frouwe wol getan P. edeler)Nu sag mir edeler P Sage mir E. kunig Princian)tegen her P. 4 *fe.* P. dine d die E. 5 wo)War PEd. das)das gulden E.

669 Das gap mir Salmon min man,
da ich im jungest entran.
du vil edeler furste her,
und wuhst er mich uber tusent milen,
er suchte mich uber den wilden see.'

670 Er sprach: ,waß sol ich dar ane sparn?
es kam ein armer durfftige
uff minen hoff zu mir gefarn.
er was ein armer schemeler,
er bat durch den got, den ich gleubet an,
das ich ime ein gabe gebe.

671 Ein artzet im geheißen hat,
hette *er* ime zu geben, er det im rat.
dru marg goldes ich ime gap.
da er die gabe zu im enpfing,
vil schone er mich eins geleites bat.

672 *Das fingerlin ich im da gap.*
ich gleube nit, das er lebe morn untz tag,
er ist also ein siecher man.'
die edele kunigin
vil balde fragen da began.

673 Sie sprach: ,wie warent im die augen gethan?'
,luter als ein spiegel',
sprach der kunig Princian,
,hoffelich stundent im sin brawen an.' (f. 332 rb)
da sprach die kunigin edele:
,es ist Morolff kunig Salmons man.'

674 ,Nein', sprach der kunig Princian,
den sach ich zu Jherusalem stan.
einen zobel mantel truge er an dem libe sin,

so ist diß ein armer durfftige,
das glaube, du edele kunigin.‘

---

669 2 zů leste. 4 uber *fe.*
670 1 solte. an. 3 uf-mir *fe.* 4 schemelere. 5 im.
671 2 gebenne. dete im an dem libe rat. 3 im.
672 2 unze morne den tac. 3 ein also. 4 kuniginne.
673 1 Sie sprach *fe.* 4 stant. 5 kuniginne. edele *fe.* 6 kunig *fe.*
674 3 *er trůg ein mantel hermin. 5 du *fe.*

---

669 2 nü czu jungste P czu leste E zů dem lesten mol d. 3 edeler) hochgelopter P. 3–5 Er sprach edele konigin lobelich / Dar vmb saltu dich nit czornen / Jch geben dir eyn bessers sicherlich E. 4 und *fe.*P. Wiste Pd. uber *fe.*d. 5 Er tet mich suchen P. vber <tusent mylen> den S.
670 1 Er)Princian P. Er sprach *fe.*E. solde Ed. an PEd. 2 durfftig P man E. uff-hoff *fe.*E. zu mir *fe.*PE. 3 er)Es P. betteler d. (S *wiederholt die Zeile*). 4 bat)bat mich PE. den)an den PE. an *fe.*E. glouben han P.
671 1 Er sprach ein P. verheissen Pd. 2 er)ich S. cze gebende P. im)im an dem (syme d)libe PEd. 4 gabe *fe.*P. gewan E. 5 vil) Wie E. mich *fe.*E. ein S. plag E.
672 1 (*nach* d) *Da gap ich jm das fingerlin SP Das ich yme das fingerlin gegab E. 2 engloube d. er morne gelebe den tag P er lebe / Byt morn den dag E erlebe bitze morne tag d. 3 ein also PE als gar ein d. 4 die)Wie schier die P. 4f. *fe.*d. 5 vil balde)Den küng P *fe.*E. do fragen P.
673 1 Sie sprach *fe.*E. sint PE. die)sin Pd. augen)augen / Jn dem heubte Ed. 4 stent E stant d. sin brawen)die augen E. 5 *Die künigin sprach d. edele)clar P *fe.*E. 6 morolffs E werlich morolff d. kunig *fe.*PEd.
674 1 *fe.*P. 2 Jch sache yne eyns czu E. iherusalem / Schon (*fe.*Ed) vor dem tempel stan PEd. 3 czöblin P guden E hermelin d. ansin *fe.*E. 4 *Mynen mantel gab ich eym armen man E. Dis ist P. 5 *fe.*E. gloubent d. du)mir Pd.

675 Sie sprach: ‚siner liste erkennest du nit.
besende dine helde,
obe ich dir ie wurde *liep,*
und heiß die schiffung gar verlegen.
wer mir den krippel brenget,
den wil ich mit golde wider wegen.‘

676 Da besante er si*ch* de*r* selben nach*t*,
zwei tusent helde
und her ein michel crafft.
er hieß die schiffung gar verlegen,
da kam Morolff
zu manchem heidenschen degen.

677 Der edele kunig Princian
der nam zu ime manigen heideschen man.
da wolte er suchen den schemeler,
da bekam im *Morolff* selber,
daz pruffen wol an diesser mer.

678 Da er ine ferest ane sach,
gern mogent ir horen, wie er sprach:
‚nu sage mir, wallender man,
bekam dir hut oder nechten (f. 332 va)
ein kruppel uff einem esel wol gethan?‘

679 Da sprach der listig man:
‚here, davon ich uch wol sagen kan.
nechten da die sunne under iren gesiedel solte gan,
da bekame mir der selbe kruppel
uff einem esel wol gethan.

680 Er sprach, er fure von dem kunig Princian,
er wolt zu einem artzet,
der hette rat zu ime gethan.

nu kerent uch ein wenig furbaß hin dan,
so findent ir den esel sin
vil nahe bi der straßen gan.'

---

675 1 Sie sprach *fe.* niet. 4 und *fe.* 5 wer)der.
676 3 *mit micheler heres kraft 5 *do wart Morolf bestanden. 6 mit manigem heidenischen.
677 2 der *fe.* im.
678 1 in. 2 gerne.
679 1 listige. 2 here *fe.* uch *fe.* gesagen. 3 nechten *fe.* ze sedele. 4 ich sach den selben.
680 1 kunige. 3 *rat enphan. 4 kert. uch *fe.* 5 vil *fe.*

---

675 1 Sie sprach *fe.*E. sin P. erkenst du P kennestu E enkennestu d. nicht PEd. 2 din E din stolczen P. 3 *So gesichst du was beschicht P. ie wurde)bin so d. holt S. 4 *fe.*S. und *fe.*E. Hieß Ed. belegen E. 5 wer)Der E. 6 Jch wil in (yme E) im (*fe.*E) PE. nyder S vber P.
676 (d *Holzschnitt:* Also morolff zů einem bilgeryn wart vnd der künig pryncian yme vff der strassen bekam mit sinen heydenschen mannen etc). 1 (1–5 *fe.*P).*Da besamenten sich in der nacht E. sich)sie S. der)des S. nachtes S. 1–3 Do besante zwey dusent helden princian der degen d. 3 *mit heres krefft E. 4 belegen E. 5f. *fe.*Sd.
677 1 edel PE. 2 der *fe.*E er d. man / Da wolte er suchen den heidenschen man S. 3 da)Vnd Pd. er *fe.*Pd. 4 im)in P. Morolff *fe.*S. 5 *fe.*d. daz)Vnd E. merkent P pruffe E. wol)selber wol S *fe.*P. an *fe.*E. dißem P der E. mere SPE.
678 1 Da)Als E. er ine)yn der künig d. ine)sie E. ferre E *fe.*d. 2 *fe.*P. Gerne Ed. 3 Sag dü mir P. 4 hůtte Pd icht hude E. nehchten S nechtin irgant P. 5 ein)kein d. einem)dem E eim d. wol gethan)begon d.
679 1 morolff der d. listige Ed. 2 here *fe.*PE. uch *fe.*E dir d. gesagen PEd. 3 iren gesiedel *fe.*Pd. sölte vnder gan P vnder wolte gǒn d. 3f. Als man nechtent sloffen solde gan / Jch sach den selben kruppel / Czu aders noch der hirburge gan / Eynen kotzen drug er an / Sprach der listige man / Als die sonne in yr gesedel solde gan / Jch sach den selben kruppel E. 5 *fe.*d.
680 1 *fe.*d. von)czu E. 2 er)Vnd P. wolte Pd. 2f. Er wolde rat von eynem arczt intphan E. 3 *Als ich von jm verstanden han d. 4 nu *fe.*E. Kert E. uch *fe.*PE. hin *fe.*P. 5 Da sach er den E. sin *fe.*Ed. 6 vil *fe.*Ed. dem wege P der studen E. stan E.

681 Einen schilling gulden gap im der selbe man.
er sprach: ,das solt du zu botten brott han,
du vil stoltzer tegen gut,
und kemest du heime czu minem huß,
ich buste dir alle din armuht.'

682 Die helde ilten alle wider einander hin dann,
da fundent sie den esel uff der strassen gan.
sie furtent ine zu Akerß in die stat.
da sprachent die burger alle glich:
,unser keiner ine mit augen nie gesach.'

683 Da sprach der kunig Princian:
,ich wene, mich habe betrogen der selbe wallende man,
der mir seit von dem schemeler,
daz ist gewesen Morolff selber,
daz pruffe ich wol an dirre mer. (f. 332 vb)

684 Salmon hette ine uß gesant,
er hat erkundet dißе lant.
nu rattent, alle helden min,
wie ich vor ime moge behalten
die vil schone kunigin.'

685 Da sprach ein heidenscher man:
,here, ich uch wol geratten kan.
furent den esel vor die kunigin,
und ist, daz sie ine erkennet,
so was es Morolff der bilgerin.'

686 Man furte den esel vor die kunigin dan.
sie sprach: ,ich sahe ine
zü Jherusalem vor dem tempel stan,
da truge er alle tage stein hin dan.

nu wartent gein der schiffunge,
Morolff was der wallende man.‘

---

681 1 gulden *fe.* im Princian. 2 er sprach *fe.* 4 heime *fe.* 5 alle *fe.*

682 1 heiden gahten. alle *fe.* hin *fe.* 2 uff)bi. 3 in. 4 *die burger jahen alle. 5 in. mit augen *fe.*

683 2 ich wene *fe.* hat. selbe *fe.* 3 seite. 4 ez was Morolf.

684 1 hat in. 4 wir. moge *fe.* 5 edele.

685 1 heidenischer. 4 in.

686 2 in. 4 trůg. allen. steine. 5 schiffung.

---

681 1 Ein P. gulden)phenge E. selbe)heydensch Pd. der konig princian E. 2 (E *vertauscht* 2 *und* 3) er sprach *fe.*E. zu)czu eynem E. 3 stoltzer)mer E armer d. tegen)helt PE bilger d. 4 heime *fe.*Ed. miner bürge d. huße PE. 5 al d *fe.*E.

682 1 heiden Ed. gacheten P jageten E. alle)balde P *fe.*E. wider) mit E. hin *fe.*PE. do P. 2 Sie funden E. den)sinen d. uff)by PEd. wege stan E. 3 dreben yne alle czu E. aderß SPEd. 4 *Die burger jahen alle E. glich *fe.*P. 5 keiner)kemerer E. in P *fe.*d. mit-nie)noch hude E.

683 2 ich wene *fe.*E. mich)vns P. hat E. trogen P. selbe *fe.*PEd. 3 mir)vns P mir do d. seyte Ed. 4 daz)Es Ed. ist gewesen)was PEd. selber *fe.*E. 5 wol *fe.*E. an)bi d. dißem P der E diser d. mere SEd.

684 1 (d *Initiale*). hat Ed. hette ine)der het P. 2 er hat)Her in E. erkennet P *fe.*E. 3 alle)alle vil lieben P. 4 wie)Wie das P. ich) wir E. moge *fe.*PEd. gehutte P. 5 die)Salome die P. vil *fe.* Pd. schone)herre P edel Ed.

685 1 ein)ein alter d. 2 vil woll ich geraden E. 3 furent) Hie fů-rent wie P. küngin dan P konigin hin dan E. 4 ist)ist es d. kennet P erkente d. 4f. *fe.*E.

686 1 *fe.*E. dan)do d. 2 in d den selben esel P. 3 den E. 4 *fe.*E. allen d. steine d. 5 *Kerent gein dem schiffe hyn dan E. gein) balde zu P gegen d. schiffung Pd. 6 *Es was sicher morolff salomons man P.

687 Morolff bereite sich uff die fart.
abe zoch er sinen kotzen
    und auch sinen ruwen bart.
stabe und desche barge er in das ror.
er ging wider uff die strasse
    und wart unmaßlichen fro.

688 Einen rotten siden rock leit er an,
ein dutsche harpffe er in die hant nam.
hoffelich stundent im sin cleider an.
er ging in allen den geberden,
    als obe er were ein spielman.

689 Ein kamerer da zu im nam
wol funfftzig heidensche man,
da wolte er suchen *den* bilgerin,
da bekame im Morolff selber,
    daz sollent ir sicher sin.

690 Da er ine ferest ane sach,
gerne mogent ir horen, wie er sprach:
‚nu sage mir, stoltzer spielman,
bekame dir hut oder nechten
    iergent ein wallender man?‘

691 Da sprach der listige man:
‚here, davon ich uch wol sagen kan.
nechten da die sunne under ire gesidel wolte gan,
da sach ich den selben bilgerin
    zu A*k*ers nach der herbergen gan.

692 Einen kotzen drug er an, (f. 333 rb)
vor ware ich das gesagen kan,
uber das heubt einen ruwen bart,

ich gibe uch des mine truwe,
er ist zu der ferte wol bewart.‘

---

687 3 auch *fe.* 4 barg.
688 1 Ein. leite.
689 1 kamerere. da *fe.* 2 heidenischer. 4 bekam. 5 des solt ir von mir sicher.
690 1 in. 4 bekam.
691 2 here *fe.* uch *fe.* gesagen. 3 sunne ze sedele.
692 2 war. 4 min.

---

687 (S *Bild: Morolff als Spielman den Heiden begegnend*). 1 sich) sich dort P. 2 sinen)den d. 3 auch *fe.*Ed. ruchen Pd. 4 barg P verbarg d. ror do Pd. 4f. *fe.*E. 6 und)Er PE. vnmassenlichen P vnmessiglich E vnmeßlich d.
688 1 Eyns spielmans rog E. siden)stolczen P. leite Ed. 2 ein)Die E. tutschen P. <nam>: er P. nam er in die hant E. hende d. 3 *fe.*E. Gar hoffelichen P Hefelichen d. 4 er)Vnd E. aller der geberde E. 5 ob P *fe.*E. er ein stolczer spilman wer PE. eine S.
689 (d *Holzschnitt:* Also sich morolff machte zů einem spil man vnd ein dütsche harpfe in siner hende trůg vnd der künig pryncian begegente yme mit synen heilden vnnd fragete ynn nach dem bilgery ob er den het gesehen etc). 1 Ein)Eynen E *fe.*d. genam PE. 2 wol *fe.*E Vnd dar zů wol d. heydenscher PEd. 3 Vnd wolten varen suchen P. den *fe.*S. 4 im)in P. morolff eme E. 5 Des PE. solt E. ir)ir vil Pd ir von mir E.
690 1 ferre E von ferre d. 2 *Das wort er gluclich czu im sprach P. 3 nu-mir)Sage an E. 4 dir)dir icht E dir nit d. hude Ed. 5 iergent)yemant P *fe.*E. ein)Ein armer P kein d.
691 1 *fe.*P man)morolff salomes man d. 2 here *fe.*E. uch *fe.*E. gesagen PEd. 3 *Da man nechtent sloffen solde gan E. ire gesidel *fe.*Pd. solte vndergan P. 4 weller E bilger d. 5 aders SEd. nach)yn noch d. gan *fe.*d.
692 1 (1–5 *fe.*E). Einen)Ein ruchen P. 2 *Also sprach der listig man P. ich)ich vch d. 3 das)sin P. heubt)hor d. ein P. rucher P rychen d. 4 myn Pd. 5 es S.

693 Er sprach: ‚wollent ir uht lange hie bestan,
so sehent ir ine vor uch uff der strassen gan.'
der kamerer beiste nider uff daz lant,
Morolff begunde harpffen,
    das der don vil wol erclang.

694 Die heiden saßent nider uff das lant,
der kamerer nam einen reien in die hant,
den furte er allen den tag
vaste bitz uff den abent,
    bitz das er suchens sich gar verwag.

695 Da sprach der listige man:
‚ich muß czu einer hochgeziit,
    ich mag nit lenger hie bestan.'
einen schilling gulden gap im der heidensche man.
er sprach: ‚kere dime got enpholhen,
    du bist ein stoltzer spielman.'

696 Morolff da von dannen schiet,
als im sin wißheit riet.
die heiden kerten in die stat hin dan,
da seiten sie die mere,
    sie fundent niergent den wallenden man.

697 Da sprach die frauwe wol gethan:
‚bekam uch uff der straßen keiner slachte man,
der uch seite von dem bilgerin? (f. 334 ra)
das was Morolff selber,
    des sollent ir sicher sin.'

698 Da das der heiden vernam,
er sprach: ‚schone frauwe wol gethan,
sol niemant uff der strassen gan,

es si alles Morolff,
    daz muß mich umer wunder han.

---

693 1 Er sprach *fe.* Wolt. uht lange)ein wile. 3 nider *fe.* 5 wol) lute.
694 5 bitz *fe.* sich sůchens.
695 4 gulden *fe.* 5 er sprach *fe.* gote
696 2 geriet. 3 die heiden)sie. 5 enfunden keinen wallenden.
697 2 uff der straßen *fe.* 5 solt ir von mir sicher.
698

---

693 1 Er sprach)Vnd P *fe.*E. Wolt E. uht lange)kein (eine d) wile PEd. hie)by mir E. 2 so)Jr PE. uff)hie vff P. 3 (3–5 *fe.*E). erbeisste P. 4 *fe.*P. 5 der don)die erde P. wol)lutte Pd.
694 1 Die)Eyn E. erbeisten P irbeiste E suchtent d. nider)ouch nider P *fe.*E. 1–3 nider-er *fe.*d. 2 einen reien)den bogen P. in) Da in E. 3 leit E. er)er do P. 4 Vast PE. uff)an E. 5 bitz *fe.*PEd. er)sie d. sich sines suches P sich suchens Ed. erwag PE.
695 1 morolff der stoltze spielman d. listig P. 2 solde E. hoch czijt Ed hochzit gan P. 3 *fe.*E. ich)vnd d. lenger nit d. 4 gulden)phenge E. 4f. Do gab im der heydesch man / Einen schilling guld do ze hant / Wan dü bist ein stolczer spilman / Ach sprach der kamerer / Czü morolff dem listigen herren P. 5 er sprach *fe.*E. kere)Du siest P Gang E nů ker d. den gotten P gode E. dime-enpholhen) war du woͤllest d. befolhen PE. 6 Wan du P.
696 2 im)jme danne d. das (*fe.*E) geriet PE. 3 die heiden)Sie E. in)do von im / Cze ackers in P von jme in d. stat)heidenschafft / Da E. 5 fundent-den)in funden kein (keinen d)Ed.
697 2 Quam E. uch)üch niergant P. uff-straßen *fe.*E. deheiner P kein d. slachte)hande E schlechter d. 3 bilgerin / <Czu aders nach der herbergen gan> S. 5 des *fe.*S Das d. solt E. ir)ir vil Pd ir von mir E.
698 1 *fe.*d *Do sprach ein heydesch man P. der heiden)kemerer E. 2 er sprach *fe.*P. lobesan P. 4 si)in sie E. sint recht alles morolffe P. 5 umer)alles E.

699 Uns bekam ein stoltzer spilman,
hoffeliche stunden im sin cleider an,
ein tutsche harpffe truge er in der hant,
die rurte er also suße,
das der done lute erclang.‘

700 Do sprach die frauwe wol gethan:
‚das waz Morolff Salmons man.
bringent mir den selben spielman.
drissig marg des roten goldes
sollent ir dar umb zu lone han.‘

701 Morolff wuhste wol der kunigin rat. (f. 335 ra)
er barge sin harpffe und sin schone wat.
einen *grauwen* rock leit an der wigant,
zwene vil große schuwe
er fast zu den fußen bant.

702 Er leit umb einen gurtel unmaßen breit,
daran hinge ein wetzestein
und ein messer, das vil wol sneitt.
er ging zu *Akers* in die stat.
er sprach: ‚wer gibt mir rinder und schaff,
vil gerne wolt ich kauffen das.‘

703 Ein alter heiden im da gap,
vor ware ich uch das sagen mag,
beide rinder und auch schaff.
da stach der tegen here,
im wart zu schinden also gach.

704 Nach ime ilte die heidensche diet.
Morolff kunde sich verbergen nit.
da fragten sie den fleischman,

obe er irgent hette gesehen
den vil stoltzen spielman.

---

699 5 don vil lute.
700 4 des roten *fe.* 5 *solt ir zuͦ lone von mir han.
701 2 verbarg. sin vil schone. 4 vil fe. 5 vaste.
702 1 leite. unmaßen *fe.* 3 vil *fe.* 5 er sprach *fe.* unde. 6 wol te.
703 2 war. 3 unde. auch *fe.* 4 da)die.
704 2 niet. 5 den vil)einen.

---

699 1f. *fe.* P. 4 uße)lyse E. 4f. Ein höfflicher spilman was er sicherlich P. 5 don vil lude Ed.
700 1 wunnesam P. 2 das)Es PE. waz Morolff)ist morolff gewesen P. 4 des roten)des selben P *fe.* Ed. 5 dar umb *fe.* Ed. lone) lone von mir E. haben P han / Der wil ich mich gar verwegen / Bringent mir balde den listigen degen / Dann es ist morolff selber getan / Das soͤllent jr in der worheit von mir han d.
701 (S: *Rest von* f. 334 ra *und* f. 334 rb *leer,* f. 334 v *Bild: Morolff als Metzger.* d *Holzschnitt:* Hie wardt morolff ein metziger vnd hette fleysch feyl vnd kam zuͦ jme das heydensche volck vnde frogtent yn noch dem stoltzen spielman etc). 2 verbarg PEd. Da verbarg er sine E. und sin)vnd ouch sine P vnd syn vil E vnd ouch sin vil d. wat)war P. 3 gulden S. an *fe.* P. 4 Vnd czwein PE. vil *fe.* PEd. schühe an P. 5 zu den)an sine E zuͦ sinen d.
702 1 det ein gürtel vmb d. umb)ane E. unmaßen)Der was vnmaßen P der was E vß der mossen d. 2 ein)er ein PE. 3 vil *fe.* d. vilsneitt)was breit E. 4 zu)hin E goͤn d. ackers P adriß S wieder E aders d. die)der P. 5 er sprach *fe.* E. rinder)kuwe E. 6 *Jch wolte mich gerne kouffen sat d. vil)Wie E.
703 1 gab im do P. 2 *fe.* P. uch *fe.* E. gesagen E. 3 *Ein schaff vnd alter küwe czwo P. auch *fe.* E. 4 *Die selben er zu hant stach / Morolff dem tegen edele P. da)Die E. here)kune E. 5 im *fe.* P. was Ed. schindende P schniden d. also *fe.* E.
704 1 ylten Pd. 2 Morolff der P. 3 frageten Ed. den)den selben E. 3f. Czu morolff kament do die heyden / ffur den fleisch banck mit großem leide / Vnd sprachen czu ime do / Mit hubschen czuchten also / Sag vns vil lieber fleischman / Hastu yrgent gesehen P. 5 den vil)einen PE keinen d.

705 Morolff nider da gesach,
uß sinen listen er da sprach:
‚den spielman den han ich wol gesehen,
ie doch wurbe ich michels gerne,
das min kinde solten leben.‘

706 Morolff der mere helt gut
das rint da zu stucken geslug. (f. 335 rb)
‚nu wol her‘, sprach der tegen,
‚der fleisch keuffen wolle,
dem wil ich gern pfenwert geben.‘

707 Umb Morolff wart ein michel getwang.
die heiden kerten von im zu hant
und suchtent den spielman.
da hette er schier verkaufft
Morolff der listige man.

708 Also bleip er in der stat
under den heiden bitz an den dritten tag.
er truwete in metzigers wise nit genesen.
er sprach: ‚wer git mir spillen und nadeln,
ein kremer wolt ich gern wesen,

709 gurtel, bendel, seckel und garn,
also ein kremer, der uff daz mere wil farn,
beide grune und rot,
daz die frauwen wol zieret?‘
das halff Morolff ußer not.

710 Ein krame korp er uff sich nam.
er hup sich uff die strassen hin dan
der vil listige man

vil wunderlichen balde,
da er sin schiffelin hette gelan

---

705 3 den han)han. 4 ie *fe.* gerner. 5 des mine kint.
706 2 da zu)zů cleinen. slůc. 5 gern)gůte.
707 1 dranc. 4 er *fe.* schiere. verkoufet.
708 4 er sprach *fe.* 5 wolte. gerne.
709 1 und *fe.* 2 also. 3 unde. 5 wer hilfet mir Morolf.

---

705 1 da *fe.* E. do nider P vnder sich d. 2 vßer S. 3 den)Ya den P uwern E. den han)han PEd. 4 Do würcke ich P Doch werte ich mich E Jch bewirbe mich d. michel E vß der mossen d. gern P gerner E. 5 *Was ich mynen kinden solde geben E. das) Des Pd. kindelin P.

706 1 mere)stolcze P kune E edele d. tegen Pd. clug P. gut Ed. 2 rint)fleisch P. da zu)zů cleinen PEd. da geslug S slůg PE hůg d. 3 nu *fe.* E. sprach sprach P. 4 Wer PE Der do d. wolle keuffen E. 5 gern)grosse P gude Ed. pfennigwert P phenge wert E.

707 1 morolff den merczger wart do / Gar ein P. michel)grosses d. getreng Pd drang E. 3 und)Jn die stat vnd Sd Hin furbas in die gůtten stat / Vnd P. den)alle den E. 4 hat P. er)gar P *fe.* Ed. schiere verkouffet d. 5 der listige)der vil listig P salomons E.

708 1 Do bleyb er dennoch in P. bleip)was E. 3 getruwete PE. wise)wesen P. nit)Jn der stat nit lenger ze P Nit czu E nit me d. 4 er sprach *fe.* E. mir)mir czu kauffe E. spinelen P Spindeln E. ladelen P nalden E nolen d. 5 wolde Ed. gerne PEd.

709 1 *Seckel gurtel budel garn E. seckel bendel Pd. 2 Als PEd. der uff)vber d. daz)dem E. sol P solte d. 3 Edele syde beide d. grune)gel grün P wyße E. und)vnd ouch P. 4 Was E. wol)vil wol Pd. geczieret E. 5 Wer hilffet (hilffet mir E)morolff PEd.

710 1–4 Den kremer karpp / Hub uff der listige man / Da ging er gar gerichte E. 3 Morolff der P Da ging morolff der d. vil *fe.* d. 4 *Gar balde d. 4f. *fe.* P.

711 obe des wilden meres grunt,
da ging der degen zu der stunt.
den krame korp warff er in das graß.
Morolff sprang in sin schiffelin,
vil froe sin gemute was.

712 Da schiffte der listige man
uff des wilden meres tran.
da sprach der ritter lobesam:
,nu wolte got, her krame korpp, (f. 335 va)
das dich funde ein armer man.'

713 Morolff was uß gewesen ein halbes jar.
er kam gein Jherusalem, das ist war.
da er vor den kunig Salmon ging,
der kunig und das gesinde
in harte minneclichen enphing.

714 Er sprach: ,ich han aber funden din schones wip.
wilt du sie wider gewinnen,
so muß manig ritter wagen sinen lip.
sie hat der kunig Princian
verwircket in ein close,
da mußent wir sie gewinnen an.'

715 Da sprach der kunig Salmon:
,Morolff, dugenthaffter man,
war umb hat er *die künigin*
verwircket in ein close?'
,da fuchtent sie die liste min',

716 also sprach der tegen her:
,ein hoher fels liit in dem wilden see,
here, dar uff die close stat.
ein rore under der erden
zu der kunigin gat.

717 Durch die gat der kunig Princian
zu der schonen frauwen wol gethan.
nu rate, kunig Salmon,
wie wir sie an gewinnent
an *dem heidenschen man.* '

---

711 1 obe)uf. 2 dar. 5 fro.
712
713 1 Er.
714 1 Er sprach *fe.* 6 sie)sie im.
715
716 2 hoher *fe.* 3 here *fe.* 5 kuniginne.
717 2 schonen *fe.* 3 rat. 4 an *fe.* 5 heidenischen.

---

711 1 (1–5 *fe.* P). *fe.* E. obe)Vff d. 2 *fe.* Sd. 3 (3–712, 1 *fe.* E). in-graß)von yme zů stunt d. 4 schiffelin wissent das d.. 5 fro alles syn d.
712 1 *fe.* PE. morolff der d. 2 uff)Do vff P Czu E. des)des vil P. draum E. 3 morolff der d. 4 nu *fe.* E. Ach das got wolte P. kremer karpp E. 5 dich)ich nu P. einenn P.
713 (d *Holzschnitt:* Als künig salomon morolff synen brůder entpfing als er über mere gewesen was vnd die künigin funden het). 1 Er PE. halb E hab P. 2 Da quam er E. gein)wyder hien gen P wieder gein E. das-war)Das söllent ir wissen fur war P Das ich uch sagen das ist war E. 3 Salmon *fe.* E. 4 *fe.* d. das gesinde) alles das do was P. 5 *Gar tugenlichen er in entpfing d. in)Vil S. harte)gar P *fe.* E. mynneclich P meniglich E.
714 1 Er sprach *fe.* E. din)Salome din vil P. 2 Vnd wilt P. 3 so) es d. manger d. 5 cluse woll gedan E cluse hien dan d. 6 da) Dem P. sie)sie jm d. 6–715, 4 *fe.* E.
715 1–4 *fe.* E. 2 Morolff)Nůn sage mir d. 3 die küngin)sie S. 3f. er jn ein cluse verwürcket die künigin d. 4 Also verwirkett P. closen P. 5 da)Er (Morolff d) sprach da Sd Sy P. forchtet P. sie *fe.* P er E.
716 1 der)der edele d. here SE edele P. 2 Einer P. Es liget eyn filsch in E. wilden *fe.* P. 3 here *fe.* Ed. die)die selbe d. 4 Ein)Er P. der *fe.* P. der erden)dem wasser E. 5 der)der edelen P.
717 1 Da dorch E. die)das P *fe.* E. 2 schonen *fe.* E. 3 rat PE rote du d. 4 sie)sy im P. 5 an *fe.* PEd. dem-man *fe.* S. dem) Princian dem P.

718 Da sprach der kunig Salmon:
‚Morolff, tugenthaffter man,
du vil ußer welter tegen, (f. 335 vb)
sie hat dem tuffel gedienet,
    der muß auch ires libes pflegen.

719 Fure ich mit dir uber see,
so muste ich aber allein in die burg *gen*,
also ich dette in kunig Foren lant.
sie furtent mich under den galgen,
    recht als ich die lant hette gebrant.‘

720 Morolff lachen da began.
er sprach: ‚so wilt du laßen farn
din schone frauwe wol gethan?
sol ich ein ellender man
    min langes wallen vergeben han gethan?‘

721 Also sprach der listige man:
‚vil richer kunig Salmon,
du hast mir doch din truwe gegeben,
obe ich sie herwider brechte,
    daz ich neme ir hie das leben.‘

722 Da sprach der kunig Salmon:
‚Morolff, tugenthaffter man,
du vil ußerwelter tegen,
und bringest du sie herwider,
    so richte selber uber ir leben.‘

723 Von freuden zaugt er im daz fingerlin.
er sprach: ‚here, daz gebe du der kunigin.
da endehte du nit wißlich an.

du duchtest mich nit wise,
wie kunde sie heiltum schone gehan?

718
719 2 aleine. 5 hete die lant.
720 4 ein-man *fe.* 5 allez vergebene.
721 5 ir neme
722 4 herwidere.
723 2 er-here *fe.* befulhe. 3 dete du torlichen. 4 enduchtest.

---

718 2 dogenthafftiger Ed. 3 vil *fe.* E. 5 můsse Pd. auch ires libes)yr vmmer E.

719 1 Er sprach für P. Ffar ich alleyne uber E. 2 aber *fe.* E. allei-ne PE. in)Hin in P. gan SP. 3 Als Ed. in)jn des d. farons burg P. 5 recht *fe.* PE. Als ob ich P. hatte eyn (die d) lant Ed. verbrant PE.

720 1 da *fe.* E. begunde d. 2 er sprach *fe.* E. so)künig salomon so d. lan E. laßen farn)dich getrösten P. 3 din)Der P die E. schone *fe.* E. wonnesam P. 4 sol)sol den P Edeler konig salo-mon / Sal E Vnd sol d. ein *fe.* P danne d. ein-man *fe.* E. 5 min)min vil SP. langes)hartes P. vergeben)So gar vergeben P Also verlaren E alles vergeben d. gethan *fe.* E.

721 1 morolff der Pd. 1f. *fe.* E. 2 vil)Ach P. richer)edeler d. 3 doch *fe.* E. geben Ed. 4 her *fe.* E. 5 ir hie mocht nemen P. yr neme Ed. hie das)yr E. lebin / Jch wil an dich in des heiden lant / Jch gedruwen got der gnaden / Myn wart werde woll bekant E.

722 1 *fe.* d. 2f. Morolff du vsserwelter tegen / Vnd ein tegen ob allen tegen P. 3 *Jch wil mich ir gerne verwegen d. 4 *Jst das du sie gewinnest E. und *fe.* P. 5 selber *fe.* E.

723 1 Von)Vor P. er *fe.* d. daz)Da das E morolff das d. 2 er-here *fe.* PE. here)künig d. gebte S befelcht P befele E befülhe d. 3 tet P dede E. wißlichen d dorlichen E. 4 *fe.* S. in duchte E beduchtest d. 5 kan E. behan E.

724 Daz trug kunig Princian an der hant.
das gewan ich im abe
mit listen, kuner wigant.
das wil ich furen in de*s* heiden lant,
ich getruwe got der gnaden,
min vart werde wol bewart.

725 Nu blip du hie zu Jherusalem,
bereite mir dru dusent helde an den see,
die wil ich mit mir furen in das heiden lant.
wollent mir die selben helffen,
ich bringe sie wider in din lant.'

726 Da sprach der hertzog Friederich:
,Morolff, so wil ich durch dich
varen in das heiden lant.
zehen hundert man
volgent schone miner hant.'

727 Salmon wart der rede fro.
dru dusent helde bereit er do
und die kiele zu den staden,
die Morolff und die reise
uber daz wasser soltent tragen.

728 Sie furent uber den wilden se
viertzehen tage oder me.
sie kament zu Kastel hinder einen ho*l*en berg,
des pflag ein Mereminne
und manig wilde getwerg.

729 Da sie kament an das lant, (f. 336 rb)
sie schifftent uß untz an den sant.
ir kiele kertent sie da,
und warent *alle*
unmeßlichen fro.

724 2 abe)an. 4 ich můz ez fůren. 5f. und můz mine truwe / losen da mite zů hant.

725 3–5 so wil ich in des heiden lant / ich getruwe got der gnaden / min vart werde wol bewant.

726 3 des. 4 manne. 5 die volgent.

727 3 dem.

728 3 einen holen)den.

729 2 untz *fe.* 3 von den kielen. 4 *des waren sie alle. 5 fro) sere fro.

---

724 1 Daz)Es PE. hatte E. kunig *fe.* d. an)in E. der)siner PEd. 2 Jch gewan iß eme E. abe)an PEd. 3 kuner wigant)Also sprach der tegen lobesan P Hora herer wigant E Dem selben kůnen wigant d. 4 das wil ich)Doch wil ich es mit mir P Jch muß iß wieder E Vnd wil es wider d. fůren wyder / Do hin in princians lant P. des)die S. 5f. Vnd muß mine truwe / losen da mit zu hant E. So getruwe ich P. got)got wol Pd. 6 min)Die P. werde wol) die werde yme wol d. bewant P bekant d.

725 1 Nu *fe.* E Er sprach nü P. du *fe.* E. 2 Vnd bereit PE. an)uff E. 3 die-furen)So wil ich E Jch wil sy d. in)Mit fröuden in P. das)des PEd. lant Jch getruwe got der gnaden S. 4 Vnd wöllent P. 4f. Das wisse konig edele / Vnd will myn druwe losen czu hant E. 5 *So bring ich dir salome an din hant P. in-lant)zů diner hant d.

726 (P *Platz für Bild*). 3 Ffůren P Mit dir E Varen ouch d. das)des PEd. (E *Bild: Morolff und die Meermeid*). 4 man)kuner wigant P man wil ich mit mir bringen d. 5 Die volgent Pd Die foren E. schone)ich in E nach d.

727 (d *Holzschnitt:* Also morolff kam mit synem folck an den holen berg zů der mermynnen syner můmen vnd sy mit iren zwerchelin yn gar früntlichen entpfingent etc. 2 *Czehen dusent man bereiten sich da E. 3 und)Dar zů d. zu)an d. den *fe.* P dem E die d. 4 die reysegen E sine reisigen d. 5 vbeers d. sollen E.

728 (E *Überschrift:* Hie gewynnet morolff die konigin aber wieder). 1 Do fůrent sy P. ylten E. vber)an E. sehe S. 2 Jn czehen dagen E. vnd dannocht me P. 3 Do kamen sy P. zu)goͤn d. Kastel)elysabe P elsabe E. einen)den Pd. hohen Sd *fe.* E. 4 enpflag P.

729 1 Vnd do P. an den sant E. 2 Do schifften sy P sie gingen E. untz-sant *fe.* P all czu hant E alle sant d. 3 *fe.* d *Von den kelen sie kerten da E. enkerten sy do / Sie giengent vff die strassen P. 4 und)Des E Sy d. alle *fe.* SPd sie alle E. 5 vnmaßeclichen P Vnmissiglichen sere E vs der mossen d.

730 Das ich uch sage, das ist war,
da sprach die Mereminne ieso:
‚horest du, sune Madelger,
lege an ein nebel kappe
    und gang balde vor den berg.

731 Ich smacke tutsche iserin gewant.
Morolff ist komen in das heiden lant.‘
Madelgere das wilde getwerg
das leite ane ein nebel kappe
    und hup sich vor den holen berg.

732 Da sach er Morolff gan
under manigem werden dinst *man*.
da er ine ferest ane sach,
abe zoch er die nebel kappe,
    gerne mogent ir horen, wie er sprach:

733 ‚Morolff, lieber oheim min,
du solt mir got wilkum sin.‘
er name ine bi der hende
    und furte ine inn den berg.
vil schone enphing ine die Mereminne
    und manig wildes getwerg.

734 Da sie ine ferest ane sach,
nu horent, wie sie zu im sprach:
‚bis got wilkum, Morolff, in diß lant.
dich hat der kunig Salmon
    nach siner frauwen uß gesant.‘ (f. 336 va)

735 Da sprach der listige man:
‚schone frauwe wol gethan,
nu rate, liebe mume min,
wie ich wider gewinne
    die edele kunigin.‘

736 ,Und brechtest du in diß lant
drissig dusent helde an diner hant,
die kundent dir zu statten nit gestan.
Morolff, lieber neffe,
minen rat muhst du da bi han.'

---

730 3 sun.
731 2 in diz lant. 4 das *fe.*
732 1 Morolfen. 3 in.
733 3 nam in. 4 ine)in. 5 vil *fe.* in. merminne
734 3 got *fe.* Morolff *fe.* heidenlant.
735 3 rat. 5 die)die vil.
736 1 in)her in. 4 neve min.

---

730 1 *Das sag ich üch für war P. Das)Was E. 1f. (*in* E *vertauscht*). 2 *Die mer mynne sprach d. ysa czwar P czwar E *fe.*d. 3 Hörestu es sün P. madelgere S mangelger E. 5 *fe.*P *vnd lůge obe yeman kume do her d. balde *fe.*E.

731 1 Ich-tutsche)Jch dragen dißße E. 1–4 *fe.*P. 2 das)dis E des d. heiden *fe.*E. 3 das-getwerg)der hilt snel E. 4 das *fe.*E. kappen E. 5 hup-vor)ging an E. sich)sich balde P sich faste d. holen *fe.*PEd. berg sten E.

732 1 morolffen d. da gan P. 2 werden)heidinschen E syme werden d. dinst *fe.*E. man *fe.*S. 3 ferre E. 4 *fe.*S. kappen E.

733 1–5 *fe.*d. 1 Er sprach Morolff S. 3 in do by P. 4 den hollen berg P. 5 vil *fe.*E.

734 1f. *fe.*d. Da)Als E. ferre E. 2 *Gerne moget ir horen wie sie sprach E. Das wort sy gutlich czü P. 3 got *fe.*Ed. Morolff) lieber morolff P *fe.*E. in diß)Her in küng princians P in dis heidinsche E in des heyden d. 4 *Jch merck das dich küng salomon P. 5 siner)siner schönen P. uß)hat P.

735 1–5 *fe.*P. 1f. *fe.*E. morolff der d. 2 *Mer mynne ich můs dins rates han d. 3 rate mir liebe d. 4 ich)wir E. wider)sölle d. gewinnen Ed. 5 die)Die vil E.

736 1 (E *Initiale*). Vnd)Da sprach die frauwe woll gedan / Morolff lieber neffe myn / Jß muß alles an mir sten E Sy sprach vnd d. in)her in PEd. 2 an)in E. an-hant)oder me / Das die hetten geschworen zü diner hant P. 3 in konden E. dir)dir alle E. statten)hilffe d. 4 Morolff)Das wisse E. 5 *Eß muste an myme rade stan E. Dannocht můst mynen rat P. da by)dar czů Pd.

737 Da sprach der listige man:
,schone frauwe wol gethan,
laß mich genießen der tugende din
und hilffe mir, das ich gewinne
die vil edele kunigin.'

738 Da sprach die frauwe wol getan:
,so die nacht beginnet sigen an,
so sende ich dir sehs wilde getwerg,
die dir die roren brechen
vil schone dar nider in den berg.'

739 Sie sprach: ,du solt selbe zwelffte diner man
vor d*er* closen fenster stan
und solt fahen den kunig Princian
und manigen argen heiden,
de*n* laß es an *ir* leben gan.'

740 Also Morolff den trost *ver*nam,
er nam urlaup und schiet von dan.
da troste er alle sin man. (f. 336 vb)
sie ließent sich nider an ir ruge,
bitz von dem tage es liechten began.

741 Morges an dem morgen fru
Morolff bereite sich dar zu.
er ging vor der closen fenster stan.
er sprach: ,bist du darin,
edeler kunig Princian?

742 So nim du hin das vingerlin,
da mit lose ich die truwe min.'
da das die kunigin ersach,

sie begunde heisse weinen.

nu mogent ir horen, wie sie sprach:

---

737 4 hilf.
738 5 dar *fe.*
739 1 sie sprach *fe.* selp. 5 ir)daz.
740 3 sine. 4 nider *fe.* 5 bitz der tag liechten.
741 4 darinne.

---

737 1 morolff der d. 2 *Ach liebe můme wol getan d. wunnesam P. 3 *Nůn rat mir liebe můme myn P. So los d. 4 und-ich) Wie das ich möge P Vnd radt wie ich E. hilff d. 5 Salome die P. vil *fe.* PEd. edele)schoͤne d.

738 1 *Die mermynne sprach morolff dugenthaffter man d. lobesan P. 2 so)So wenne P Want E. 3 sehs)eyn E. wildes E wilder d. 4 dir)vns P vch d *fe.* E. brechent die rore E. czerbrechen P. 5 vil *fe.* E. dar)her Pd *fe.* E. den)den holen E.

739 1 Sie sprach *fe.* E. selb PE. manne S. 2 die SE. gan d. 3 So gewinnestu den E. solt)solt da Pd. 4 und)Vnd dar czü P. argen *fe.* E vbelen d. heidinschen man E. 5 dem Sd. ir)sin Sd das E.

740 1 Also)Da E. die rede E. genam S. 2 urlaup)einen schöne vrlop P. von)vs d. dan)dem berg hindan Pd. 3 Er droͤste do d. er)er woll E. al die sinen P. sine Ed. 4 *Die leitten sich do an die muren P. nider *fe.* Ed. druwe E. 5 bitz)Biß das es P. von dem)der Ed. es *fe.* PEd. luchten E.

741 (d *Holzschnitt:* Als morolff mit synen zwoͤlff manen zů der clusen fenster kam vnnd den künig pryncian dar ynne sicherte sins lebens etc). 1 Morges)Morne Pd *fe.* E. dem)dem selben E. fruwe S. 2 *Bereitt sich morolff selb zwölfft dar zů P. sich)sich selbe zwoͤlffte d. 4 dynne PE dar inne d. 5 Vil edeler P.

742 1 So)Nu E. du *fe.* E. hin das)wider din PE. 2 mit)mit so Pd. ich <den heren> S. 3 die küng das P. 4 *fe.* P. 5 nu)Gern PE. nu-sie)vnd d.

743 ‚Vor dem fenster ist Morolff,
der wart mir nie mit truwen holt,
und wirt er mich siechtig an,
uff mine truwe,
den lip muß ich verlorn han.‘

744 Da sprach der kunig Princian:
‚nu gehabe dich wol, schone frauwe wol gethan.‘
er nam sie bi der hende
und wolt von dannen gan.
die rore was zurbrochen,
sehent, da muste er stille stan.

745 Morolff mit gantzer heres crafft
die burg und auch die close zubrach.
er fing den kunig Princian
und manigen argen heiden,
den muste es an das leben gan. (f. 337 ra)

746 Also Morolff *den* kunig gefie,
der stoltze tegen nit enlie,
er ließ in geniessen der tugende sin.
da brach er im wider von der hende
das alrot gulden vingerlin.

747 E*in* roß hieß er im bringen dar,
dar uff halff er im selber dem kunig Princian.
er sprach: ‚nu fluch du, kunig *von dan*.
du must der tugende geniessen,
das ich dich hie lebende lan.‘

748 Da floch der kunig Princian
uber die hohen berge
zu sinem bruder Pellian.

er neigte im nider uff d*en* fuß.
er sprach: ‚nu hilffe mir, here bruder,
so wirt mir miner sorgen buß.

---

743 5 verloren.
744 4 wolt von dannen)wolte uz dem berge.
745 2 brach.
746 4 wider *fe.*
747 5 leben.
748 2 Belian. 4 neig. 5 er sprach *fe.* hilf. here)lieber.

---

743 1 Da vßen vor P. ist)da ist P do vßen ist d. 2 Er d. 3 und *fe.* P. wart E wurdt d. mich)myn d. 4 uff)Jch gib üch des P. myn PE myn rechte d. 5 *Eß muß mir an myn leben gan E. verloren Pd.

744 2 *Swig frouwe du solt dich wol gehan d. nu *fe.* PE. Geheb P Gehalt E. 3 bi)mit E. hant P. 4 von dannen)von (uß Ed) dem berge PEd. 5 Das was die ror P. roren waren E. 6 sehent *fe.* Pd Sich E. da)Des P. musten sy beyde P müsten sie d.

745 1 mit gůtter herschafft craff P. 2 auch *fe.* E. das closter P. brach Ed. 4 und)Vnd vil P. argen *fe.* E übelen d. 5 den muste)Ließ er E. das)ir Pd.

746 1 (S *wiederholt* 740, 1–2 *vor Zeile* 1). Also)Da E Also nůn d. die kunigin S den heiden E. do gefie P gefing E gesigte d. 2 nit)do nit P. in ließ Ed. 3 sin: <din>S. 4 da)Vnd d. er *fe.* d. wider *fe.* PE. von)ab P. 5 Allererst das E. alrot)rot P *fe.* E.

747 1 Ein)Er S Eyn hohes E. cziehen E. dar)hien dan d. 2 er *fe.* E. im *fe.* d. dem-Princian)Morolff (*fe.* E) der tugenthafft man PE. 3 du *fe.* E. von dan d)here S princian PE. 4 der tugende) diner trüwe PEd. 5 dir d. hie *fe.* Ed. lebende)wil leben PE dz leben d.

748 (P *Überschrift:* Hie fur küng princian zů sinem bruder bylian *folgt Initiale*). 1 floch)schug P. 2 Do hin über P. uber die)Vff eynen E. hohen)großen P. belyan PE pellian d. 4 neyg PE neiget d. nider)selber E. den)die S sinen d. 5 er sprach *fe.* E. nu-mir)hilff d. here *fe.* P lieber Ed. 6 mir *fe.* Pd. mir nummer druren buß E.

749 Mir ist genomen min schones wip,
nu hilffe mir, bruder, wan es ist ziit.
min helde sint mir gar erslagen.
das hat Morolff Salmons man getan,
das wil ich dir und unsern frunden clagen.‘

750 Da sprach der kunig Pellian:
‚was einem biederman wirret,
das sol er an sinem hertzen han. (f. 337 rb)
du gebarest als ein wip, kunig Princian.
Morolff und alle die sinen
mussent die libe verlorn han.‘

751 Da besant er sich de*r* selben nach*t*
zwel*f* tusent heiden
und here ein michel crafft.
er hieß die schiffung gar verlegen.
da wart Morolff bestanden
mit manigem heidenschen degen.

752 Da das Morolff ersach,
er ging zu den sinen und sprach:
‚ir vil stoltzen helde gut,
wir sollent einander nit entwichen
so vil als umbe einen fuß.

753 Diß ist ein ungedaufft diet,
got laßt uns under wegen niht
umb die kunigin her,
e*r* lat uns unser truwe geniessen
und hilffet uns wider uber see.‘

754 Da sprach einer alter *Surian:*
‚ich han vor Troye d*i*cke das beste gethan.
ich han gefochten manigen herten strit,

das mir an swert slegen nie misselang.
ich slagen auch hut wunden wit.

---

749 2 hilf. wan *fe.* 4 Salmons man *fe.*
750 1 Belian. 4 kunig *fe.* 5 al. 6 den lip. verloren.
751 3 *mit micheler heres kraft. 6 heidenischen.
752 2 unde.
753 1 ungedoufte. 2 niet. 3 kuniginne.
754 3 herten *fe.* 5 hute.

---

749 2 *Der mus es gan an iren lip P. wan *fe.* E. ist)ist an der d. 3 gar)alle E. 4 *fe.* d. hat)hett mir P. Salmons man *fe.* PE. 5 und)von P.

750 1 bylian P belian E pellian d. 2 byderben manne d. 3 an)in P. 4 als)recht als P. du-wip *fe.* d. kunig)Du vil lieber brůder P Bruder E Edeler künig vnd brůder d. princian / Du solt das wissen von mir P. 6 Die můssent P. den lypp E. verloren Pd.

751 1 *Do besant sich der kung bylian / Des selben nachtes do koment an P. besament E. er *fe.* E. in der nacht E des selben nachtes S. 2 zwelt S. helde P. 3 und-michel)mit heres PE. crafft / Die wolten morolff machen siglos P. 4 er)Pelian P. die)yme die E. gar *fe.* E. belegen E. 5 der edele morolff d. 6 mit) Von P Vnd E Mit vil d. manig E. heidenschen)kuner E. degen) man P.

752 2 Czů den sinen gieng er vnd P. 3 ir vil)Nů dar ir P Neyna E. 4 Jr söllent Pd Jr solt E. von ein ander Ed. mit *fe.* E. 5 *Jr stolczen tegen hochgemůt P Vnd habent frygen manes můt d. soals *fe.* E. einen)eynen eynigen E.

753 1 Diß)Eß E. vngetouffte PEd. 2 vnderligen P verderben d. 3 die)diese E die edele d. here)edele P. 4 er)e S. druwen Ed. 5 und)Er E. wider)hin P *fe.* E. sehe S.

754 (E *andere Reihenfolge der Strophen:* 756, 754, 755; *Vogt folgt* E). 1 surian E seraffin S sergant P syrian d. 2 dicke *fe.* E. 3 ich han)Vnd P. herten)felt P *fe.* E. 4 an)des E. 5 auch)noch PE ouch noch d. hut)hüt menge P grosse E hüte dieffe d.

755 Bindent mir ein baner an,
das here ich wol geleiten kan.
ich furen uns *in den* ferch grimen dot,
das wissent ane zwiffel,
oder ich hilffe uns allen ußer not.‘ (f. 337 va)

756 Da sprach *der* hertzoge Friederich:
‚mit miner schar lobelich
und mit miner ellfenthafften hant
uff der breiten heiden
da werdent die figende ane gerant.‘

757 Morolff der wart der rede fro,
ein baner gap man im zü sinen handen do.
da wart ein herter strit erhaben.
von dem hertzogen Friederich
wart manig heiden da erslagen.

758 Morolff und der Surian
die hettent einen sturm freißan.
sie wutent in dem blute uber die sporn.
von iren beiden henden
wart manig heiden da verlorn.

759 Morolff hette creffte gnug,
wie sere er stach und slug
zu beiden siiten hin zu dale!
Morolff der stoltze degen here
der falte der heiden ane zale.

760 Das sach der kunig Pellian.
er hup sich gein *dem* dugenthafften man.
er gap im mit crefften einen slag,
das der tegen edele
vor im uff den knuwen gelag.

761 Morolff wider uff sprang,
sin swert im an der hende erclang.
er schriet im durch das helmes nase bant (f. 337 vb)
mit sinem scharffen swerte,
das *es* im an den zenen wider want.

---

755 5 allen *fe.*
756 1 der *fe.*
757 1 der *fe.* 2 man)er.
758 2 die hettent)huben. 4 ir beider.
759 2 vaste. 3 dal. 4 her. 5 zal.
760 1 Belian. 2 geim. 5 lag.
761 5 erwant.

---

755 1 Nůn bringent P. ein)das E. panczer P. 2 Das ich her P. 3 uns)sie E. in den *fe.* S. ferch grimen)gruwelichen P grymmen E. 4 *fe.* d. ane zwiffel)sicherlichen PE. 5 uns)uch P. aller P *fe.* E.

756 (SP *Initiale,* d *Holzschnitt:* Hie stritet morolff mit synem volcke wider den heydenschen künig pryncian vnd mit syme brůder pellyan). 1 der)ein S *fe.* E. 2 siner E. so lobelich Pd. 3 *Vnd auch mit elender hant E. 4 Do vff P. der)die E diser d. breiten *fe.* E. heyde P heide grune E. 5 da *fe.* Ed. wurdent P. viende P finde E. an gewant P.

757 1 der *fe.* PEd. 2 ein)Er S. man *fe.* P er E. zü)in E. sinen *fe.* P die E siner d. hant E hende d. do *fe.* P. 3 herter)grosser E.

758 1 vnd ouch der fründ sin P. Surigan S sergant P syrian d. 2 die hettent)Huben E. einen stritt)geschworn P. 3 woden E. uber)vncz über P bitze vber d. 4 ir beider blude E. 5 da *fe.* PE. erschlagen P.

759 1 hette)der hett P. krefften Pd. 2 sere)wast P fast Ed. stach und)nider P. 3 hin-dale)stach vnd schlůg hin nider zetal P ane czal E. 4 *fe.* d. here *fe.* E. 5 der)Er Ed. der)manchen E.

760 1 ersach E. bylian P princian E pellyan d. 2 gegen Pd. dem *fe.* S. tugenthafftigen P. 4 edele degen d. edele)kune E. 5 lag Ed.

761 1 do wider P. 1f. (*in* E *vertauscht*). 2 sin)Das E. im)er yme d. in den henden clang E. 3 slug E. im)in P den heiden E. des PEd. 5 es)er S. im an)vff P. wider *fe.* E.

762 Da vil der kunig Pellian
dot nider uff den plan.
das sach der kunig Princian,
er hup sich gegen dem strit
mit manigem heidenschen man.

763 Aller erst hup sich ein luter schal,
der stahel uff einander wider hal,
sich hup angest und not.
die heiden wurdent von blute
beide naß und rot.

764 Also lange wert der strit
vaste bitz uff die vesper ziit.
da wart ein friede under ine gegeben.
da ließ sich an die ruwe
vil manig stritmu*d*er degen.

765 Morges an dem morgen früe
Morolff bereite sich dar zu,
er ging vor der heiden gezelt stan.
er sprach: ‚bist du darin,
edeler kunig Princian?

766 Wir sollent einander hie bestan
und gewinnest mir den sig an,
so laß mine helde faren gesunt uber see,
also dun ich auch den dinen,
die frauwe nimmet man dir nit me.‘

767 Kunig Princian wart der rede fro.
die rede versigelten sie beide do,
und des wurdent die cristen (f. 338 ra)

zu gisel in die heidenschafft gegeben.
da sprungent zu einander
die zwen ußerwelten degen.

---

762 4 strite. 5 heidenischen.
763 3 unde. 5 unde.
764 1 lange fe. werte.
765 3 des. 4 darinne.
766 1 soln. 2 und *fe.* mir)du mir. sige. 3 min. gesunt *fe.*
767 1 Kunig *fe.* mere. 2 beide *fe.* 3f. des wurden gisel gegeben. 5 zesamene. 6 zwene.

---

762 2 *fe.*SPd. 3 das)Da E. ersach PE. der künig)sin bruder E. 4 gegen)do in P czu eme in E jn d. den PEd. 5 mit)Czu E.
763 1 *Czu hant wart eyn schall E. 2 Das der Pd. wider *fe.* P. erhal P gall E bal d. 4 wundent P waren E. von)von irem eygen d. 5 beide *fe.*SPd.
764 1 lange *fe.*E. weret P werte Ed. 2 bitz)vncz P fe.E. uff *fe.* P. 3 ein)ein steter d. under ine)zü beden sitten P vnder den fienden E *fe.*d. geben E. 4 da)Des Pd. leitt P. truwe S. 5 vil *fe.*E. manige S maniger P. strit mutter S stolczer E.
765 1 Morges)Morne P *fe.*E. dem)dem andern E. 2 hub E. sich) sich aber P sich gar eben d. 3 der)des Pd. stan)hin dan E. 4 dinne P darinne d. bist-darin *fe.*E. 5 vil edeler P.
766 1 sollent)söllen allein P wollen vns E. 2 und *fe.*E. mir)du mir PEd. 3 so-faren)myn hulde lan ich farn E. faren gesunt)schweren P gesunt faren d. gesunt *fe.*E. 4 dun ich)du E. 5 konigin E. genimpt P. nemen ich E. nit)nyemer PEd.
767 1 Kunig *fe.*Ed. mere E. 2 die rede)Die mere P Sy d. sie)man P das d. beide *fe.*PE. 3 und des)Do PEd. wart P. 4 zu gisel *fe.*E. in-heidenschafft)Den heiden E. gegeben)czů pande geben Ed. 5 zu)sy czu P. einander)samen Ed einander: <samen> P. 6 zwen *fe.*E.

768 Princian unverzaget was,
er treip Morolff umb in dem graß.
er gap im mit creften einen slag,
das Morolff der tegen edele
vor im uff den knüwen lag.

768a *Nu liget der dogenthaffte man*
vor dem konige Princian
und muß verliesen sin leben,
man wolle dan dem leser
eins drincken geben.

769 Sin hende er uber sich bot.
er sprach: ‚here, nu hilffe mir ußer not.
mir ist von slegen worden we,
laß mich miner truwe geniessen,
das ich in dem ellende nit beste.‘

770 Ee er das wort ie vollen gesprach,
got sante ime ein craffte,
das er an dem heiden wart siegehafft.
Morolff wider uff gesprang,
sin gut swert im *vil lute*
in der hende erclang.

771 Er sprach: ‚nu schirme, kunig Princian,
es muß dir an din leben gan.‘
zwuschent dem halsberge und dem helme sin
sluge er im das heubet abe,
des solt ir von mir sicher sin.

772 Morolff hup uff das heubet
und trug es vor die kunigin, daz gleubent.
er warff es ir in die schoß hin dan
und sprach: ‚nu schauwe, du kunigin edele,
das ist Princian din lieber man,

773 und brenge ich dich uff den wilden se.
was sol ich dir sagen me?
Und komest über das wilde mere,
ich gibe dir mine truwe,
alle die welte kan dich nit erneren.‘

---

768 1f. was unverzeit / Morolf er vaste umbe treip. 4 Morolff *fe.*
769 1 sine. 2 er sprach *fe.* hilf. 5 nit)iht.
770 1 vollesprach. 2 nuwe craft. 3 *fe.* 4 sprang. 5 gutez. vil *fe.* 6 der)siner.
771 1 Er sprach *fe.* 3 halsberg. 4 slůg. abe daz houbet.
772 1–2 Morolf daz houbet uf gehůp / fur die kunigin er ez trůc. 4 und sprach *fe.* nu warta. du *fe.* 5 lieber *fe.*
773 1 Komest du uf. 3 breng ich dich uf daz. 5 al. welt.

---

768 1f. Princian was vnuerczeit / Morolff er faste vmbe dreib E. 3 er)Vnd P. 4 das)Vncz P. Morolff *fe.* E. edel tegen P degen küne E. 5 im vnder sinem schilte gelag P yme vff der erden lag E.
768a 1–5 ***nur in*** E.
769 1 Sin)Die E. 2 er sprach here *fe.* E. here nu)ach got d. nů hilff mir herre got P. ußer)vs Pd uß dieser E. 5 nit *fe.* E.
770 1 Ee)Vncz P Bit E. ie *fe.* Ed. volle sprach d. 2 got)Ein wunder im do geschach / Gott P. ime)im selber P. ein)nuwe E *fe.* d. 3 *fe.* E. 4 do wyder P. sprang PEd. 5 *Das eme das swerte lude E. gut)vill scharpfes guttes P *fe.* d. vil lute *fe.* S. 5f. imerclang)het er yn der hant d. 6 der)siner E.
771 Er sprach *fe.* E. schirme)schiere P. 2 dir)dir nů P *fe.* d. din) das E. 3 halsberge)hals P. helm)halse E. sin *fe.* SP. 3–5 Er slůg yme zwüschen halßberge vnd des helmes bant / Das yme syn houbet viel vff das lant d. 4 Do schlug P. abe das heubt E. 5 (*fe.* S, ***nach*** E)’ *Morolff dem küng prinican P.
772 1 houbet syn d. 1–2 Morolff der stolcze degen gut / Das heubt er uff gehub / Vor die konigin er iß drug E. 2 daz gleubent *fe.* d. 3 irs P. ir-schoß)iß ferre dart E. die)den d. 4 und)Er Pd. und sprach *fe.* E. nü *fe.* P. schauwe)warta E. du *fe.* PEd. edele *fe.* d. 5 Dis d. lieber *fe.* E.
773 1 Komestu uff E. uff)über d. wilden *fe.* P. 2 dir)dir nü P. 3 *fe.* Sd. Brengen ich dich uff das E. 4 dir)dir des P dir iß E. 4f. Jch wil dich eine kunst leren / Das du dich darffst an keinen heyden me keren d. 5 erneren me P.

774 Die pfandschafft man da wider gap,
die cristen uß der heidenschafft.
Morolff ließe der heiden keinen genesen.
also gaheten sie an die kiele.
wie mochtent sie kuner sin gewesen?

775 Sie warent uß gewesen ein halbes jar.
sie kament wider gein Jherusalem, *das ist war.*
schone enphing ine der kunig Salmon
und darnach viel manig ritter edele
und auch die frauwe wol gethan.

776 Morolff sprach: ‚ich sage dir minen sinne. (f. 339 ra)
kunig, du solt din fraue baden
niit me dan vor fremde minne.‘
Salmon der wart der rede fro,
ein bat hieß er bereiten
in einen schonen marmelstein [*do*].

777 Dar inne ging die fraue wol gethan.
da knuwete vor sie der listige man,
er dette ir laßen an der median,
daz sage ich uch nit nach won.
er druckte sie also susse,
das ir die sele lachende von irem munde schiet.
sie wuhste nit, wie es geriet.

778 Einen kopff hieß er im brengen dar,
den satzte er der kunigin an.
er sprach: ‚edele kunigin her,
versmahent ir von mir ein drincken,
ich engibe uch keins nimer me.‘

---

774 3 liez. 4 also)do.

775 2 wider *fe.* 4 darnach viel *fe.* 5 frouwen.

776 1 *Morolf sprach ich wil dir sagen. 2 kunig *fe.* 3 *nach der fremden minne baden. 6 schonen *fe.* marmelsteine.

777 1 in. 2 fur sie kniete. 3 *an der riemenadern er ir lie. 4 *fe.* 5 sie so lise. 6 *daz ir die sele uz gie. 7 *fe.*

778 2 er an ir munt san. 4 ir versmahent. 5 keinez.

---

774 1 Die gysseler P Das segel E. da *fe.* E. 2 do vs P. 3 keynen nie E. 4 also)Da PE. czogen E yltent d. czu den kelen E. 5 Wie konden sie fromer E.

775 2 wider *fe.* E. das-war *fe.* S für wor d. 3 schone)Woll E. ine *fe.* d. 4 und *fe.* Ed. darnach *fe.* E. 5 und auch)Darnach P. auch *fe.* E.

776 (S ***Bild: Morolf läßt Salme zur Ader, folgt Initiale.*** P ***Platz für Bild nach Zeile*** 5. d ***Holzschnitt nach Zeile*** 3: Als salome die künigin yn eime wasser bat sas vnd morolff det ir lossen an beiden armen bitze ir die sele vs ging vnd nam eynen schoͦnen silberin kopff in syne hant vnd knuwete für die künigin Salome vnnd bot ir do zuͦ trinken etc). 1 ich)salomon ich d. sage dir)wil dir sagen PE. minen sinne *fe.* E. 2 kunig *fe.* Ed. 2f. frauwe edele / Nach der fremden myne baden E. 3 niit-fremde)Nuͦn hie vor frömder P Nuͦn hyn fürme für frömde d. 4 der wart)wart PEd. vil fro P. 5 er)er yme E. bereiten do SP. 6 schonen *fe.* PEd. morselstein E. do *fe.* SPEd.

777 1 ging-fraue)muͦst sitzen die künigin d. 2 Vor sie knyete E. vor sie)sy fur P. der)den P morolff der Ed. listigen P kune E. 3 *An der riemen adern er ir ließ E. 4 *fe.* E. sage *fe.* P. nach) one d. wone S. 5 trenckte P. sie so lyse E. 6 das)Bitze das d. ir *fe.* P. lachende-munde *fe.* E. von irem)zu dem P. schiet)us muͦste P uß ging E. 7 *fe.* E. Jch weis nit P. enwüste d.

778 1 Ein PE. 2 *Er saste yr yne an den mont / Der frauwen woll gedan E. kunigin)frouwen zwar P. an)an jren roten (totten Pd) munt SPd. 3 edele-her)nu schouw edeler keyseyser her P warte da / Vil edeler keiser here E. 4 Sie versmacht P Jr versmahet Ed. ein)einen P das E. trunk nü P. 5 gebut P geben E. uch)ir P dir E. keinen P keines d. niemer me / Also sprach Morolff der degen her / Vncz an den jungsten tag P.

779 Also Salmon daz ersach,
er begunde heisse weinen und sprach:
,Morolff, du mort grimer man,
war umb hast du getotet
die schone frauwe wol gethan?'

780 Da sprach Morolff der listige man:
,Salmon, da bleibe du alle tage daheim,
so ich arbeit muste han
umb die edele kunigin her. (f. 339 rb)
ich gibe dir mine truwe,
ich gethue es nimerme.'

781 Man furte die frauwe wol gethan
vil balde uff den thüm hin dan.
da leit man sie in das grap,
umb das das sie von erste
dar inne gelegen was.

781a Kunig Salmon weinen da begann,
da sprach Morolff der listige man:
,kunig, warumb quelest du dinen lip?
ich wil *dir schiere* geben
ein getruwes wip.'

782 Morolff der listige man
Salmon bi der hende nam.
er furte ine uff den *hoff* hin dan,
da gap er ime *zu* ein*em* wip
kunig Foren swester die maget lobesam.

783 Die was zu Jherusalem, das ist war,
ein gewaltige kunigin
vollenclichen dru und drissig jar,
bitz das der edele kunige lobesam

und auch sine werde minne
gottes hulde da gewan.

---

779 2 heisse *fe.* unde.
780 1 Morolff *fe.* 2f. *alle tage muͦste ich arbeit han. 4 edele *fe.* kuniginne. 5 mer.
781 4f. da sie von erste inne lag / du entrinnest uns nummer me / bitz an den jungisten tag.
782 1 Der vil listige. 5 einem *fe.* wibe. 5 die maget *fe.* wolgetan
783 3 dru und *fe.* 4 kunig. 5 sin.

---

779 1–5 *fe.*P. 1 Also verschiet die edele künigin salome / Sunder on alles irs lybes we / Do künig salomon d. Also)Da E. gesach E. 2 heisse *fe.*E sere heisse d. und sprach)vnd sprach / Er sprach S gerne moͤgent ir hoͤren wie er sprach d. 3 du mort grimer)dogenthaffter E. 5 schone *fe.*E.
780 1–5 *fe.*P. 1 sprach der küne man E. 2 du blibe do heyme d. 2f. Nu bliben ich hie heyme / Alle dage must ich arbeit han E. 3 so)do d. 4 edele *fe.*E. 5 dirs E dir des d. 6 entuͦn sy niemer mere / Jch han durch sie geliten mangen herten stryt / Von dem edelen künig pryncian / Bitze ich bezwang synen lip / Vnd danen brocht die künigin / Got muͦß ir selen genedig syn d.
781 (d *Holzschnitt:* Hie truͦg man salome die künigin vff den thuͦm vnd leite sy in ir altes grap do sy vor mols yenne gelegen was). 1 truͦg die künigin d. 2 vil balde)Wieder E. 3 Man leite sie wieder in E. das)ir d. 4 das-erste)das / Sy vormals d. 4f. Da sie czu leste yn was gelacht / Du endrynnest vns nummer me / Bit an den jungsten dag E.
781a 1 – 5 *fe.*E. 1 Kunig *fe.*P. weinen)aber weinnen P. da *fe.*P. 3 pinnigestu d. 4 *fe.*P. dir schiere *fe.*S. geben dinem libe S. 5 vil vngetrüwes P.
782 1 Morolff *fe.*E. der)der vil PEd. 2 bi)do by P. der)siner d. 3 er)Vnd P. hoff)thüm Sd. uff-hoff)mit dem czoum P. 4 da) Vnd E. er *fe.*E. zu *fe.*S. ein S *fe.*Ed. 5 varons P. die maget *fe.*d die konigin E. lobesam)woll gedan Ed.
783 1 wart E. zu)do cze P. das-war *fe.*E. 2 *fe.*P *Eyn konigin here E. 3 dru und *fe.*E. (d *ab hier anderer Text*). 4 Vncz P. der)das die P die E. junge küngin PE. lobesam *fe.*PE. 5 (*fe.*E 5 / 6 *in* SP *vertauscht*). werde)vil werde P. 6 da *fe.*E.

784 Und sie waß geheissen Affer.
hie mit das buche ende hat.
da helffe uns got allen,
das unser selen werde rat. Amen

---

784 1–4 Vnd was geheissen appfer / Got erlas vns aller schwer / hie mit dis buch ein ende hat / Got helff vns czu siner trinitat Amen P Hie mede hat sie erfollet diß lyth / Sie was geheissen Affrica / Gode ist sie vmmer liepp / Hie hat diß buche eyn ende / Got vns sine gnade sende Amen E.

Fortsetzung des Morolf im Strassburger Druck

(*folgend* 783,3)

Die iunge künigyn wol getan (Bl. 70[b])
Die edele schöne vnd lobesan
Sy nam zů an dugent vnd an früntlicheit
Ir ee hielte sy mit gantzer stetikeit
Got zů dienen was sy bereit zů aller zyt
Sy lebede one has vnd nyt
Sy liebete salomon usz der mossen fast
Er hette weder růge nach rast
Wanne er nit alle zyt bie ir was
Für wor sollent ir wissen das
Des selben glichen lag der künigynne
Salomon alle zyt in irem synne
Ir beder liebe die was grosz
Sy liebetent einand' vn̄ lebetent früntlich ī aller mosz
Als dan zwey liebi ee\ lüte söllen leben
Grosz ere wart in beyden gegeben
Zwen schöne sůne die künigyn gebar
Die nament zů in stercke vnd in wiszheit gar

Hie bestetiget salomon sinen sŭn jsaac zů eime keyser zů jherusalem vn̄ krönete in vn̄ befalch yme das lant vnd lüte.

(Bild)

DEr eylter sůn wart drissig ior alt (71[b])
Do gab yme salomon dz rich vff mit gewalt
Vnd bestetigete in zů syn keyser zů iherusalē
Nach gottes hulde wart yme we

Er diente got flisseclichen sere
Salomon der edele degen herre
Wie er möchte nacht vnd tag
Grosses vastens er do pflag
Dar zů die edele künigyn herre
Die yebete sich vil mere
Sy lies ir wol gelingen
Mit allen gůtten dingen
Von der welt zoch sy sich gar
Des wart morolff do gewar
Er sprach salomon keiser rich
Du vnd die künigyn wöltent betriegen mich
Ir wöllent vch zů gote bewaren
Vnd wöltent mich alleine in die helle lossen faren
Wo ir sint do wil ich ouch syn
Des gibe ich uch beiden die truwe myn
Do sprach salomon der wise
Morolff ich bin yn sünden worden grise
Dar vmb so sol ich bessern mich
Das gott wölle erbarmen sich
Vber mich vnd die liebe künigyn myn
Wiltu dann in dem hymel by vnß syn
So soltu ouch an dich beserung nemen
Als dir danne wol mag gezemen
Du hast grosser sünden vil begangen
Nach gottes hulden los dich verlangen
Lebe in gottes dienst es ist an der zit
Got dir dar vmb ewige fröide git (72[a])
Los vns gott bitten das er vns welle geben
Das wir alle mit yme besitzen das ewig leben
Salomon do vil wiser rede pflag
Der ich nit aller geschriben mag
Syne wort die worent so frůchtber
Das morolff vor yme erzittert gar
Do by was ouch die künigyn rich

Morolff der slůg die worte in sich
Do von gewan er so grossen rüwen
Er sprach owe got was han ich grosser sünden gebuwē
Owe got lieber schöppfer myn
Durch die grundelose barmhertzikeit din
Verzihe mir myner sünden zal
Morolff der vil nider zů dal
Der ruwen vmb sine sünde was so groß
Das blůt yme zů munde vnd nasen v̄ßschos
Syn hertze spielte yme entzwey von yomers not
Der edele morolff lag gestrecket dot.

Also morolff nyder viel vor dem künige
salomon vnd der iungen künigyn vnd was
dot vnd die künigyn rouffte ir gelwes hore
vō leide vß dem houpt vñ do kam ein engel
von dem hymel herab vnd fůrte Morrlfs (!)
sele in das ewyge leben.

(Bild.) (72^{b})

Eyn engel von dem hymel kam
Morolffs sele er mit synen henden nam
Er fůrte sy zů gotte in syn hymelrich
Do lobet er got ewiclich
Do künig salomon das ersach
Vil gros wart syn vngemach
Syn hende er zů dem hymel bot
Ach got los dich erbarmen dise not
Owe des grossen leydes des ich han
Ach vnd we mir armen man.
Ach morolff getruwer brůder myn
Wie sol ich miner sünden in bůssen syn
Die ich yetzt leider an dir begangen han
Du lebetest nach het ich getan

Owe got was ist mir grosses leydes beschehen
Da ich dich lebendig nit me mag gesehen
Die vil zarte künigin schon
Die warff zů der erden ire kron (73^{a})
Sy rouffte vß ir gelwes hor
Die hende hůp sy vff enbor
Ir vngemach das was groß
Sie schrey lute das es in dem luffte erdos
Sy slůg an ir bruste vnd an ir hertz
Gros was ir yomer vnd smertze
Sy sprach öuwe das ich ye wart geboren
Das ich leyder han verloren
Morolff mynen öheym vnd getruwen dienstman
Des leides ich nyemer vergessen kan
Sy hůb in vff vnd kuste yn an synnen roten mundt
Von grossen leyde wart sy vngesunt
Das sy sich můste legen zů bette

Hie was die jung künigyn Kunigs salomōs
husz frow als leydig vmb morolffs tod daz sy sich
zů bette leit vnd von grossem vnmůt starb.

(Bild.)

Balde man es salomon kunt gedet (73^{b})
Das die edele künigin fast kranck wer
Salomon sprach ouwe diser leydigen mere
Min brůder morolff der ist mir dot
Vnd lyt mir myn liebe frouwe in todes not
Ach got was zihestu mich vil armen
Das du mich dich nit lost erbarmen
Von yomer er weynen do began
Er lieff balde zů der künigin hien dan
Von geossem (!) yomer ir das hertze brach
Do sy der künig also weinen sach

Er vmb fing sy vnd kuste sy an iren doten mundt
Do sy dot was das was yme nach vnkunt
Vnd do sy nit zů yme reden wolte
Als sy danne billich solte
Do sach er ir vnder das antlit schon
Do sach er wol das es vmb sy was geton
Man sach an yme keiner leie geberden
Er sanck nider zů der erden
Von grossem yomer vnd vngemach
Ime das hertze in syme libe brach
Zů stunt kam ein engel von hymel schon
Vnd fůrt ir beider selen mit yme in den hymelschē trō.

Als man den künig salomon vnd morolff sinen brůder vnd die iunge künigin nebent einand' in ein schönes grap leite vn̄ salomōs süne stundent do by gar betrůbet.

(Bild.) (74^{a})

GRosser wunder ist kume beschehen
Das můs ich sicher yehen
In eyme tage sturbent die drü werde lüt
Morolff starb zů fesper zyt
Vff den thům machte mau (!) yme ein grap hien dan
Zů Compeleten zyt wolte man in dar in geleit han
Do starb salomon vnd die künigyn rich
Vor Compeleten mit einander glich
Man machte in drien einen sarck
Von golde wiget er drüssig dusent marck
Man trůg sy vff den tům hien dan
Do weindent frouwen vnd man
In dem kore begrůb man sy schon
Man horte von geschrey grossen thon
Von weinen vnd von clagen

Es kunde nyeman volle sagen
Wie vbel yn gescheen was
Für wor sollent ir wissen das (74[b]
Der elter sůn das rich besas
Von got er vß erwölet was
Er was so schone vnd mynneclich
Er wart gantz dem vatter glich
Mit tugenten vnd mit wisheit schön
Isaac was syn name geton
Von dem iungen sůne wil ich vch sagen
Der wolte ouch ein crone tragen
Robam was er genant
Er sprach ysaac lieber brůder myn
Ich wil ouch ein künig syn
Zů einer weltlichen kronen bistu geborn
So hat mich got zů zu einer geistlichen vß erkoren
Die wil ich entpfohen vnd ouch nemen
Als mir danne von gotte wol mag gezemen
Ich wil in einen münch orden gon
Vnd wil die heilige priester schafft entpfohen
Vnd wil in gottes dienste yemer leben
Lieber brůder merck mich eben
Also solt du ouch důn
So entpfohestu ewigen lon
Vff erden vnd in hymelrich
Do mit so gesegen ich dich
Gott gebe dir vernufft vnd gesuntheit
Vnd nach disem leben ewige selikeit
Sy vmb fingent vnd kustent ein ander an
Von grossem yomer wart weynen frouwen vnd man
Also schiede sich von iherusalem
Roboam der edele degen herre

Als Robam künig salomons sůn yn ein closter (75[a])
kam vnnd Die brůder des ordens yn entpfingē
vnd er den orden an sich nam.

(Bild.)

IN eine stat was Constantinopel genant
Do er ein heilges closter fant
Dar ynne wart er ein closter man
Ein growe kutte leyte er an
Er lerte lesen vnd ouch singen
Er lies yme wol gelingen
An gottes dienste sparte er sich nit
Gottes genade die wonete yme mit
Er was in dem orden zwentzig iar
Das ich vch sage das ist wor
Do wolte in got by ime han
Ein grosser siechtům begunde yn bestan
Das er starb in des gottes cleyt
Eyn engel kam von hymmel
Vnd fůrte yn in die ewige selikeit
Dar vmb süllent wir got bitten (75b)
Mit demůtigem sitten
Das er vnß vff beserunge loß leben
Vnd vns bekantnisse vnser sünde welle geben
Das wir mit yme besitzent das ewig rich
Vnd in lobent one ende yemer ewiclich
Das helffe vns ihesus gottes kint
Von dem wir alle gesegent sint
Hie mit hat dis bůch ein ende
Gott alles leit von vnß wende

AMEN

www.ingramcontent.com/pod-product-compliance
Lightning Source LLC
Chambersburg PA
CBHW070545310726
48982CB00004B/838

* 9 7 8 3 4 8 4 2 0 0 9 9 9 *